中国传媒社会责任研究报告

RESEARCH REPORT ON SOCIAL RESPONSIBILITY OF MEDIA IN CHINA

(2022—2023)

主 编/黄晓新 刘建华 李文竹

图书在版编目（CIP）数据

中国传媒社会责任研究报告. 2022—2023 / 黄晓新，刘建华，李文竹主编. -- 北京：中国书籍出版社，2023.5
ISBN 978-7-5068-9406-7

Ⅰ.①中… Ⅱ.①黄… ②刘… ③李… Ⅲ.①传播媒介—社会责任—研究报告—中国—2022-2023 Ⅳ.①G219.2

中国国家版本馆CIP数据核字(2023)第083218号

中国传媒社会责任研究报告（2022—2023）

黄晓新　刘建华　李文竹　主编

责任编辑	李　新
责任印制	孙马飞　马　芝
封面设计	东方美迪
出版发行	中国书籍出版社
地　　址	北京市丰台区三路居路97号（邮编：100073）
电　　话	（010）52257143（总编室）　　（010）52257140（发行部）
电子邮箱	eo@chinabp.com.cn
经　　销	全国新华书店
印　　刷	北京九州迅驰传媒文化有限公司
开　　本	710毫米×1000毫米　1/16
字　　数	310千字
印　　张	18.5
版　　次	2023年5月第1版　2023年5月第1次印刷
书　　号	ISBN 978-7-5068-9406-7
定　　价	126.00元

版权所有　翻印必究

中国传媒社会责任研究报告（2022—2023）
出品方

中国新闻出版研究院传媒研究所
中国人民大学书报资料中心
《中国出版》杂志社
《传媒》杂志社

中国传媒社会责任研究报告（2022—2023）课题组

课题组组长	刘建华	张文飞	李文竹		
课题组副组长	李 淼	李 游	卢剑锋		
课题组成员	刘 盼	梁雪云	双传学	杨驰原	王卉莲
	朱松林	苏唯玮	薛 创	鲁艳敏	方 贺
	时宏远	杨青山	吴文汐	郝天韵	申玲玲
	董媛媛	秦宗财	杭丽芳	杨雨晴	黄欣钰

中国传媒社会责任研究报告（2022—2023）编委会

编委会主任 黄晓新 中国新闻出版研究院党委书记、副院长

编　　委（按撰文先后为序）

　　　　　　刘建华 中国新闻出版研究院传媒研究所执行所长、研究员、博士

　　　　　　李文竹 中国新闻出版研究院传媒研究所特邀研究员、博士

　　　　　　肖启明 三联书店党委书记、执行董事

　　　　　　洪勇刚 中信出版集团股份有限公司党委副书记、总编辑

　　　　　　宋思佳 中信出版集团股份有限公司总编室高级文秘

　　　　　　苏雨恒 高等教育出版社党委书记、社长

　　　　　　张立科 人民邮电出版社总编辑

　　　　　　彭　斌 中国科技出版传媒股份有限公司（科学出版社）总经理

　　　　　　吴文汐 东北师范大学传媒科学学院（新闻学院）副教授、新闻系主任、博士

　　　　　　尹　璇 东北师范大学传媒科学学院（新闻学院）硕士研究生

　　　　　　赵秋实 东北师范大学传媒科学学院（新闻学院）硕士研究生

　　　　　　陈南先 广东技术师范学院文学与传媒学院教授、博士

　　　　　　庞　承 浙江传媒研究院一级总监、高级编辑

任　琦	浙报集团总编室副主任、高级记者
李霄峰	浙报集团经营管理部
刘小三	西藏民族大学新闻与传播学院教授、博士
李　瑞	西藏民族大学新闻与传播学院硕士研究生
李　玲	暨南大学新闻与传播学院新闻与传播学硕士
肖晓帆	湖南人文科技学院商学院教师
陈柏福	广东金融学院经济贸易学院教授、文化经济研究中心主任、博士
刘　敏	云南警官学院学报编辑部副编审、博士
陈伟德	峨眉电影集团有限责任公司党委副书记
蔡海龙	北京工商大学传媒与设计学院副教授、硕士生导师、博士
张　悦	北京工商大学传媒与设计学院硕士研究生
胡沈明	江西师范大学新闻传播学院副院长、教授、博士生导师
胡怡萌	江西师范大学新闻与传播学院硕士研究生
申玲玲	西北政法大学副教授、博士后
于　湖	西北政法大学新闻传播学院硕士研究生
高海越	华为云北京泛政府总经理
刘焕美	华为云传媒业务部总监
伊　佳	华为云中国区市场部行业品牌总监
刘永钢	澎湃新闻总裁、总编辑
曾　卓	重庆大学城市科技学院助教
岳改玲	东北农业大学教授、博士

主编简介

黄晓新

男，湖北洪湖人。现任中国新闻出版研究院党委书记、副院长，中国编辑学会副会长。武汉大学图书情报学院硕士研究生毕业，曾在福建师范大学历史系任教。历任国家新闻出版总署印刷复制管理司副司长、反非法和违禁出版物司副司长，中国音像协会光盘工作委员会副理事长，挂职任新疆维吾尔自治区新闻出版广电（版权）局党组成员、副局长（正厅长级）。参与组织实施并主编大型历史文献丛书《新疆文库》出版重点工程，策划、主编《白话全本史记》《漫画传统蒙学丛书》《文化市场实务全书》《新疆历史古籍提要》《最新国别传媒产业研究报告译丛》和《中国传媒融合创新研究报告》《中国传媒社会责任报告》《中国印刷业研究报告》系列蓝皮书等。著有《阅读社会学》（人民出版社 2019 年版）。主持中央文资办重大项目"中国新闻出版多语种语料库研究"等多项国家、省部级课题，在有关专业期刊发表论文 60 余篇，多篇论文被《新华文摘》和人大复印报刊资料全文转载，主要从事新闻出版管理与阅读社会学研究。

刘建华

男，江西莲花人。中国新闻出版研究院传媒研究所执行所长、研究员。中国社会科学院哲学所博士后，中国人民大学传媒经济学博士，中国新闻文化促进会常务理事，中国记协新媒体专业委员会委员，中央国家机关书法家协会会员，中华诗词学会会员，中国人文社科期刊评价推荐专家，教育部学位中心评审专家，国家社科基金评审专家。著有《生命的辨识度》《舆情消长与边疆社会稳定》《对外文化贸易研究》《传媒国际贸易与文化差异规避》等书近40部，畅销书"一本书学会新闻采写"丛书（7部）主编，在核心期刊发表文章150余篇。主持"舆情消长与边疆民族地区稳定研究"国家社科基金等近80项课题。多篇论文被《新华文摘》、人大复印报刊资料《新闻与传播》等媒体全文转载，主要从事新闻传播理论、媒体融合、书法符号传播、传媒经济与文化产业研究。

李文竹

女，山东德州人。中国新闻出版研究院传媒研究所特邀研究员，中国人民大学新闻学博士，主要从事新闻传播理论、环境传播研究。

前　言

"中国传媒社会责任研究"课题是中央级公益性科研院所基本科研业务费专项资金资助项目,是中国新闻出版研究院的重要研究课题,《中国传媒社会责任研究报告(2022—2023)》一书是该课题的研究成果。2017年以来,中国新闻出版研究院先后推出《中国传媒社会责任研究(2016—2017)》《中国传媒社会责任研究报告(2017—2018)》《中国传媒社会责任·媒体抗疫研究报告(2020—2021)》《中国传媒社会责任研究报告(2021—2022)》等报告,得到政府、业界与学界的一致肯定与好评。今年继续推出的《中国传媒社会责任研究报告(2022—2023)》对我国传媒社会责任执行现状进行全面、深入的描述和分析,并提出中国传媒社会责任执行力提升的路径策略。

新闻媒体记录社会、评点时代、预测未来,通过一代代新闻人的努力,彰显社会责任担当,进行舆论引导与社会监督。近年来,随着信息技术的发展,新的互联网技术的更迭创新也促进了新兴媒体的发展,媒体的深度融合带来了传媒格局和传播环境的变化。同时,在传媒产业力行体制机制创新的同时,传媒企业的数量和信息传播量也在迅速上升。在实现传播信息、提供娱乐等功能的同时,社会对新闻媒体强化社会责任履行的要求进一步提升,传媒的社会责任受到进一步关注。

本报告中所指向的传媒的社会责任,不仅仅包含传媒在新闻作品中所体现的专业责任,而更加入了信息时代企业社会责任的内涵。企业的社会责任理论指出,企业在承担相应的经济责任之外,也要承担社会责任。即:企业的社会责任指的是企业为了实现自身的目标,在为股东的利益负责的同时,也要承担起对社会、利益相关者以及对环境的责任。而这些也是传媒社会责任的重要组成部分。新闻媒体社会责任的主要利益相关方包括公众(读者和社会大众)、政府、出资人、媒体从业人员等。本研究综合利益相关方和社会视角对新闻媒体社会责任进行扩大解释，按照舆论引导与社会监督、市场责任、社会责任等的理论架构设置研究体系。在这一体系中，舆论引导与社会监督责任位于核心位置，它是传媒社会责任实践的核心。传媒的舆论引导包括思想政策宣传、重大会议报道、经济社会关注、公共事件报道等；社会监督指负面新闻报道。社会责任则包含公益慈善、员工关爱、依法经营和环境责任等。市场责任包括总资产、营业收入、股东权益等与经济业务活动密切相关的责任。

在这里，我们选择了图书、报业、期刊、广播电视、互联网新媒体领域的重要传媒企业，从企业基本情况和履行社会责任关键指数评估等方面对2022—2023年度传媒社会责任执行现状进行全面、深入的描述和分析，勾勒中国传媒履行社会责任的现状和特点，并通过对传媒社会责任经典案例的分析总结，分析目前的传媒企业在社会责任践行方面存在的问题，举一反三，提出中国传媒社会责任执行力提升的路径策略，为未来传媒社会责任健康发展提供借鉴和启示。

在此，对参与本书撰写的各位专家所付出的辛勤劳动和大力支持表示诚挚的谢意，尤其感谢给予我们大力支持的 vivo 公司。

《中国传媒社会责任研究》课题组

2023 年 2 月 20 日

目　录

第一部分　总报告

第一章　中国传媒社会责任研究主报告……………………………………（3）
　　第一节　我国媒体发展概况　………………………………………（4）
　　第二节　我国媒体执行社会责任现状　……………………………（7）
　　第三节　我国媒体社会责任履行存在的问题　……………………（16）
　　第四节　中国媒体社会责任执行力提升路径与方法　……………（18）

第二部分　图书出版篇

第二章　生活·读书·新知三联书店社会责任研究报告…………………（25）
　　第一节　三联书店基本情况　………………………………………（25）
　　第二节　三联书店执行社会责任现状　……………………………（28）
　　第三节　三联书店执行社会责任存在的问题　……………………（45）
　　第四节　三联书店社会责任执行力提升路径与方法　……………（46）

第三章　中信出版集团股份有限公司社会责任研究报告……………（49）
　第一节　中信出版集团基本概况 ……………………………………（49）
　第二节　中信出版集团执行社会责任现状 …………………………（51）
　第三节　中信出版集团社会责任执行力提升路径与方法 …………（59）

第四章　高等教育出版社社会责任研究报告……………………………（61）
　第一节　高教社基本情况 ……………………………………………（61）
　第二节　高教社执行社会责任现状 …………………………………（67）
　第三节　存在的主要问题 ……………………………………………（72）
　第四节　提升社会责任执行力的路径和方法 ………………………（73）

第五章　人民邮电出版社有限公司社会责任研究报告…………………（75）
　第一节　企业基本情况介绍 …………………………………………（75）
　第二节　加强党的全面领导，守好宣传思想阵地 …………………（76）
　第三节　巩固出版主业优势，社会效益成果丰硕 …………………（77）
　第四节　积极履行社会责任，彰显文化企业担当 …………………（80）

第六章　中国科传社会责任研究报告……………………………………（82）
　第一节　中国科传基本情况 …………………………………………（82）
　第二节　中国科传执行社会责任现状 ………………………………（86）
　第三节　中国科传执行社会责任存在的问题 ………………………（93）
　第四节　中国科传社会责任执行力提升路径与方法 ………………（94）

第三部分　报刊传媒篇

第七章　《人民日报》社会责任研究报告………………………………（99）
　第一节　《人民日报》基本概况 ……………………………………（99）
　第二节　《人民日报》执行社会责任现状 …………………………（100）

第三节　《人民日报》执行社会责任存在的问题 …………………（109）
　　第四节　《人民日报》社会责任执行力提升路径与方法 …………（111）
第八章　南方报业传媒集团社会责任研究报告………………………（113）
　　第一节　南方报业传媒集团基本概况 ………………………………（113）
　　第二节　南方报业传媒集团执行社会责任现状 ……………………（114）
　　第三节　南方报业传媒集团社会责任执行力提升路径与方法 ……（120）
　　结　语 …………………………………………………………………（123）
第九章　浙报集团社会责任研究报告…………………………………（125）
　　第一节　浙报集团基本情况 …………………………………………（125）
　　第二节　浙报集团社会责任执行情况 ………………………………（126）
第十章　《北京青年报》社会责任研究报告…………………………（136）
　　第一节　《北京青年报》基本概况 …………………………………（136）
　　第二节　《北京青年报》履行社会责任现状 ………………………（137）
　　第三节　《北京青年报》执行社会责任不足及建议 ………………（145）
第十一章　《瞭望》杂志社会责任研究报告…………………………（149）
　　第一节　《瞭望》杂志基本概况 ……………………………………（149）
　　第二节　《瞭望》杂志执行社会责任现状 …………………………（151）
　　第三节　《瞭望》杂志执行社会责任存在的问题 …………………（156）
　　第四节　《瞭望》杂志社会责任执行力提升路径与方法 …………（157）

第四部分　广播、影视传媒篇

第十二章　湖南卫视社会责任研究报告………………………………（163）
　　第一节　湖南卫视基本概况 …………………………………………（163）
　　第二节　湖南卫视执行社会责任现状 ………………………………（164）
　　第三节　湖南卫视执行社会责任存在的问题 ………………………（170）

第四节　湖南卫视社会责任执行力提升路径与方法 …………（172）

第十三章　云南广播电视台社会责任研究报告…………………（173）
 第一节　云南广播电视台基本情况 ………………………（173）
 第二节　云南广播电视台执行社会责任现状 ……………（175）
 第三节　云南广播电视台执行社会责任存在的问题 ……（182）
 第四节　云南广播电视台社会责任执行力提升路径与方法 …（183）

第十四章　峨眉电影集团有限责任公司社会责任研究报告………（186）
 第一节　峨影集团基本情况 ………………………………（186）
 第二节　峨影集团履行社会责任现状 ……………………（187）
 第三节　峨影集团履行社会责任存在的问题 ……………（191）
 第四节　峨影集团社会责任执行力提升路径与方法 ……（191）

第十五章　光线传媒社会责任研究报告……………………………（193）
 第一节　光线传媒基本概况 ………………………………（193）
 第二节　光线传媒执行社会责任现状 ……………………（194）
 第三节　光线传媒未来社会责任执行改进目标及提升路径与方法 …（202）

第十六章　上海电影社会责任研究报告……………………………（205）
 第一节　上海电影基本情况 ………………………………（205）
 第二节　上海电影执行社会责任现状 ……………………（209）
 第三节　上海电影执行社会责任存在的问题 ……………（217）
 第四节　上海电影社会责任执行力提升路径与方法 ……（219）

第五部分　互联网、新媒体篇

第十七章　新华网社会责任研究报告………………………………（225）
 第一节　新华网基本情况 …………………………………（225）

第二节　新华网执行社会责任现状 ……………………………（226）
　　第三节　新华网执行社会责任存在的问题 ……………………（233）
　　第四节　新华网媒体社会责任执行力提升 ……………………（235）
第十八章　华为公司社会责任研究报告 ………………………………（237）
　　第一节　华为公司基本情况 ……………………………………（237）
　　第二节　华为公司执行社会责任现状 …………………………（238）
　　第三节　华为公司执行社会责任存在的问题 …………………（246）
　　第四节　华为公司社会责任执行力提升路径与方法 …………（247）
第十九章　澎湃新闻社会责任研究报告 ………………………………（250）
　　第一节　澎湃新闻基本概况 ……………………………………（250）
　　第二节　澎湃新闻执行社会责任现状 …………………………（253）
　　第三节　澎湃新闻执行社会责任存在的问题 …………………（259）
　　第四节　澎湃新闻社会责任执行力提升路径与方法 …………（259）
第二十章　快手社会责任研究报告 ……………………………………（261）
　　第一节　快手基本情况 …………………………………………（261）
　　第二节　快手执行社会责任现状 ………………………………（266）
　　第四节　快手执行社会责任存在的问题 ………………………（275）
　　第五节　快手社会责任执行力提升路径与方法 ………………（276）

第一部分　总报告

第一章　中国传媒社会责任研究主报告

近年来，随着信息技术的发展，新的互联网技术的更迭创新也促进了新兴媒体的发展，媒体的深度融合带来了传媒格局和传播环境的变化。同时，在传媒产业力行体制机制创新的同时，传媒企业的数量和信息传播量也在迅速上升。在实现传播信息、提供娱乐等功能的同时，社会对新闻媒体强化社会责任履行的要求进一步提升，传媒的社会责任受到进一步关注。

社会责任理论的提出始于20世纪中叶的美国。1947年，美国新闻自由委员会提出"社会责任理论"。1956年，美国传播学者施拉姆在《报刊的四种理论》一书中对媒体的社会责任进行了系统论述。最初传媒社会责任理论的提出，修正和限制了在此之前流行的报刊自由主义理论。根据施拉姆的解读，传媒的社会责任的核心是"传播人的责任"，即要求新闻从业者"应该以负责任的态度来处理自己的成品""竭尽所能提供素质最高的成品"，这是"一个公仆与一个专业人员的责任，而非他对所受雇的商业义务"。同样，美国新闻自由委员会指出，报业的不良外在表现一方面固然可以由法律与舆论形成的外界力量来控制，但是其良好表现，却只能依靠那些操作传播工具的人，依靠传媒人自身的社会责任感来维护，为社会谋福祉，为民众求真理，这也是媒体社会责任的题中应有之意。本报告中所指向的传媒的社会责任，不仅仅包含传媒在新闻作品所体现的专业责任，而且加入了信息时代企业社会责任的内涵。

企业的社会责任理论指出，企业在承担相应的经济责任之外，也要承担社会责任。美国学者卡罗尔将企业的社会责任划分为：经济责任、法律责任、伦理责任和慈善责任。一个企业要实现自身的发展目标，需要利益相关者的协助与支持。利益相关者即对企业的经营和发展的过程中起到影响或是被影响的个人、群体或是组织。综合研究者的观点，企业的社会责任实际指的是企业为了实现自身的目标，在为股东的利益负责的同时，也要承担起对社会、利益相关者以及对环境的责任。而这些也是媒体社会责任的重要组成部分。新闻媒体社会责任的主要利益相关方包括公众（读者和社会大众）、政府、出资人、媒体从业人员等。本研究综合利益相关方和社会视角对新闻媒体社会责任进行扩大解释，按照舆论引导与社会监督、市场责任、社会责任等的理论架构设置研究体系。在这一体系中，舆论引导与社会监督责任位于核心位置，它是传媒社会责任实践的核心。传媒的舆论引导包括思想政策宣传、重大会议报道、经济社会关注、公共事件报道等；社会监督指负面新闻报道。社会责任则包含公益慈善、员工关爱、依法经营和环境责任等。市场责任包括总资产、营业收入、股东权益等与经济业务活动密切相关的责任。

本研究《中国传媒社会责任研究报告2022—2023》将选择图书、报业、期刊、广播电视、互联网新媒体领域的重要传媒企业，对2022年度传媒社会责任执行现状进行全面、深入的描述和分析，勾勒中国传媒履行社会责任的现状和特点，并针对目前的传媒企业在社会责任践行方面存在的问题，提出中国传媒社会责任执行力提升的路径策略，为未来传媒社会责任健康发展提供借鉴和启示。

第一节　我国媒体发展概况

一、传媒产业出现恢复性增长

自2020年新冠肺炎疫情暴发以来，面对复杂多变的全球经济环境，我国经济增速放缓，各行各业的投资趋于谨慎，传媒产业也不同程度地受到疫情的影响。然而，就在这严峻的宏观经济背景下，2021年，中国传媒产业出现恢复性增长，总产值达29,710.3亿元，增长率从上一年的8.40%提升至13.54%，甚至超过2019年的增长水平[1]。总体来看，2021年我国传媒产业经济情况好于

---

[1]《2022传媒蓝皮书显示 中国传媒产业总产值去年达29710.3亿元》，2022-08-03，中国报业协会，https://mp.weixin.qq.com/s?__biz=MzAxMDA1OTg3Mw==&mid=2650847992&idx=1&sn=a2166a5494e190b8a32bad13a a459af7&chksm=80a233f6b7d5bae0fd9effb66f4a8346897f0ef0979148aa248abb93a416e528760f1c7311c0&scene=27

2020年，数字技术的发展与消费行为在"后疫情时代"的变迁勾勒传媒产业新的发展态势。

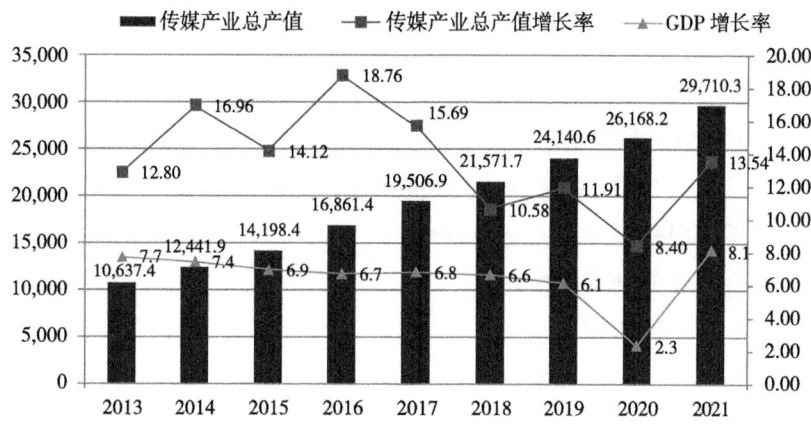

图1　2013—2021年中国传媒产业总产值与增长率
（引自《传媒蓝皮书　中国传媒产业发展报告（2022）》）

二、传媒产业两极化态势明显

2021年我国传媒细分领域的两极化态势愈加显著。由于新冠肺炎疫情的影响，受众的媒体接触习惯继续向互联网媒体倾斜，报刊、图书等传统领域业务继续萎缩。数据显示，广播电视广告及报刊行业规模在2021年继续呈现收缩态势，广播电视广告收入持续下降至1,000亿元以下。[1] 与之形成鲜明对比的是新媒体大力拓展。网络视听、网络游戏等移动互联网业务呈现强劲发展态势。数据显示，互联网细分市场在传媒产业中具有出色表现，其规模稳居传媒产业的核心，互联网广告、互联网营销服务、网络游戏、网络视听短视频及电商收入均超千亿元[2]。如2021年，移动数据及互联网业务实现收入6,409亿元；互联网广告收入为5,435亿元，互联网营销服务收入为6,173亿元。除了疫情促发的"宅经济"的影响，这里同时也体现了媒介技术的进步所导致的新旧媒体

---

[1]　《2022 传媒蓝皮书显示 中国传媒产业总产值去年达 29710.3 亿元》，2022-08-03，中国报业协会，https://mp.weixin.qq.com/s?__biz=MzAxMDA1OTg3Mw==&mid=2650847992&idx=1&sn=a2166a5494e190b8a32bad13aa459af7&chksm=80a233fb6d7d5bae0fd9effb66f4a8346897f0ef0979148aa248abb93a416e528760f1c7311c0&scene=27

[2]　《2022 传媒蓝皮书显示 中国传媒产业总产值去年达 29710.3 亿元》，2022-08-03，中国报业协会，https://mp.weixin.qq.com/s?__biz=MzAxMDA1OTg3Mw==&mid=2650847992&idx=1&sn=a2166a5494e190b8a32bad13aa459af7&chksm=80a233fb6d7d5bae0fd9effb66f4a8346897f0ef0979148aa248abb93a416e528760f1c7311c0&scene=27

之间持续提速的分化步伐。总之，随着媒体加速移动平台的建设，传媒产业的变局进一步白热化。

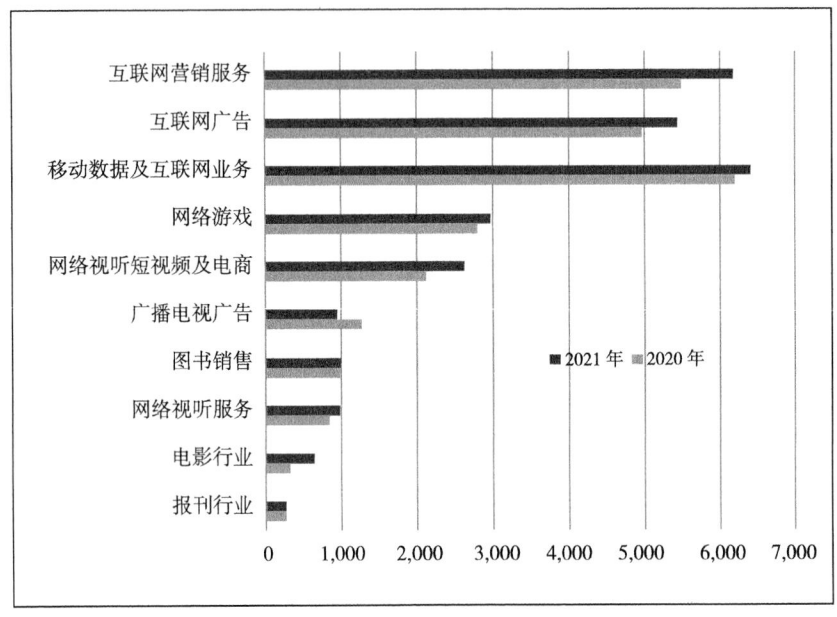

图2　2020—2021年中国传媒产业主要细分市场收入
（引自《传媒蓝皮书　中国传媒产业发展报告（2022）》）

三、移动互联网持续高速发展

2021年，随着大数据中心等数字基础建设项目的推进，在新冠肺炎疫情防控常态化背景下，互联网/移动互联网相关的新兴领域展现出了旺盛的生命力，并呈现出对经济社会发展的基础支撑作用，以互联网为核心的网络空间成为传媒产业力量角逐的主战场。与此同时，我国移动电话用户总数在2021年底达16.43亿户，其中5G移动电话用户达3.55亿户。另外，移动网民规模也在继续增长，2022年上半年移动网民已达11.9亿。值得注意的是，46岁及以上中老年用户成为移动互联网的重要增长源，占比34.1%。在这一背景下，移动互联网各个细分行业呈现强劲发展态势。如短视频用户总时长占比在2022年6月达到28%，[1] 成为使用时长占比最高的行业，各行业均在致力于加强短视频

---

[1]　人民网研究院发布《中国移动互联网发展报告（2022）》，2022-07-04，华声在线，https://baijiahao.baidu.com/s?id=1737383773464389507&wfr=spider&for=pc

板块建设。

四、全媒体化趋势日益显著

在2021年这一"十四五"开局之年，媒体深度融合的发展目标进一步明确，大数据等技术扩散到主流媒体，技术加持推动形成强大的传播矩阵，我国媒体全媒体化趋势日益显著。作为媒体融合的最终成果，全媒体，又称全业态媒体，呈现未来媒体的基本状态和格局。在全媒体思维基础上，媒体融合已成为各级各类媒体的常态化策略，且呈现出结构集约、区域合作和服务创新的趋势。在元宇宙这一虚拟数字生态中，媒体积极布局新赛道，力行创新，积极调整机制体制，打通采编播发全流程，内容产品的用户黏性继续提升。与此同时，在实施全媒体传播工程的目标驱动下，行政管理部门在政策支持、资金保障等方面构建生产联动机制，促进新型主流媒体的建设发展，在这一背景下，县级融媒体建设风起云涌，除了结合区域特色，布局媒体深度融合业务外，还在数据治理、抗疫防疫、乡村振兴等社会治理方面扮演着重要角色。

第二节 我国媒体执行社会责任现状

一、舆论引导与社会监督

新闻媒体的舆论引导责任主要体现为对党和政府的责任，新闻媒体要发挥舆论导向作用，尤其是意识形态与主流价值观的导向，遵守国家法律法规，发挥社会效益。

1. 舆论引导

众所周知，舆论引导能力是一种重要的执政能力。早在2004年《中共中央关于加强党的执政能力建设的决定》中就提出，要把舆论引导能力作为党的执政能力建设的重要组成部分。媒体的舆论引导能力建设包括坚持正面宣传为主的原则、建立新闻发布制度原则，以及突发事件反映机制原则等重要内容。我国媒体的舆论引导能力建设体现在思想政策宣传、重大会议报道、经济社会

（1）思想政策宣传

当下，在新媒体技术的推动下，媒体格局突破传统"一报两台"（指党报、电视台、广播电台）的单一媒体格局，舆论格局也变得非常复杂，几乎每个不同的新媒体平台都是形成舆论场的基础，原来的两个舆论场已发展为"N 个舆论场"。在这一时代背景下，我国的传统主流媒体与网络媒体表现出密切的合作态势和多样化的合作形式。传统媒体利用其公信力与权威性，加强对稿件来源的把关，而网络媒体则借助其及时、互动的传播优势，与传统媒体合作，加强了传播与引导效果。2021—2012 年，我国各级各类媒体继续发挥主流舆论阵地作用，深入宣传阐释习近平新时代中国特色社会主义思想以及在当地的生动实践，紧扣决胜全面建成小康社会、决战脱贫攻坚，围绕统筹推进疫情防控和经济社会发展等主题，开展重大主题宣传。如《人民日报》一直坚持将报道好习近平总书记和宣传阐释好习近平新时代中国特色社会主义思想作为首要政治任务和政治责任，2021 年对习近平总书记重要时政报道精心制作提要 99 次，刊发相关系列评论员文章 39 组 142 篇，刊发重点理论文章 110 篇，推出《江山就是人民　人民就是江山》等习近平总书记系列重要论述综述 13 篇[①]。同时，随着全媒体时代的到来，媒体在社会责任建设中积极设置灵活多样，平衡全面的议题，充分发挥传统媒体和新媒体的特性，形成报道合力，将社会责任的实现从单一型转向互动式与全景式，并对议题内容进行精准定位，拓展议题的深度和广度。2021 年，澎湃新闻根据习近平总书记在中央财经委员会第十次会议上重要讲话，策划推出《求解共富》专题，旨在阐释在高质量发展中促进共同富裕的重大意义和丰富内涵，专题受到广泛关注，传播效果突出，主站点击量超 900 万[②]。总之，各新闻媒体在新闻报道中充分利用新媒体平台，运用专栏、短视频、云直播、H5、SVG 动画等互联网最新传播形式和技术手段，使政策宣传兼具大流量和正能量，在守正创新中唱响主旋律、弘扬正能量，凝聚人心增进共识，营造了积极向上的舆论氛围。

---

① 人民日报社社会责任报告（2021 年度）．2022-07-02．海外网．https://baijiahao.baidu.com/s?id=1737214029332088850&wfr=spider&for=pc

② 澎湃新闻社会责任报告（2021 年度）．2022-06-22．澎湃新闻．https://baijiahao.baidu.com/s?id=1736315168622720784&wfr=spider&for=pc

（2）重大会议报道

在我国媒体社会责任表现上，以《人民日报》、新华社等为代表的传统主流媒体进一步实行媒体融合，通过线上线下的互动，积极打通两个舆论场，取得了明显成效。在重大会议报道中，我国主流媒体不仅肩负起舆论引导使命，在喧嚣的舆论场中唱响主旋律、做好"定音锤"，同时又广泛采用新颖、活泼的形式，通过精心的新闻策划和灵活的议程设置，使得报道既具严肃性和权威性，又不失可读性，在践行社会责任的同时，牢固树立了主流媒体地位，在社会公众心中形成了负责任的媒体形象。如2021年，新华社在党的十九届六中全会和全国两会的重大战役性报道中，推出了《彪炳史册的伟大成就，坚如磐石的中流砥柱》等重点报道和融媒报道，形成强大的舆论态势[1]。《浙江日报》围绕建党百年、党的十九届六中全会的重大主题，讲深讲透、立体传播、融合呈现百年大党的风华正茂，自3月21日起，推出"百年大党的支部力量"大型融媒体报道，26篇稿件总点击量超1,800万，实现引领式传播[2]。澎湃新闻策划的"求解共富"和"中国再出发"等专题，从各个角度深度解读了十九届六中全会精神和中国方案的独特魅力[3]。南方日报社在第一时间在头版头条报道习近平总书记重要会议、重要活动和重要讲话精神，并围绕建党百年这一主线，深入开展"七一"重要讲话精神和活动宣传，推出一批有深度，有流量的全媒体爆款产品，如"'我为群众办实事'实践活动"特别报道、"七一"百版大型特刊、"100·正青春"音乐专辑、"广东网上红色展馆"等，使学习贯彻党的十九届六中全会精神宣传报道高潮迭起，发挥了舆论场上主流媒体举旗定向的重要作用[4]。

（3）经济社会发展

大众传播媒介具有传递信息、引领大众、引导社会的重要功能。通过议题设置，媒体可以将公众视线引到事关国计民生的重要议题上，全面展现国家经

---

[1] 新华社发布2021年度社会责任报告.2022-06-04.新华网.https://www.sohu.com/a/554041184_613537
[2] 浙江日报媒体社会责任报告（2021年度）.2022-05-18.浙江新闻客户端.https://zj.zjol.com.cn/news.html?id=1861960
[3] 澎湃新闻社会责任报告（2021年度）.2022-06-22.澎湃新闻.https://baijiahao.baidu.com/s?id=1736315168622720784&wfr=spider&for=pc
[4] 南方日报社会责任报告（2021年度）.2022-06-10.南方网.https://news.southcn.com/node_54a44f01a2/7c1de91909.shtml

济发展成就，有力服务党和国家工作大局，推动社会和谐发展。在新形势下，我国媒体坚持守正创新，确保提供内容精良丰富多样的传媒产品，在尊重新闻规律，满足读者需求的同时，坚守举旗帜、聚民心、育新人、兴文化、展形象的使命任务。如中央广播电视总台在这"十四五"开局之年推出《新征程开局"十四五"》《中国经济年报》《共享幸福 决胜小康》《2021 财经榜》《2021 央视财经论坛》等系列专题，对我国经济成就进行全方位展现，使人们凝聚了意志，坚定了信心①。《经济日报》更是从经济角度讲述党的百年发展和社会进程。其推出的"建党百年·经济战线风云录"总阅读量超过 2 亿。除了为庆祝建党百年而推出重磅综述和系列评论来从历史纵深处全景展示辉煌成就外，经济日报更是针对经济领域目前的热点事件积极进行发声引导。如对于"鼓励家庭根据需要储存一定数量的生活必需品"引发的网络热议，《经济日报》第一时间推出快评《不要过度解读甚至误读储存一定生活必需品》，为提升民众的应急管理意识提出科学建议②。新华社推出《十问中国经济》等重点报道，分析中国经济向好之势，有效提振社会信心③。

（4）公共事件报道

新闻媒体作为党和政府的喉舌，承载着代表国家与社会发声，传达民众的意见与看法的作用。这一作用尤其体现在公共危机事件中主流媒体的舆论引导力建设上。在公共事件发生时，拥有较高权威性和影响力的主流媒体通过对事件进行多角度的准确报道，传达民众诉求，提出指导意见，消除疑虑恐慌，积极传递正面的价值观，成为维持社会稳定的一剂强心针，充分发挥舆论引导风向标、压舱石作用。2021 年，中央广播电视总台对疫情防控进展情况进行持续关注，不仅对各地疫情防控动态进行持续报道，还推出各种有关疫苗防疫的科普节目，纪录片《科学战"疫"》则描述了抗疫背后的感人故事。这些报道全面传递了党中央针对疫情的决策部署和各地的防控举措④。《北京日报》针以

---

① 中央广播电视总台社会责任报告（2021 年度）.2022-05-28. 央视网. http://news.cctv.com/2022/05/28/ARTIYbzuN50VfcWHYR2iM2h0220524.shtml
② 经济日报社会责任报告（2021 年度）.2022-05-27. 中国经济网. http://www.ce.cn/xwzx/gnsz/gdxw/202205/27/t20220527_37625475.shtml
③ 新华社发布 2021 年度社会责任报告.2022-06-04. 新华网. https://www.sohu.com/a/554041184_613537
④ 中央广播电视总台社会责任报告（2021 年度）.2022-05-28. 央视网. http://news.cctv.com/2022/05/28/ARTIYbzuN50VfcWHYR2iM2h0220524.shtml

评论在重要社会事件上集中发声,激荡主流价值。如针对西方在新冠病毒溯源、抵制新疆棉、阻挠破坏北京冬奥、涉港、涉台等问题上的舆论"围剿",《北京日报》不断提高发声密度,紧扣"全天候24小时",增强时效性,关键时刻不缺位、不失语。其《新闻我来说》的评论文章及视频节目全年全网阅读量超10亿,折射出党报在网络空间中强大的舆论引导力[1]。针对如"成都49中学生坠楼"等的一些重大舆情事件,新华社及时跟进、发布信息,客观呈现事件原貌[2],从而稳固舆论环境,稳定社会民心。

2. 社会监督

媒体舆论监督是社会主义民主政治和社会主义市场经济健康运行的必要保证,同时也是党和人民赋予新闻媒体的重要职责。在有关舆论监督的报道中,我国主流媒体把握大局,聚焦热点,通过对不良现象进行揭露,践行舆论监督与正面引导相结合,依法、准确、建设性地开展舆论监督。为强化舆论监督报道,浙江日报跨部门组建了"一线调查"的融合报道团队,针对重大任务、决策、项目、风险防控等问题,进行有针对性的舆论监督和全媒体调查报道,并取得了一系列实质性进展[3]。《南方日报》的《南方曝光台》栏目、《人民日报》的《人民直击》栏目,《新华日报》的《读者热线》等栏目,打造常态化互动式平台,将民生服务融入权威监督中,取得了良好的效果。同时,媒体的舆论监督报道进一步强化时度效,澎湃新闻推出"π·15"消费领域的调查报道,积极回应了民生关切,并有效推动了警方侦办打击各种违法犯罪行为。《中国新闻周刊》有关小水电的调查报道《秦岭小水电整治难题》等,揭示了秦岭区域小水电的乱象,并促进了官方整治行动,引起较大反响[4]。有效的媒体建设性舆论监督对政府决策也非常重要,如新华传媒智库2021年共提供舆情专报40多篇,信息150余篇,13篇获省领导批示。有关党风廉政、外卖骑手日常防疫和健康管理、口岸疫情防控等建议,转化为省委决策部署[5]。

---

[1] 京报集团社会责任报告(2021年度).2022-06-09.京报网.https://baijiahao.baidu.com/s?id=1735119163939180840&wfr=spider&for=pc

[2] 新华社发布2021年度社会责任报告.2022-06-04.新华网.https://www.sohu.com/a/554041184_613537

[3] 浙江日报媒体社会责任报告(2021年度).2022-05-18.浙江新闻客户端.https://zj.zjol.com.cn/news.html?id=1861960

[4] 中国新闻社社会责任报告(2021年度).2022-05-26.中国新闻网.https://baijiahao.baidu.com/s?id=1733855623617570794&wfr=spider&for=pc

[5] 新华社发布2021年度社会责任报告.2022-06-04.新华网.https://www.sohu.com/a/554041184_613537

二、市场责任

市场责任主要指确保传媒企业的盈利能力与经济效益。对于企业来讲，盈利能力与经济效益的保证对传媒企业的发展至关重要。社会效益与经济效益是一种相辅相成的关系，两者的关系处理好了，能够极大促进传媒企业的发展。

2021年，我国传媒行业上市公司表现稳健。数据显示，截至2021年底，沪深AB股上市企业中，148家传媒行业上市公司总市值达15,917亿元。其中市值超百亿者47家，分众传媒（1,182.82亿元）和芒果超媒（1,070.43亿元）更是超过千亿；世纪华通排名第三，市值为625.27亿元。前十名企业总市值共达5,496.99亿元，占全部上市公司市值的53%。①

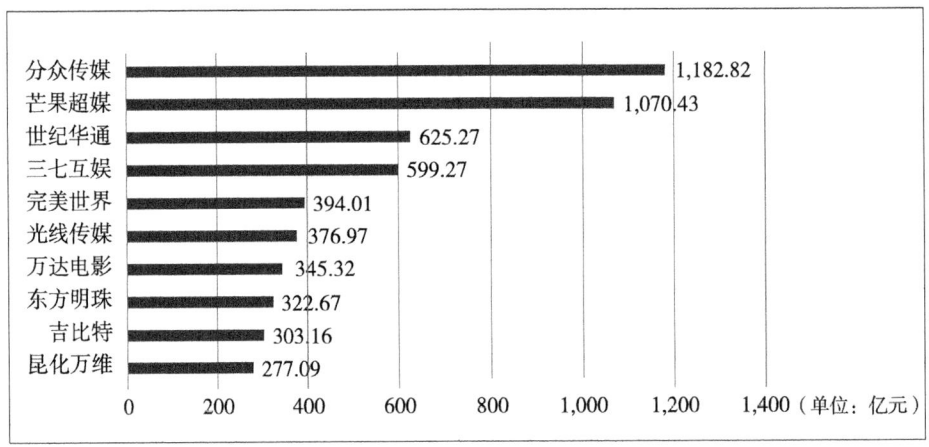

图3 2021年中国传媒行业沪深AB股上市企业总市值TOP10企业（引自智研咨询）

从上市公司营业收入上看，分众传媒、芒果超美和世纪华通依然位列前三，其营业收入分别为111.5亿元、116.31亿元和107.86亿元。

---

① 2021年中国传媒产业发展趋势：产业持续增长，细分领域呈现两极化. 2022-02-12. 产业信息网. https://www.chyxx.com/industry/202202/995284.html

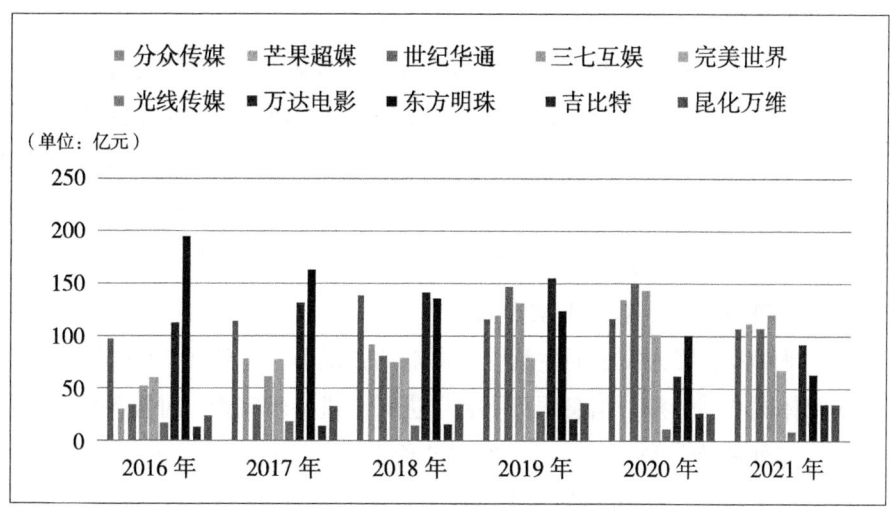

图 4　2021 年中国传媒行业沪深 AB 股上市企业总市值前十名企业营业收入对比（引自智研咨询）

我国传统主流媒体在经营方面始终坚持以社会效益为先，同时大力提高经济效益。国家新闻出版署 2021 年 12 月发布的《2020 年新闻出版产业分析报告》显示，在纸质报纸种数、总印数等继续下降的情况下，报业利润总额达到 50.43 亿元，增长 32.12%[①]。同时，主流传媒集团也表现出稳健的经营状况。据南方传媒 2021 年报告显示，其实现营业收入 75.98 亿元，同比增长 10.17%；总资产 131.75 亿元，同比增长 15.01%；归属于上市公司股东的净资产 71.10 亿元，同比增长 8.07%[②]；人民网 2021 年公司总资产为 52.72 亿元，同比增长 5.49%；营业收入 21.83 亿元，同比增长 3.93%[③]，整体经营状况呈现稳健提升态势。

三、社会责任

媒体对社会的责任表现在媒体积极开展公益慈善行动，弘扬社会主义核心价值观，对员工关爱，对环境负责等方面。

[①]　《中国新闻事业发展报告》：全国持证记者 194263 人，报纸出版收入 539.45 亿元．2022-05-17．新京报．https://baijiahao.baidu.com/s?id=1733042562464688025&wfr=spider&for=pc

[②]　深入推进出版主业供给侧结构性改革 南方传媒 2021 年实现营收 75.98 亿元．2022-05-13．广东省出版集团有限公司．http://stock.10jqka.com.cn/20220513/c639100394.shtml

[③]　人民网 2021 年广告业务营收增超 10% 内容科技业务经营稳健．2022-04-15．人民网．https://baijiahao.baidu.com/s?id=1730131853172467749&wfr=spider&for=pc

1. 公益慈善

我国媒体始终把服务民生、服务群众作为重要责任，切实帮扶群众，促进社会主义精神文明建设，公共服务内容不断拓展。为履行服务民生的社会责任，新华社客户端的"全民拍"社会治理交互平台，新华网的"我为群众办实事"网络平台，为公众提供信息和社会服务，成为解决百姓疑难问题的渠道[1]。澎湃新闻关注"罕见病"少数群体，其"求解罕见病"的特别报道体现了医生、药企、科研人员、政策推动者的努力与付出，也反映了普通民众的急切呼声[2]。在海外侨胞因为疫情而生活受到影响的情况下，中新社2021年对"全球华文新媒体同心战'疫'信息服务平台"进行了进一步完善，对服务加以细化，全面助力海外侨胞的科学防疫[3]。发展慈善事业是实现社会公平，促进社会和谐发展的重要机制，传播慈善文化也成为媒体的重要社会责任。各新闻媒体通过各类公益广告、创意海报方式营造和谐的社会氛围，积极参与国家文化宣传，展现了主流媒体的责任担当。2021年，《经济日报》共刊出各类公益广告105次，合计100个版面；《人民日报》刊登公益广告96块；《浙江日报》刊登公益广告83个版；《新华日报》刊发120条报眼、10个整版公益广告，集团大屏播放公益视频超过1,800小时。这些内容涉及建党百年、社会主义核心价值观、抗击疫情、乡村振兴、共同富裕等方方面面，产生积极社会效果。2021年，中新社在世界地球日、世界自闭症日等重要节点推出多类公益海报。《中国新闻周刊》还承办了第十二届"绿色发展低碳生活"公益展[4]，对环保议题进行持续关注。

2. 员工关爱

对员工关爱意味着对新闻从业人员权益的保护，使其获得最大化的精神与财产利益。2021年，中国记协等通过开展新闻援助，受理维权投诉，积极保障

---

[1] 新华社发布2021年度社会责任报告.2022-06-04.新华网.https://www.sohu.com/a/554041184_613537
[2] 澎湃新闻社会责任报告（2021年度）.2022-06-22.澎湃新闻.https://baijiahao.baidu.com/s?id=1736315168622720784&wfr=spider&for=pc
[3] 中国新闻社社会责任报告（2021年度）.2022-05-26.中国新闻网.https://baijiahao.baidu.com/s?id=1733855623617570794&wfr=spider&for=pc
[4] 中国新闻社社会责任报告（2021年度）.2022-05-26.中国新闻网.https://baijiahao.baidu.com/s?id=1733855623617570794&wfr=spider&for=pc

新闻工作者的合法权益,援助金额185万元[1]。我国媒体充分重视对员工利益的维护,从制度层面保障采编人员包括薪酬福利在内的各类法定权益,充分发挥员工的主观能动性,提升凝聚力。如新华社加强规范用工,依法与采编人员签订劳动合同,对员工的社会保险、法定休假等权益予以充分保障,并为一线采编人员投保人身意外伤害保险,增强员工风险防控能力[2]。通过提供补充医疗、意外伤害等商业保险,《经济日报》进一步优化了薪酬福利措施,为工作人员提供了更多保障[3]。为保障员工福利,新华报业在疫情冲击下依然稳步提高社会保险、公积金缴存基数水平,并简化休假手续,保证休假权利[4]。中央广播电视总台为员工提供一系列商业保险服务来增强员工风险防控能力,并为因采编行为而受到侵害的员工提供声援和申诉支持[5]。同时,各新闻单位不断优化教育培训机制,培育全媒人才,2021年,《经济日报》共组织党性教育、专业化能力和知识培训34期,2,500多人次参训,通过多样化的教育培训方式,采编人员能力素质得到有效提升[6]。《中国日报》实施了覆盖总社采编人员的全媒体人才分级培养,旨在提升从业人员的全媒体意识和专业能力[7]。《北京日报》通过邀请业内专家举办"新媒体讲堂"和采编队伍内部日常"轮岗"交流等方式,使编辑记者得到很好的学习和锻炼,从整体上提高了队伍的政治素养和业务能力[8]。

3. 环境责任

媒体对环境的责任主要体现在绿色出版、环保与生态文明建设等方面。党

---

[1] 《中国新闻事业发展报告》:全国持证记者194263人,报纸出版收入539.45亿元.2022-05-17.新京报社.https://baijiahao.baidu.com/s?id=1733042562464688025&wfr=spider&for=pc

[2] 新华社发布2021年度社会责任报告.2022-06-04.新华网.https://www.sohu.com/a/554041184_613537

[3] 经济日报社会责任报告(2021年度).2022-05-27.中国经济网.http://www.ce.cn/xwzx/gnsz/gdxw/202205/27/t20220527_37625475.shtml

[4] 新华报业传媒集团社会责任报告(2021年度).2022-06-07.新华报业网.https://www.163.com/dy/article/H992I7KP0514TTJI.html

[5] 中央广播电视总台社会责任报告(2021年度).2022-05-28.央视网.http://news.cctv.com/2022/05/28/ARTIYbzuN50VfcWHYR2iM2h0220524.shtml

[6] 经济日报社会责任报告(2021年度).2022-05-27.中国经济网.http://www.ce.cn/xwzx/gnsz/gdxw/202205/27/t20220527_37625475.shtml

[7] 中国日报社会责任报告(2021年度).2022-05-31.中国日报.https://www.163.com/dy/article/H8MTSGPT0514R9KE.html

[8] 京报集团社会责任报告(2021年度).2022-06-09.京报网.https://baijiahao.baidu.com/s?id=1735119163939180840&wfr=spider&for=pc

的十八届三中全会明确提出了加强生态文明体制，建立生态文明损害责任追究制度等要求。2021年的全国两会，"碳达峰""碳中和"被首次写入政府工作报告，"十四五"规划建议也指出，"推动绿色发展，促进人与自然和谐共生"，这为推动传媒企业践行环境责任提供了动力和政策支持。对于一般企业来说，承担的是解决高能耗高污染、应对气候变化等问题的责任，对于传媒企业而言，则是通过绿色出版印刷的实践，达到保护社会环境，同时也保障投资人利益的重要目的。我国各类出版机构严格遵守国家环境保护相关法律法规、国家和地方环保标准，将绿色运营贯穿于经营管理的整个过程中。早在2011年10月，原新闻出版总署和环境保护部共同发布《关于实施绿色印刷的公告》，2021年，国家新闻出版署共确定95家国家印刷示范企业。据统计，这些示范企业具有集约化发展的重要成效，在绿色环保、科技创新等方面都走在前列，其销售收入高于同期全国平均水平，充分发挥出行业引导作用。随着环保意识深入人心，绿色发展标准体系建设逐步完善，绿色印刷市场不断拓展，越来越多的新闻出版印刷企业认识到绿色发展的重要性，并逐渐选择这种环保的工艺进行生产。如今，据中国印刷技术协会数据显示，截至2021年，全国共有307家印刷企业获得中国环境标志认证（即绿色认证），绿色印刷产品覆盖到大众图书、票据、包装等领域。

第三节 我国媒体社会责任履行存在的问题

在信息技术快速发展的当下，传媒格局正在发生深刻变革，为建设具有强大传播力影响力的主流媒体矩阵，完善社会责任履行，完成舆论引导工作的职责使命，服务中心工作和改革开放大局，我国媒体还有一些工作亟待改进和提高。

一、新媒介生态下的把关能力面临考验

在传统媒体、网络媒体、社交媒体等多样的媒体形态下，媒体生态呈现出复杂的图景，"人人都是自媒体"推动进入"万物皆媒，众声喧哗"的时代。

在技术和资本的影响下,传播媒介的日新月异使媒体间呈现复杂的竞合关系。同时,各类新闻端口、产品数量的大幅增加,整个传媒生态系统越来越难以把控。与传统媒体相比,网络新闻的传播源头不再仅仅是传统媒体的专业记者编辑,信息来源不可控,低俗报道、标题党、低价值信息泛滥,不仅违背基本社会道德,对舆论资源也是极大浪费。在新媒体环境下,网络新闻的内容形态难以掌控,内容真实性无法核实,同时信息发布量巨大,无法保证及时有效的内容审核。所有,这些都对网络环境下媒体的把关作用提出了巨大的挑战。然而,也正是这"众声喧哗"的舆论场,理性的思想和正能量的声音才显得愈加重要。而目前传统媒体在网络巨大的信息流的挤压下,很难成为主流,传统媒体当前的传播力与舆论引导的需求存在一定的差距。在这里,如何深化"把关人"理论、做好"把关"角色、强化"把关"职责,从而促进整个媒体舆论场的健康发展,在当前新闻报告和信息传播过程中舆论监督责任显得尤为重要。

二、原创精品内容挖掘尚需深化

在新媒体时代,信息以几何级数增加,注意力成为稀缺资源。在这一背景下,提供良好的用户体验,增强信息产品与服务的黏性是提升媒体传播力、引导力和影响力的基础。目前受众对信息的消费不仅是浅层娱乐,更包含对"有趣+有料"的需求,这成为爆款视频的核心特征。然而,我们的一些传统媒体尚未能适应这个移动互联时代的信息传播规则,在热点事件选题的故事化处理和融媒体包装上未能实现丰富的表现形式、优质观看体验和有趣信息内容的生产标准。造成有深度、有创意的精品内容不够多,信息分众化、差异化、精准化的投放效果不够好。在这里,如何在挖掘精品内容的同时,通过对VR、AR、MR等虚拟现实交互技术的运用,分层、动态、精准进行信息投送,增加新闻的可读性和受众黏性,是我国媒体目前面临的挑战。

三、新媒体技术开发和应用尚显不足

媒体信息传播、舆论引导和社会服务能力的提升离不开新媒体技术的加持。传统文化与融媒体技术手段相结合,能够拓宽传媒产品的呈现边界。各级各类媒体与互联网媒体的业务资源共建共享,在融媒体建设上开展的多样化技术合作，在打造融媒发展的新业态的同时，也将进一步拓展内容生产分发和经营模式，进一步提高媒体的传播力和影响力，使其成为社会治理、基层服务的重要力量。然而，目前我国传媒的新技术开发和应用能力尚显不足。一些传统媒体尚处于向新媒体转型期间，其信息采编过程并未能真正整合，有些虽然建立了包括官方微博、微信、网站等各种形式，但是采编队伍和业务处理并未统一，尚未建立综合性、整合化的采编流程。这不仅造成资源信息的耗损，也影响了对资源的利用和多方面呈现。因此，加强核心团队建设，加大技术投入力度，更重要的是，如何结合互联网技术和新媒体平台的使用，从体制和制度层面真正确保新闻的采写、编辑、发布流程的真打通、真融合，推动跨部门合作机制建立，生产出能满足不同受众群体需求的新闻产品，是我国媒体需要思考的问题。

四、社会服务与政务治理功能有待拓展

在从社会记录者转变为社会服务的组织者和参与者的过程中，为群众提供多样化的社会服务是主流媒体的社会责任的重要体现。然而，目前媒体提供的社会服务功能并未达到期望的水平。如在智媒体、智慧政务与智慧城市运营和建设中，作为地方治理能力核心的县级融媒体，虽然在资源整合、内容生产、经营能力等方面取得一定进展，但距构建全方位数字化政务与治理能力尚有距离，"形融而实不融"的问题依然突出。在社会服务功能的落实中，有些平台并未实质化运营，传播格局上较难嵌入群众的日常生活。而有些则缺乏推介和号召，使平台的使用率较低，服务功能无法得到体现。

第四节　中国媒体社会责任执行力提升路径与方法

要在新时代提升媒体传播力、影响力，凝聚受众，引导民心，需要切实改变旧有思维，在各个层面用融合创新的理念拥抱新技术，创新新方式，在媒介融合的大趋势下，促进媒体的跨界融合，实现渠道立体式传播，拓展媒体舆论场，切实提高媒体社会责任执行力。

一、加强优质内容生产

随着全媒体时代的到来，媒体报道内容和形式如何适应由移动化、智能化的新媒体所改变了的传播载体样式显得尤其重要。第一，媒体要善于通过新技术定位精确受众需求，将个性化内容借助大数据，精确传播到相对应的受众群。第二，媒体在信息传播中要积极设置灵活多样，平衡全面的议题，充分发挥传统媒体和新媒体的特性，将社会责任的实现从单一型转向互动式与全景式，并对议题内容进行精准定位，拓展议题的深度和广度。第三，面对新时代舆论生态的多样性和价值观的多元性，新闻媒体在报道中要突破旧有模式，关注社会热点，在形式和内容上锐意创新，有选择地将公众视线引到事关国计民生的重要议题上，既要发挥新媒体平台优势，又要体现媒体的正面宣传效果，以党的理论凝聚社会共识，传播提倡主旋律和正能量。

二、落实新旧媒体联动

在信息技术不断发展的今天，新媒体传播形式和手段为媒体社会责任的履行提供了全新的平台和渠道。与新媒体相比，传统媒体在媒体社会责任的履行方面经验更为丰富，但是新媒体的社会责任的实践则形式更为多样，效果更加突出。因此，传统媒体与新媒体在社会责任建设过程中要取长补短，互相配合，共同推进我国媒体社会责任发展的进程。传统媒体利用其舆论引导方面的能力和作用，捕捉热点，筛选新闻资源进行报道分析，旗帜鲜明地表彰先进，鞭策落后，通过多角度进行深层次的全景描述，强调报道的权威与深度，引发社会理性思考判断。新媒体则提供践行社会责任的多种可能性，通过其时效性与交互性的特点，更多地与公众沟通，在多元化的基础上实现了参与式互动交流，使社会公众能够自由表达意见，更有效地提升舆论引导的效果，在多元表达、互动交流与调动公众参与方面发挥重要作用。

三、助力服务功能升级

新媒体时代，媒体社会责任的实践场域和边界都有所拓展。"服务群众"的功能已不再仅仅体现在信息服务的层面，大数据等技术手段的引入，使为公众提供多元化服务成为可能。从数字政府到政务事项一网通、数据开放平台建设等方面，包括疫情防控、医疗电子服务等在内的应用正在不断丰富，在互联网背景下，媒体服务职能的实现正在从单一服务向综合服务转变。尤其是以县级融媒体为代表的基层媒体，作为"党和国家治国理政新平台"，肩负着为国家治理助力的重要职责。如何实现媒体的真正转型升级，为基层治理和政务服务搭建综合性、智慧型的服务平台，极大考验着我国媒体的智慧和创新力。在未来，媒体的服务功能要进入深化提质的新阶段，探索将"媒体+政务+服务"模式真正高效、精准地与地方资源相连接，并基于"场景地域化"理念，借助于大数据技术打通渠道，使各类平台互联互通。同时，探索用户反馈平台搭建，聚合各类综合服务能力，为群众提供方便快捷的个性化服务。

四、完善互联网治理规范

媒体社会责任的履行需要一套完善的法律法规制度为其提供动力和保障。尤其是在新媒体的环境下，资本介入和商业化运作导致的对"流量变现"的追求，加剧了媒体部分社会责任的割裂。因此，需要依靠政府和行业协会的力量，通过完善相关媒体监管法规和行业规范，从制度上鼓励媒体社会责任的践行，从而使履行社会责任常态化和规范化。2021年，为推动互联网行业的高质量发展，我国的网络内容治理领域出台了一些新措施。如，国家市场监督管理总局出台《禁止网络不正当竞争行为规定（公开征求意见稿）》，国家网信办公布《关于进一步加强"饭圈"乱象治理的通知》等[①]。这些措施为互联网媒体的健康发展建立了有效的规范保障。未来，应继续细化治理客体，加强对特定群体的保护，以形成更为长期、持久与常态化的互联网监管体系。

五、探索社会监督常态化

媒体社会责任建设是一项涉及全方位的系统工程，为了更加有效地向社会传递社会责任理念，媒体需要进一步强化与其他组织机构的合作，使社会责任

[①] 《2022传媒蓝皮书显示 中国传媒产业总产值去年达29710.3亿元》，2022-08-03，中国报业协会，https://mp.weixin.qq.com/s?__biz=MzAxMDA1OTg3Mw==&mid=2650847992&idx=1&sn=a2166a5494e190b8a32bad13a a459af7&chksm=80a233f6b7d5bae0fd9effb66f4a8346897f0ef0979148aa248abb93a416e528760f1c7311c0&scene=27

建设更为社会化。如很多媒体加强了与政府部门、NGO 组织、科研院所、社会团体和第三方评估机构等其他组织机构的合作，共同推进我国传媒企业社会责任的传播与发展。同时，我国由中国记协推行自 2014 年开展的媒体社会责任报告制度，工作不断完善，报告内容的规范性和报告质量的可读性不断提升，吸引力进一步增强。目前，发布报告的新闻媒体单位已从最初的 11 家，发展到 2021 年的 105 家，其范围涵盖中央主要新闻单位和全国性行业类媒体及各省（区、市）主要新闻媒体。媒体在编制社会责任报告过程中，通过对自身开展的社会责任工作进行认真梳理，对社会责任的认识更为准确到位，对于媒体充分阐释社会责任理念、展现社会责任形象、体现社会责任价值具有重要的意义。但是我们也看到，这项制度在指标设计上存在一些模糊和重叠之处，未来，这一制度应进一步修订完善，并探索利用量化数据统计进行实证评价，力求使其评价效果更加科学化、常态化。

总之，媒体依靠着社会公众存在，同时服务于社会公众，其社会责任的履行是其存在的最基本价值，因此，媒体社会责任的履行需要媒体、政府和社会公众的共同努力，以实现有效的社会责任实践路径。

第二部分 图书出版篇

第二章　生活·读书·新知三联书店社会责任研究报告

肖启明[①]

生活·读书·新知三联书店有限公司主营业务包括图书出版发行、期刊发行和图书零售三大板块。图书出版以人文科学著译的书籍为主，兼及经济、文史和性质相近的实用书、工具书，包括用文学艺术形式表现文化、学术理念的图书；期刊业务包括期刊出版发行、广告及近年来新增开展的三联中读、熊猫茶园等新媒体业务；图书零售则以三联韬奋书店的经营与拓展为主。

三联书店自成立以来出版了大量优秀出版物，随着技术的日益发展，这些优质内容资源通过多种媒介滋养了一代代读者，使三联品牌牢牢立于书业、市场和读者心中。在历史的激流中尊重知识和思想，努力满足广大读者的精神文化需求，讲求品质，多出精品，与时代同行，这是三联书店店训"竭诚为读者服务"的宗旨，也是公司承担社会责任的最佳方式。

第一节　三联书店基本情况

生活·读书·新知三联书店（简称三联书店）是一家具有悠久历史和光荣传统的出版机构，其前身是 20 世纪三四十年代活跃于中国出版界的三家著名出版发行机构——生活书店、读书出版社、新知书店。这三家出版机构在中国共产党的领导下，从事革命出版工作，宣传马列主义理论和党的政治主张，传

[①] 肖启明，三联书店党委书记、执行董事。

播进步文化和科学知识，推进民族解放和人民民主运动，成为革命出版事业的重要方面军。1948年，三家出版机构合并成立生活·读书·新知三联书店。

1951年，三联书店并入人民出版社，作为副牌出版图书。改革开放新时期，三联书店于1979年创办《读书》杂志，发表《读书无禁区》等具有重要影响的文章，推进思想解放运动；同时，出版了一大批高质量的学术文化著作，有力促进了当时的文化复兴。1986年，三联书店恢复独立建制，成为一家以出版人文科学和社会科学图书为主的综合出版社，出版物涉及哲学、历史、文学、艺术、经济、政治、法律和社会生活等领域。2002年，三联书店加入中国出版集团，成为出版"国家队"的一员；2010年，三联书店随中国出版集团公司改制为企业，现为中国出版传媒股份有限公司全资子公司。

自1932年创建以来，三联书店在90年发展历程中始终秉承"竭诚为读者服务"的宗旨，恪守"人文精神，思想智慧"的理念，坚持"一流、新锐"的标准，在知识界和广大读者中享有盛誉，被誉为"知识分子的精神家园"。

三联书店的传统业务板块主要分为图书出版发行、期刊（包括期刊发行、广告）、图书零售三大板块，近些年以期刊内容生产为核心，新增开展松果生活、熊猫茶园、三联中读等新媒体业务板块。目前旗下有学术出版分社、文化出版分社、大众出版分社、综合出版分社、艺文出版分社、知行文化图书工作室、新少年工作室、数字出版与营销拓展中心8个出版部门；《读书》《三联生活周刊》《爱乐》《少年新知》4种期刊；三联生活传媒有限公司、生活书店出版有限公司、三联书店（上海）有限公司、三联时空国际文化传播（北京）有限公司、北京三联韬奋书店有限公司5家子企业。

三联书店以打造"思想精深、艺术精湛、制作精良"的产品为己任，致力于引领文化发展、促进社会进步，建店以来出版各类图书8,000余种。其中，8种图书获中国出版政府奖、8种图书获中华优秀出版物奖（含提名奖），1种图书获中国版权金奖，数十种图书获中国好书奖、文津图书奖等重要奖项。《陈寅恪集》《钱钟书集》《金克木集》《三联·哈佛燕京学术丛书》等经典著作，具有重要思想文化价值和深广社会影响力；《傅雷家书》《随想录》《我们仨》《新知文库》等文化类读物，畅销不衰，深受各界读者喜爱；《现代西方学术文库》《文化生活译丛》《学术前沿》《西学源流》等丛书和译著，在介绍外国优秀思想文化方面发挥了重要作用；《金庸作品集》《蔡志忠中国古籍漫画系列》

等大众读物，在读者中产生重要影响；《邓小平时代》《中国经济改革二十讲》《中华文明的核心价值》《金冲及文丛》《解读早期中国》《中读文丛》等作品影响广泛，深受好评。

三联书店旗下三联生活传媒有限公司以《三联生活周刊》为前身，承担以媒体融合带动全公司业态转型的重要任务，以三联中读正式上线为标志，建立起"1+N"（"中读"+"松果生活""熊猫茶园"等）媒体融合发展格局。三联中读通过打造线上阅读、音频、视频等知识付费产品，成为融合型知识服务平台，获得集团公司募投资金支持；松果生活注重线下活动和线上平台的链接；熊猫茶园致力于打造具有新生活理念的茶消费及品牌。生活书店出版有限公司于2013年恢复设立，其出书风格侧重生活、大众品类，与公司本部有所区分。为积极谋求区域延伸，公司于2011年成立了子企业生活·读书·新知三联书店（上海）有限公司；并于2013年与沪、港三联合资成立三联国际文化传播（北京）有限公司，为三联品牌的拓展谋篇布局。上海公司团队"小而美"，其选题结构尤其注重地域文化、海派特色的开发。国际公司主营业务集中在图书出版和文创产品的开发销售，其出版定位于适合青少年及家庭阅读的选题，以及跟文化创意产品相结合的文化、艺术类选题。北京三联韬奋书店有限公司旗下三联韬奋书店美术馆店于2014年首开"24小时不打烊书店"之先河，受到中央及社会各界广泛关注。除美术馆总店外，三联韬奋书店在全国范围内还开设了三里屯分店和成都分店，并有多家品牌授权店。

三联书店于2009年荣获"全国百佳图书出版单位"；2010年荣获第二届出版政府奖先进单位奖；2011年被评为全国新闻出版系统先进集体；2014年被评为"首都文化企业三十佳"。《三联生活周刊》连续多年被评为"中国最美期刊"，主编李鸿谷荣获第五届中国出版政府奖·优秀出版人物（优秀编辑）奖；《读书》和《三联生活周刊》于2017年入选第三届"全国百强报刊"。三联生活传媒公司入选国家新闻出版署组织评审的2021年度出版融合旗舰单位，旗下新媒体平台三联中读于2020年入选"全网十大人文社科知识平台"。为推动全民阅读、建设书香社会，2014年4月23日三联韬奋24小时书店正式开业，李克强总理致信赞赏"24小时不打烊书店"的创意；2018年三联韬奋书店获伦敦书展国际出版业卓越奖·"中国书店精神奖"。

站在"十四五"开局之年和新时代、新征程的起点上，三联书店以品牌建设为核心，致力于书刊店"三驾马车"齐头并进，着力推动书刊、纸电进一步融合，作者、内容、平台资源共享互促良性发展，构建纸媒、新媒体、文化空间"三位一体"的多维传播格局，在行业内独树一帜。截至 2021 年底，三联书店实现营业收入 3.76 亿元，同比增长 8.63%；资产总额 6.60 亿元，同比增长 4.43%。

未来，三联书店的发展规划围绕"守正出新、品牌振兴"的方针，以"一个引领，四大迭代"为主线，即以党建为引领，通过内容迭代、传播迭代、经营迭代、人才迭代，实现文化影响、经济实力、行业地位全面提升，努力建成"两个效益"明显、在全国具有引领意义的中型强社。到 2035 年，以塑造"时代的三联、思想的三联、大众的三联、全媒的三联"为中心任务，要基本建成国内一流、国际知名的全媒体出版企业，努力为推动"先进文化的当代传播、传统文化的大众普及、中国道路的学术表达、中华文明的全球影响"作出独特贡献。

第二节　三联书店执行社会责任现状

三联书店是国家级出版单位中国出版集团有限公司的成员单位，作为一家国有企业，在文化出版传播工作中，服务党和国家工作大局，致力于引领文化发展、促进社会进步，努力推动公司高质量发展，实现国有资产保值增值，积极履行对股东、员工以及社会公益事业的社会责任，并不断提升履行社会责任的能力和水平，是其天然职责。本报告从舆论引导与社会监督责任、市场责任、社会责任、责任管理四个方面总结三联书店的社会责任履行情况。

一、三联书店的舆论引导与社会监督责任

三联书店有着"红色出版"的传统，又是出版"国家队"的一员，以文化出版、媒体传播工作配合党和国家工作大局及其不同时期的主题主线，以精品力作推动建立有强大凝聚力和引领力的社会主义意识形态，传播先进思想，弘

扬优秀文化，服务社会现实，倡导全民阅读，正是公司的责任和使命。

1. 布局主题出版，巩固主流思想舆论阵地

三联书店历史上一直是一家进步的、革命的出版机构，为了在当下更好地发扬"红色传统"，打造三联特色的主题出版品牌，公司成立了主题出版中心，其出版规划与实践着重围绕"中国共产党与中国道路"展开，主要选题集中在"四史"产品线，目前以出版金冲及等先生为代表的党史专家专著为重心。

2021年，以建党百年为契机，公司推出重点图书《中共党史十二讲》。该书以揭示党的百年奋斗史是"一部党与人民心连心、同呼吸、共命运的历史"为核心主旨，着重解答了"中国共产党为什么能"的问题，获得社会各界的认可，入选中宣部组织评选的"书映百年伟业"好书荐读榜单、新华社"新华荐书"榜单、"中国好书"月度榜。该书作者罗平汉、李庆刚应邀分别在国家图书馆、上海图书馆等地做该书相关专题党史报告，其中罗平汉演讲的《中国共产党的奋斗历程与优良传统》线上观看量达70余万人次，反响可谓热烈。以此为龙头，公司还连续制作、推送本版党建书单和短视频，带动相关党史专家专著的宣传销售，比如《金冲及文丛》《逄先知党史论丛》等。

三联书店以学术和文化出版见长，把主题出版融入学术、文化类选题中，丰富其内涵，拓展其外延，发挥传统优势，做好结合文章，也是公司一以贯之的出版思路。2021年推出新书《二十世纪中国史纲（四卷）》《宋：风雅美学的十个侧面》《唐：中国历史的黄金时代》《了不起的游戏：京剧究竟好在哪儿》《诗仙·酒仙·孤独旅人：李白诗文中的生命意识》等，兼顾学术品质和社会影响，较好提炼、展示了优秀传统文化的精神标识，为当代人提供有益启示，均为这一方面的优秀成果。在2021年发布的重要奖项中，《了不起的文明现场：跟着一线考古队长穿越历史》和《史前的现代化：从狩猎采集到农业起源》荣获第十六届文津图书奖，《胡汉中国与外来文明》入选2020年度全国文化遗产十佳图书；《诗仙·酒仙·孤独旅人：李白诗文中的生命意识》于2022年荣获第十七届文津图书奖。

由子公司三联生活传媒公司旗下新媒体平台三联中读与江苏人民出版社联合打造的音频课《读懂中国：全球视野下中华文明》也受到关注，评论认为该课程有利于增强"四个自信"，是传承文明、积累文化的优质内容与新技术的结晶，被新华社、中新社、光明日报、中国日报等多家中央主流媒体予以宣传

报道。可以认为，公司的内容生产在向全媒体产业化迈出重要一步的同时，较好地承担了社会责任所要求的意识形态思想性和引导性。

2. 期刊群服务大局，以现实关怀与时代同频共振

长期以来，三联书店都善于引领风气，积极参与时代问题讨论，形成了与时代共振的独特精神气质。一方面，公司能把不同历史时期、不同地域的优秀精神文化成果与时代需求有机结合，有着启蒙社会、推动社会进步的知识担当；另一方面，通过出版有思想、有锋芒的读物，不断根据新的时代条件为中国文化思想的创造性发展竭尽绵薄之力。

《读书》杂志是公司刊行的一本以书为中心的思想文化评论刊物，以引领思潮而闻名中外，在人文期刊领域内建立了高度的声誉。2020年7月刊发的《史前中国文化的基因》一文在社会上引起较大反响，受到党和国家领导人关注，习近平总书记做出重要批示，说该文对中华文化基因的分析，有见解，有依据，我国的研究人员和专门机构可以参考。王沪宁同志进一步阐发，指出我国的考古工作者应该可以在树立文化自信方面负起更大的使命，承担更多的责任。

2021年《读书》在考古学、人类学、社会学、历史学、政治学、法学、艺术学等各个领域及大数据技术反思、性别问题、币制改革等专门话题上均有可圈可点、广受好评的文章刊发。其中，围绕庆祝中国共产党建党百年、持续做好对习近平新时代中国特色社会主义思想的宣传和阐释，做好十九届五中全会会议精神、"十四五"规划的落实等相关宣传工作，《读书》策划刊发了《寻路》等庆祝建党百年的文章；为"中国考古百年"策划了一系列探讨中国考古的历史、成就与未来发展的选题，如陈胜前的《文明的起源》，李旻的《层叠书就的学术史》《夜中星陨如雨》，常怀颖的《由碎而通：中国考古的路线图》等；还策划了一系列弘扬传统文化、弘扬中华文明、引导正确世界观的选题，如梁鹤年的《中国规则》《气泡内外》、韩东育的《抗日不需要神剧——日本家书如是说》等。未来《读书》还将在国际秩序、环境保护、科技与人文、建立人类命运共同体等不同领域做出更深入、系统的选题规划，为弘扬中华传统文化、让世界了解中国、讲好中国故事做出努力，进一步树立中国的主体意识。

《三联生活周刊》是公司刊行的一本文化时政综合类周刊，深受目标读者欢迎，在业内赢得了良好的口碑和信誉。全年出刊52期，印数1,009.63万册，线上线下订阅量合计15.66万套，发行量大，在国内影响广泛。

《三联生活周刊》的标志性报道以深切的人文关怀记录时代，为读者提供有价值的解读方式。一方面关注经济社会发展，通过讲好中国故事，为文化自信提供坚实支撑；另一方面追踪公共热点事件，能够透过事件现象做更深层面的延展报道，往往在广泛的舆论领域产生热烈反响。其中，2021年七一前夕策划发布的建党百年主题报道专刊《红星耀东方》，聚焦中国共产党成立的前28年，回顾1921至1949年间中国共产党的发展、壮大、转型及其对中国的意义，获得中宣部《出版阅评》表扬肯定及各方好评。《嫦娥五号的太空故事》《人类未来，用什么》《外贸何以逆转》《中国进入保障房时代》《新国货还有哪些路要走》《好的职业教育》等封面报道关注当代中国科技、经济、文化、教育、民生等方方面面的发展与转型，以专业视角结合人文关怀观照回应社会关切。封面故事《郑州的容灾能力》现场追踪报道北方城市罕见暴雨灾情，深度剖析极端天气下的城市治理等相关问题，为其他城市管理者提供经验和教训的参考；《互联网为什么迎来了反垄断风暴？》《翁丁大火："原始部落"的变化之困》《"掉线"的货车司机》《十堰爆炸：河道上的城市发展与隐患》《比特币"矿难"："清退令"发布之后》《哀牢山科考40年：原始森林的价值与危险》等公共事件报道集深度调查、解释与专业报道于一体，在信息爆炸而又匮乏的当下，全面反映事件事实，引领正确价值导向，既较好履行了媒体的社会监督职能，同时传播高质量专门知识，为读者大众提供了优秀的公共文化范本。

3. 探索"走出去"有效路径，扩大中华文化海外影响力

过去的十多年里，中国出版"走出去"经历了从政府主导到政府推动，从国有单位参与到国有、民营和外资力量共同参与的发展历程。习近平总书记指出，要把优秀传统文化的精神标识提炼出来、展示出来，要把优秀传统文化中具有当代价值、世界意义的文化精髓提炼出来、展示出来。三联书店以此为依据，结合自身优势，探索了一条有特色的国际化建设道路。

中华五千年文明博大精深，薪火相传，其中核心思想对于当下社会治理乃至全球关系构建仍具有重要的思想启迪作用；但还需要进一步用当代人的视角、语言和风格来阐释和展示。公司出版的《中华文明的核心价值》就是体现这一"传统文化的当代阐释"的要求的佳作。该书以国学视角集中讨论了中国文化的特点与根本精神的若干问题，尤为注重探讨传统文化与当今社会的现实联系；中华文明所强调的核心价值不仅是中华民族复兴的重要历史文化基础，而且将

会在全球范围内对构建关联社群、合作政治以及和谐世界做出巨大贡献。该书版权目前已输出了20多个国家和地区，出版十余个版本，并于2021年10月荣获"2020年中国版权金奖"。

"中国道路的学术表达"则是公司出版"走出去"的另一个主题。近代以来的中国作为一个后发国家，通过自身不断努力，特别是40多年改革开放，走出了一条不同于西方国家的现代化道路，在人类现代化发展史上形成了独特的"中国样本"，对其他一些后发性国家具有重要借鉴意义；但仍需要进一步从学术的角度、理论的高度予以深刻提炼和建构。公司出版的经济学家吴敬琏的《直面大转型时代》，就是从经济角度向海外介绍中国道路的成果，该书已于2021年6月在施普林格·自然出版集团出版上市，目前下载量超过1,600次。再如党史专家金冲及的专著《生死关头：中国共产党的道路抉择》，其越南语版在建党百年前夕由越南社科出版社出版，对越南学界研究中国近现代史具有较高参考价值，已成为越南社科翰林院中国问题研究所研究一级文献译著，是中共党史相关的重要文献资料。

2021年，公司全年版权输出签约25种，主要以学术类、文化类作品为主要推广内容，重点向海外学术出版社推介重点学术著作，如《中国文化精神的特质》《当代中国社会分层》《近代中国社会的新陈代谢》等；向"一带一路"沿线国家与地区推介中华文明探源、中国传统文化的著作，如《新雅中国史八讲》《胡天汉月映西洋：丝路沧桑三千年》等；向港台地区重点推荐历史、文化方向的新出图书，如《唐：中国历史的黄金时代》《最早的中国：二里头文明的崛起》《图说20世纪中国》等。

在疫情背景下，公司还充分利用各类线上书展平台展示三联出版成果，了解境外出版现状。2021年北京国际图书博览会以线上、线下两种方式同时举办，公司积极筹备参展，主办了两场主题活动，即"《大都无城》英文版首发式暨《东亚青铜潮》英文版签约仪式"和"《了不起的文明现场》《新雅中国史八讲》阿拉伯语版签约仪式"，协办了"《汉兴》全球首发仪式"和"《波斯笔记》——BIBF世界阅读季"两场活动，为促进中华优秀传统文化高质量传播做出有益尝试。此外，公司还积极参与集团公司"海外融媒体矩阵传播项目"，一方面及时提供图书素材及新书资讯，另一方面整合子公司旗下《三联生活周刊》及三联中读的资源，通过海外社交媒体平台，围绕"历史与传统文化""社会热点""百姓生活"三个主题以英文文章及小视频的形式，展现中国人生活方式的历史与当下。

4. 发展多元传播格局，共谋全民阅读事业

"促进全民阅读、建设书香社会"在当下中国已成为共识，三联书店致力于我国的大众阅读事业，在历史和现实中都有所建树。公司始终秉持以书会友、以书化人的良好期盼，培养读者，启迪智慧，在新媒体传播日益发展的当下，通过不断推出高质量的出版物，持续推进营销转型升级，努力增强人们的文化获得感、幸福感。

据不完全统计，三联版图书全年被《人民日报》、《光明日报》、中新社、澎湃新闻等重点合作传统媒体累计报道近50次，被非自营新媒体报道850余家/次，阅读量破千万。2021年度，公司在百道出版社影响力指数排行榜总榜位列第9名，在社科类出版社中位列第4名。

2021年，公司联合线上线下渠道资源，把握建党百年、世界读书日、考古热、年度盘点等契机，针对"三联·中读文丛"、辛德勇作品、郭宝昌作品、《中共党史十二讲》、《追寻三星堆》等品牌产品策划执行重点营销推广活动33场/次，自有平台直播观看量稳中有升，并联合外界流量资源，协助直播分发，反响热烈。其中，郭宝昌首都图书馆新书见面会直播观看量达71万人次，罗平汉演讲《中国共产党的奋斗历程与优良传统》线上观看量达70余万人次，《追寻三星堆》新书首发直播观看量近9万人次，年末"时间的叠印——三联书店2021好书分享会"收看量近2万人次。

此外，还在线下为重点书制定渠道营销方案，如对《中共党史十二讲》策划了为期一个月的三联党政类图书联展活动，全国46家门店及主要电商参与，销售增长3倍以上。9月，三联书店第十届社店战略合作联席会举办，16家省级新华发行单位参会，50余位出版发行界重要代表出席，共同商讨新形势下社店合作的可能性。本届活动首次引入直播，评选了三联版"市场影响力十大好书"，首次邀请新华书店负责人为好书代言，推出为线下新华门店打造的"开放的艺术史"系列和"阅读的礼物"套装，订制近2万套，显示了社店紧密合作，线上线下多元渠道全面发力的新格局。

公司品牌活动"三联·新知大会"举办到第三季，本季活动以"提问历史，想象未来"为主旨，围绕网络知识服务产品中读音频课转化而来的"三联·中

读文丛"举办了4场主题论坛，有效带动"新知文库""三联·中读文丛"等一系列知识类、学术普及类读物推广。新知大会以现场活动、在线直播等形式举办，通过新媒体连接线上线下，让学者的思考直面大众，以思想和知识的沟通，延续基于现实的大众启蒙，最终达到理解当下、了解彼此的目的。

值得一提的是，本季活动的主题图书"三联·中读文丛"，是公司中层读物的出版传统与应时代阅读之需而打造的介于传统书籍"慢阅读"和手机碎片化"快阅读"之间的新媒体平台"中阅读"的结晶。三联中读于2017年正式上线，"三联·中读文丛"则脱胎于中读热销音频课，旨在向大众提供一种介于流行普及阅读和专业学术阅读之间的中层读物，真正做到把新媒体和传统出版的优势叠加，为读者提供升级迭代的知识内容和更好的阅读体验。"三联·中读文丛"继《了不起的文明现场：跟着一线考古队长穿越历史》和《12堂小说大师课：遇见文学的黄金时代》之后，于2021年新出版了《宋：风雅美学的十个侧面》一书。这本书源自中读的《我们为什么爱宋朝：宋朝美学十讲》音频课，这是中读上线最早、关注人数最多的一门课，目前显示热度已过百万。

"三联·中读文丛"作为一种对大众阅读出版的成功尝试，期待唤起更多专家学者为非专业领域读者写作的兴趣，在专业书籍和普通读者之间架设起一座桥梁，引导读者在文化知识领域层层递进，并在潜移默化中为更广泛的文化共同体内的成员提供知识和道德的启迪。如何将这种"桥梁书"的"中读"文体发扬光大，是公司与作者并肩探索的时代命题。在这个意义上，"三联·新知大会"及其推广的大众阅读读物也是公司为构建时代主旋律和正能量所做的一分贡献。

二、三联书店的市场责任

关于三联书店总资产、营业收入及相关经济情况数据，主要根据其2021年度工作报告整理，下文数据主要为2021年末数据。如有使用部分2022年数据，文中会相应标明。

1. 总资产情况

截至2021年12月，三联书店资产总额为66,019万元，以流动资产为主，占比85%，比上年同期增长4.43%。负债总额33,029万元，比上年同期增长5.8%。资产负债率为50%，同比增加2.47%。三联书店总资产增加是负债和所有者权益共同增加的结果。

根据《中央企业做强做优、培育具有国际竞争力的世界一流企业对标指引》的规定,三联书店的经营业态复杂,经营规模较小,经营情况随市场变化较大,行业内可取得业务和财务数据的企业中,暂无合适的可作为对标企业。

2. 营业收入情况

2021年三联书店实现营业收入37,614万元,同比增长8.63%。为更直观显示近3年间三联书店各主要经济指标变动趋势,分析各业务板块影响因素,本报告将相关情况以表格形式呈现:

表1 2018—2021年三联书店营业收入、利润总额、利润率一览表

(单位:万元)

年份	营业收入 金额	营业收入 环比	利润总额 金额	利润总额 环比	净利润 金额	净利润 环比	资产负债率	营业利润率	劳动生产率(万元/人)
2018年	29,849		-758		-932		44%	-0.75%	27
2019年	27,299	-8.54%	-3,503	增亏	-3,607	增亏	46%	-12.93%	22
2020年	34,626	26.84%	-1,352	减亏	-1,455	减亏	48%	-4.27%	30
2021年	37,614	8.63%	737.5	扭亏	418	扭亏	50%	1.42%	41

从表1可以看出,2019年至2021年三联书店营业收入和利润总额均呈现逐年上升趋势,资产负债率、营业利润率、劳动生产率也不同程度上升。

表2 三联书店2021年度各业务板块经营情况汇总表

(单位:万元)

业务板块	营业收入 2021年	营业收入 2020年	营业收入 2021年占比	营业成本 2021年	营业成本 2020年	营业成本 2021年占比	毛利 2021年	毛利 2020年	毛利 2021年占比	毛利率 2021年	毛利率 2020年
图书出版发行板块	13,173	12,135	35%	9,767	7,871	34%	3,406	4,264	40%	26%	35%
期刊板块	18,391	16,717	49%	14,578	11,320	50%	3,813	5,397	44%	21%	32%
图书零售板块	1,560	1,170	4%	1,021	759	4%	539	411	6%	35%	31%
新媒体板块	4,021	4,296	11%	3,606	6,108	12%	415	-1,812	5%	10%	-45%
其他	469	308	1%	72	0	0%	397	308	5%	85%	100%
合计	37,614	34,626	100%	29,044	26,058	100%	8,570	8,568	100%	23%	25%

结合表2显示的各业务板块经营情况,公司营业收入主要来源于图书出版

发行业务、期刊板块业务（包括期刊发行和广告）、图书零售业务以及近年来以期刊为核心新增开展的新媒体业务。

（1）图书出版发行板块

2021年，公司共出版图书品种689种，同比增幅为15%，出版总码洋同比增幅为41%；图书本版发行实现收入13,173万元，占比35%，同比增幅为8%。头部新书的贡献及重印书的重点运维有效保持了三联本版图书的市场影响力。公司在整体零售市场排名100，码洋占有率0.23%，动销品种数5,582。其中，实体店排名108位，码洋占有率0.20%，动销品种4,323；网店排名95位，码洋占有率29%，动销品种5,075种。市场销售增幅为10%—20%，开卷排名同比上升20名。

近年来，公司在加强库存管理的同时，持续不断优化选题、着重内容创新和产品线建设，通过加强生产管理，提升成本意识，强化营销，充分开拓线上渠道等一系列措施加大图书销售力度，稳步扩大销售规模，提高图书的单品种效益，这是公司营业收入增加的重要原因之一。2022年，在公司"十四五"规划的框架下，《三联书店图书产品战略规划（2022年版）》文件发布，明确要通过结构的优化、产品的分层，"一流"标准，对现有出版资源进行多层次开发，在短期内继续实现图书出版发行板块业绩的提升，在更长的时段里服务于不同的、更广大的读者群体。

（2）期刊板块

2021年，期刊传统业务经营稳中有升，有力保障了公司整体营业收入的增加。期刊发行和广告业务实现收入18,391万元，同比增加1,674万元，其中广告收入同比增加624万元，增幅6%；期刊销售收入同比增加1,050万元。

《三联生活周刊》不断拓展互联网渠道销售模式，使得销量稳步增加，总体发行比上年增加30%，实销量远超过历史峰值。《少年新知》打开青少年市场，拉动整体发行收入增长。2020年在传统媒体整体颓势的大格局下，以《三联生活周刊》内容为基底的《少年新知》杂志试刊，创新发行方式，仅在线上整体销售；2021年《少年新知》正式按双月刊出版，进一步获得教育细分市场的广泛响应，线上线下订阅量合计11.27万。《三联生活周刊》发行业务电商转型及《少年新知》的电商业务突破获评集团公司第一届"品牌营销"奖·十大营销案例。

期刊广告业务则从2019年开始经历了一个爆发式增长期，于2020年达到峰值，目前增速已有所放缓。广告业务的发展，一方面是由于《三联生活周刊》已经形成较为成熟的互联网销售模式，广告经营向线上转移取得成效；另一方面也提示《三联生活周刊》的品牌号召力、社会影响力大幅提升，日益成为三联大品牌的标志性符号。

（3）图书零售板块

公司图书零售业务实现收入1,560万元，同比增幅为33%，主要来源于三联韬奋书店的经营。三联韬奋书店为公司功能性投资，更多的是承担社会效益，其盈利模式相对单一，受疫情影响极大。随着疫情稳定，销售在缓慢恢复中。2021年，三联韬奋书店加大企事业单位团购业务力度，加强团购客户开发培育；积极拓展书房、阅览室建设等服务业务；并有昆明分店和天津分店两家加盟店开业，也一定程度上促使三联品牌影响力进一步提升。

（4）新媒体板块

公司新媒体业务实现收入4,021万元，同比略有下降，为三联中读项目等收入同比下滑；同时新媒体板块首次实现盈利，主要为三联中读项目扭亏为盈，利润增加。

三联生活传媒公司旗下三联中读，作为集团公司上市募投项目，经过近4年的培育和探索，于2021年建立了相对完善的产品线结构布局，即"信息流+知识付费+数字刊+服务"，初步形成知识付费盈利模式，并首次实现盈利，正进一步探索向平台化转型。截至2021年末，中读用户总数261万，注册用户数222万，累计付费用户数37万，付费转化率16.81%，平均月活20万，共计上线音频产品总时长达15,215小时。三联生活传媒公司凭借中读项目的出色成绩入选国家新闻出版署组织评审的2021年度出版融合旗舰单位。在以中读为核心的新媒体项目的带动下，三联生活传媒公司"两微一端"迅速发展，经济整体向好，营收结构完成升级转换，融媒体转型获得初步成功，对于大三联的整体转型起到至关重要的促进和推动作用。

最新数据显示，在2022年上半年疫情笼罩下大环境不稳定、经济增速放缓的背景下，三联书店1—6月实现营业收入22,030万元，比去年同期增加2,159万元，增长11%。其中，图书销售收入同比增加1,863万元，增幅为26%，逆势增长，表现亮眼；期刊订阅量增加，销售收入同比增加490万元，增幅为

13%；期刊广告收入同比增加 409 万元，增幅为 7%。

面对当前经济下行的压力和行业严峻的形势，巩固以新媒体平台三联中读为代表的传统业务转型升级取得的成效，继续以优质内容为基础，打通音频、视频、图书、广告全链条，不断拓宽内容产品边界，探索融合出版，实现转型升级，是三联书店得以持续发展的出路。

3. 股东收益情况

截至 2022 年 6 月 30 日，归属于母公司的净资产为 34,703 万元，较期初增长 5.27%。所有者权益情况如下：实收资本 17,134 万元，资本公积为 907 万元，盈余公积 3,242 万元，期末未分配利润 14,195 万元，所有者权益合计 34,722.56 万元，负债合计 32,696 万元，资产总计 67,418 万元，资产负债率为 48%。2021 年度三联书店的资产负债率处于出版传媒行业的正常区间内，其国有资本保值增值率为 101.21%。

从三联书店的总资产、营业收入等数据来看，自 2020 年以来，在 "保收入、稳增长" 的思路下，公司确保资金稳定、经营稳定，突出降低损失、控制风险、提质增效，经过两年多的爬坡过坎，实现平稳渡过难关，形成较为良好的发展态势。

三、三联书店的社会责任

作为出版 "国家队" 中国出版集团公司的一员，三联书店担负着更强烈的国家意识、历史责任感和文化使命感，在阅读面向全体人民、面向国家复兴、面向世界交流的语境中，以传播先进思想、弘扬优秀文化，推动全民阅读，助力建设文化强国，三联书店责无旁贷。

1. 公益慈善

为弘扬中华优秀传统文化，履行文化传播的社会公益责任，2020 年 12 月底至 2021 年 1 月初，公司向国际儒学联合会捐赠指定图书 2,170 册，码洋 9.83 万元。2021 年 7 月，在全国开展党史学习教育的背景下，公司继承和弘扬韬奋先生 "竭诚为读者服务" 的办店宗旨，丰富群众精神文化生活，在第 30 届全国图书交易博览会图书捐赠活动中，向山东省浪潮集团、济南鲁能领秀城 FAN 社群、山东大学附属中学、济南职业学院、济南市南山实验小学等单位捐赠图书 735 册，码洋 3.45 万元；配合北京市东城区精神文明建设整体布局，与街道加强合作，向东城区前门街道捐赠图书 92 册，码洋 0.408 万元。

为响应国家全民阅读倡议，帮扶文化发展薄弱地区，2021 年 4 月，公司向江西省鹰潭市余江区邹韬奋研究所捐赠指定图书 1,642 册，码洋 9.43 万元。2021 年 6 月，向太原杏花岭小学捐赠指定图书 85 册，码洋 0.99 万元；向青海省黄南藏族自治州捐赠指定图书 747 册，码洋 3.58 万元。2021 年 10 月，为援助新疆昌吉回族自治州阅读建设，向韬奋基金会捐赠指定图书 872 册，码洋 4.02 万元。

2. 员工关爱

公司的企业文化建设工作始终坚持以人为本、实现员工与企业共同发展的价值观。公司领导班子在企业文化建设中发挥主导作用，积极宣传贯彻公司核心理念及价值观，企业员工则遵照员工行为准则，认真履行岗位职责；公司从完善职工福利、提高职工收入、实现职工价值、增加店内民主等方面付诸行动，各方共同努力落实"让三联员工生活得更幸福更有尊严"的企业文化建设目标。

（1）保障从业人员合法权益

公司依法与员工签订并履行劳动合同，按照国家、省、市地区的有关规定，依法足额为员工交纳养老、失业、工伤、医疗、生育五项社会保险，缴存住房公积金，保障员工享受社会福利待遇。在此基础上，公司参加了中国出版集团公司企业年金计划，作为对国家基本养老保险的补充，保障和提高员工退休后的待遇水平；参加职工补充医疗保险，每年组织一次员工体检，2021 年还为员工增加了医疗基金项目和重大疾病保险，健全完善员工安全健康保险保障机制。

公司进一步健全完善收入分配制度，经职代会多次征求意见，于 2021 年 3 月修订并施行《三联书店收入分配管理办法（试行）》，重点解决岗位工资定级定档标准以及调整制度执行不到位等问题，合理安排工资岗位体系中各项指标权重，适应当前企业发展的形势，员工收入均得到不同幅度提升。

（2）履行人文关怀责任

公司以党建工作带动工会建设，通过发挥群团组织、工会的桥梁和纽带作用，以为员工办实事、解难题和组织各类文体活动为载体，构建了有温度、积极向上的企业氛围。2021 年，工会在党委"我为群众办实事"项目的统领下，对职工之家进行了环境及设施升级改造，采购了一批健身器材，随后在这里举办了第三届三联书店乒乓球比赛、瑜伽俱乐部课程、健身讲座等丰富多彩的文体活动。公司每月为员工过集体生日，对从事出版工作满30周年的干部职工颁发纪念奖章，为到龄退休的老同志举办欢送会，组织离退休老同志春、秋游，关注和尊重每位员工对三联出版事业的价值与贡献。此外，在政策允许的范围内，公司在国家传统节日期间为工会会员发放过节礼品，公司领导到老职工、老党员家走访慰问；对困难党员、职工情况进行深入调查，开展"帮扶助困"送温暖活动，把解决员工的难题放在心上、落到实处。

2022年4月，新冠肺炎疫情在上海暴发，形势复杂严峻，北京三联书店下属生活·读书·新知三联书店（上海）公司也被席卷其中。在封控中，上海公司一位员工一家不幸被感染，得知情况后，北京三联书店总部第一时间指示上海公司给予全力支持和帮助，并立即发放紧急慰问金，在社区服务几近崩溃、药品供应紧缺、物资配送不畅的困难情况下，历时近12小时将相关药品和必要生活物资送达，做好了员工坚实的后盾。

（3）赓续三联书店内部管理优良传统

在公司90年的发展史中，历来有特别注意反映来自员工的声音、建议和资讯的种种内部管理措施和渠道，体现了以人为本的办店观念和同人间的人文关怀，起到了聚拢人心、鼓舞士气的作用。

公司内刊《店务通讯》承继三联前辈创办内部员工刊物的优良传统，每两月出刊一期，既把上级的指示精神、公司的顶层规划及时传递给全体员工，动员员工认准目标共同奋斗，也起到上下左右加强沟通、增进了解的作用，同时在交流中着重钻研业务、研究问题、总结经验、推动创新，有效助力文化三联、和谐三联、活力三联的实现。

公司设立了"美东22号沙龙"，旨在活跃问题讨论氛围，促进各部门、各环节、各系统员工特别是青年员工的内外交流。2022年4月，第一期沙龙以"三联设计风格再讨论"为主题拉开序幕。沙龙发扬店内民主传统，要求全店上下左右同人同心筹备，平等讨论问题；以长远的目光、面向未来的视角、变革的思想，共同来探讨三联和三联人关注的最基础、最核心的一些问题。

根据公司前身之一生活书店的人事委员会会议记录，规定每月召集一次茶话会，由社里筹备茶点，交流员工思想动态、联络同人情谊，这一先进传统至少可以追溯到1936年。在党委和工会的支持下，公司内部韬奋图书馆每月择一日组织下午茶活动，将这一传统延续下来，以有温度的、团结的企业氛围作为公司经营文化事业的背景。

2021年4月，三联书店店史陈列馆正式开馆，陈设店史文物资料时间跨度自1932年至今。这是由公司内部美编室、《读书》编辑部、党委（店务会）办公室、韬奋图书馆等多部门共同参与设计、施工、布置的三联文化空间，为公司员工、读者大众回溯历史、向前辈学习，以及增加公司品牌活力等提供了更多可能。

3. 依法经营

三联书店严格按照《中国共产党章程》《中华人民共和国公司法》规范本公司的组织和行为，按照企业内部控制规范体系和相关规定的要求在所有重大方面保持了有效的财务报告内部控制，建立了符合政策法规要求的制度体系，对公司生产经营管理各过程、各个关键环节发挥了较好的管理控制作用，合理保证经营管理合法合规、资产安全、财务报告及相关信息真实完整，提高经营效率和效果，促进实现发展战略。

（1）合法经营

三联书店由党委书记、执行董事任法人，为中国出版传媒股份有限公司下属全资子公司。公司设立党委，发挥把方向、管大局、保落实的领导作用，依据《中国共产党章程》《中国共产党国有企业基层组织工作条例（试行）》讨论和决定公司重大事项；依据《中华人民共和国公司法》有关规定，建立以股东、执行董事、监事、经营层为主体的法人治理结构，保证规范运作、分权制衡；设有店务会，按照《三联书店会议制度》的内容和要求执行；设有职代会，按照《职工代表会议条例》的内容和要求执行。

公司通过销售、出版、采购、法务等日常控制活动以及党委会、店务会等决策过程来应对日常经营活动过程中所面对的风险。2021年3月，公司修订改版《三联书店规章制度汇编》，收入70项规章制度，依照内容分为9类，包括"综合""财务""资产""人力""党群纪委""出版""营销""科数""外事"，公司的各类控制活动均有相关管理制度可遵循。公司依据《三联书店"三重一大"决策制度实施办法》决策相关事项，合理有效管控公司经营，防范决策风险。2021年，公司共召开党委会21次，涉及"三重一大"事项18次；召开店务会45次，涉及"三重一大"事项34次；共计有重大决策事项66件，重要人事任免事项3件，重大项目安排事项13件。

公司内部监督体系建设主要包括内部审计工作和纪委工作。依据《三联书店子公司财务管理制度》，公司设立内审专员一名，2021年开展两项内审工作：一是子公司生活书店有限公司负责人离任审计，二是旗下四家子公司所属期2019年7月至2021年6月的内部专项审计，并对内审发现的问题及时整改。公司纪委严格施行《三联书店落实党风廉政建设主体责任和监督责任实施办法》等规章制度，2021年印发《三联书店廉洁从业手册》，在落实全面从严治党，加强廉政监督，做好检查执纪，坚持正风肃纪等方面发挥作用。

（2）安全生产

坚持党管宣传、党管意识形态，公司在意识形态和舆论安全领域全面加强党委的领导作用。公司领导班子履行意识形态工作职责，一方面强化理论武装，落实意识形态工作各项制度，突出思想政治引领，坚持"第一议题"机制，每季度召开1次意识形态专题会议。另一方面，紧抓关键环节和重点领域开展工作。当前新媒体高速发展，宣传规模不断扩大，为进一步管好用好网络阵地，2021年公司修订印发《三联书店网络意识形态工作责任制实施办法》，严格落实"一把手"负主体责任制度，店党委落实对新媒体账号开设的审批前置程序，并以和传统媒体同一标准、同一尺度、同一底线加强对内容质量与价值导向的管理；此外监督评论与留言，对读者建议做好分析与反馈，做好舆情报送和应急预案。

高度重视导向安全问题，做坚持正确出版导向的表率，这是三联书店"红色出版"的历史传统使然，也是三联书店作为出版"国家队"的责任承当，更是三联书店加快发展的必要条件和基础。公司在出版导向管理上，按照中央文件《关于加强和改进出版工作的意见》的指导思想和基本原则，严格执行《三联书店关于加强图书出版导向管理的实施办法（试行）》，坚持店务会导向专议制度，定期研判导向问题，并设有选题工作委员会，有成熟的选题论证制度。由于公司出版选题主要集中在人文社科领域，不可避免涉及宗教、历史、军事、民族、台港澳地区等问题，排查导向风险隐患常抓不懈，以防患于未然，保证图书生产安全。2021年共办理重大选题备案22种，召开编印发联席会12次、编印发检查会8次，召开选题论证会6次。

质量管理方面，公司设有审校中心，负责预审、校对、质检三部分工作；

依据《三联书店关于加强图书出版质量管理的规定》，严格执行"三审三校"制度，不断提高编校质量考核标准，完善预警、监管和问责机制；不断优化、规范生产流程，健全质量管理体系，实施从选题论证、编辑加工到印前检查、印后质检的全流程管控。同时，按照《中国出版集团有限公司图书阅评工作方案》要求，公司通过图书阅评工作对每月图书导向问题和编校质量情况进行总结和回顾。

四、责任管理

按照 2008 年上交所发布《关于加强上市公司社会责任承担工作暨发布〈上海证券交易所上市公司环境信息披露指引〉的通知》要求，生活·读书·新知三联书店有限公司作为 2017 年 8 月上市的国有出版传媒企业中国出版传媒股份有限公司的下属全资子公司，不单独出具社会责任报告，社会责任执行情况由上级公司整体披露。我公司贯彻落实上级公司社会责任理念及责任战略部署，遵照执行上级公司的社会责任管理办法，接受上级公司相关指标或绩效考核，2021 年较好实现了把社会效益放在首位、社会效益和经济效益相统一的原则。相关情况见下表。

表3 三联书店 2021 年社会效益评价考核情况汇总表

考核时间	2021 年				
完成情况	√是　　否				
自评总分	99				
复核总分	99				
一级指标	二级指标	自评分	复核分	说明	
出版质量（50分）	内容质量	42	42	全年公司图书未出现政治导向问题。2021 年印发《三联书店编辑手册》，汇总出版相关法律法规及编辑工作中常见问题，供查询使用。	
	编校印装质量	8	8	在出版物自查、集团公司抽查和出版署抽查中未被检出不合格产品。	

续表

文化和社会影响力（23分）	重点项目	10	10	入选"十四五"国家重点出版物出版规划项目5种："中共党史文丛"、"乐道文库"、《20世纪的中国》、《探索考古》、《中国近代文学文献丛刊·文学研究卷》，计5分。其中，《探索考古》、《中国近代文学文献丛刊·文学研究卷》、"乐道文库"之《什么是世界文学》、《什么是人类学》、《什么是社会学》、《什么是环境史》已出版，共计6种，计6分。 《"十三五"国家重点图书、音像、电子出版物出版规划》项目"中国艺术学大系（第二辑）32种"之《元艺术学（增订版）》《中国建筑艺术史》，以及"宿白集"中《宿白讲稿上》《宿白讲稿下》，2021年已实现出版，计4分。 《丝路夷教华化之路》获批2021年度国家出版基金项目，《星火的启示——革命根据地创建与发展》获国家出版基金2021年专项主题出版项目奖励，计2分。 2021年出版国家出版基金项目4种：《宿白讲稿上》《宿白讲稿下》《宿白集（函套）》《从灵光殿到武梁祠》，重复项目不计分（下同，略），计1分。
	奖项荣誉	6	6	《史前的现代化》《了不起的文明现场》获第十六届"文津图书奖"，并入选"中国好书"年度榜单，计2分。 《中共党史十二讲》《了不起的游戏》《最早的中国》《唐：中国历史的黄金时代》4种，被评为"2021年度集团优秀主题出版项目"，计4分。 《中共党史十二讲》《星光不问赶路人》获中国出版集团"2021年度出版特别贡献奖"，计1分。 《中共党史十二讲》《了不起的游戏》《最早的中国》《追寻三星堆》《探索考古》列选中版好书2021年度榜，计2分。
	社会评价	4	4	公司服务党和国家工作大局，为庆祝建党100周年策划出版《中共党史十二讲》，发行量近15万册，入选2021年6月中宣部"书映百年伟业"10本好书荐读书单、2021年致敬中国共产党成立100周年"中版好书榜"特榜等有影响力的推荐书榜，计1分。 《清朝最后的120天》被《人民日报》报道，《了不起的游戏》《追寻三星堆》被《光明日报》报道，计6分。 《从马尔克斯到略萨》获"深圳读书月"年度十大好书，计1分。 《异域的考验》获"第十三届傅雷翻译出版奖"，计1分。 《中共党史十二讲》《追寻三星堆》获《中国出版传媒商报》"2021年度影响力图书"榜，《无法直面的人生》《职场妈妈不下班》被《新京报》报道，计3分。

续表

文化和社会影响力（23分）	国际影响	3	3	2021年输出出版物版权品种为8种以上，计3分。
产品结构和专业特色（15分）		15	15	公司产品结构合理，符合出版宗旨和定位的图书品种占比在70%以上，计3分；非合作出版图书占比在90%以上，计3分；有成规模和特色的品牌产品板块，如主题出版板块、三联学术书板块等，计4分；制定了体现专业特色的中长期选题规划，如"乐道文库""三联精选""文化生活译丛""三联·哈佛燕京学术丛书"等项目，年度执行情况良好，计3分；非引进版图书新书占比在70%以上，计1分；积极推动传统出版向数字出版转化，如在"中读App"上架图书相关课程，取得广泛社会好评，计1分。
内部制度和队伍建设（12分）	内部制度建设和执行	7	7	全年未出现违规出版和违反宣传纪律的行为，计3分；未被全国信用信息共享平台、国家企业信用信息公示系统列入经营异常名录或严重违法失信企业名单，计2分；制定并实施《三联书店有限公司图书出版分社绩效考核管理办法》，计2分。
	队伍建设	4	4	公司党组织机制健全，完成党委和纪委换届，纪委委员由3人扩充到5人，每支部设立纪检委员，计1分。按照《三联书店职工培训管理办法》组织员工培训，按照《出版专业技术人员继续教育规定》管理职工任职资质，计1分。公司中级以上出版资质人员比例68%，计1分。公司干部前往青海省黄南州泽库县挂职，2021年捐赠图书28.2万码洋，计1分。

第三节　三联书店执行社会责任存在的问题

三联书店通过自身的文化工作，以鲜明的进步传统、强烈的现实关怀、独具特色的学术文化出版，服务党和国家的工作大局，增强我国文化自信，维护主流价值观，履行竭诚为读者服务的职责；作为国有控股的传媒上市公司中国出版传媒股份有限公司的下属单位，公司为更好实现国有资产的保值增值，目前正向高质量发展阶段转向，挑战与机遇并存，应当正视其在履行社会责任方面还存在的一些不足。

一、以出版履行舆论引导责任仍有作为空间

红色出版是三联书店的文脉,"为大众"是根本立场。与开启山林的传统相较,当下公司的内容生产在围绕中心、服务大局方面有边缘化的趋势,对国家、社会热点及需求的把握与回应不够及时有效,在青年读者中的传播力、号召力不够突出,主题出版的体量、影响力及长期储备与应承担的社会责任仍有一定距离。

二、有效履行市场责任仍需解决制约发展的深层次问题

公司业态丰富,图书出版、期刊发行、书店运营、新媒体融合各有特色,但各业务板块发展不够均衡,经济结构脆弱,抗风险能力不足。尤其是图书出版发行板块的经营管理仍比较粗放,目前对数据资源及技术的挖掘和利用仍处于初级阶段,"经营"意识不强,市场意识偏弱,品牌价值未能充分转化为市场价值。

三、执行社会责任的人才队伍建设仍可精益求精

出版业是主要依靠人力资源发展的知识密集型行业,人才既是三联文化的传承者,也是三联精品的创造者,更是三联发展的推动者。公司目前的干部人事制度仍有不完善之处,人才建设缺乏规划和梯队,人才结构不尽合理,对优秀年轻人才的培养力度还不够,不利于公司未来可持续地以创新驱动高质量发展,执行社会责任。

第四节 三联书店社会责任执行力提升路径与方法

一、服务时代主题,打造有辨识度、贯穿中华风格气派的主题出版物

公司要在深入认识自身出版传统、出版优势及其当代价值的基础上,把握

大众阅读趋势，强调主题出版的学术前沿性、思想丰富性和研究深刻性；对大众阅读的实际需求进行深入调查研究，策划出版普及与提高相结合、能够深入浅出讲好中国故事的优秀主题出版物。与此同时也要把握好度的原则，防范导向隐患。

公司在拥有稳定的读者群和良好口碑的态势下，要对三联品牌在年轻一代读者中认知度和吸引力下降的现状引起关注。继续挖掘三联品牌在同类型出版机构中的不可替代性，在细分领域培养读者，构建有鲜明标识的话语系统，提供有说服力的文化产品，提升面向数字化时代的市场传播能力，参与对青年一代注意力的争取。

二、围绕品牌建设，系统解决制约公司发展的关键问题

公司各业务板块须进一步统一思想，围绕"调结构、降成本、扩营销、强品牌、育新人"的重点任务，着力由粗放型增长向集约型增长转变，谋求均衡发展。公司要坚持"思想、学术、文化"立社，把"有学术的思想，有思想的学术""学术的大众化表达""读者的年轻化迭代"贯穿于各类产品，使之成为三联品牌的鲜明特征；通过优化图书产品结构，明晰产品线建设中长期规划，集中优势提升整体影响力；坚持"一流"标准，推动产品分层，明确部门分工；根据精准的读者对象群体划分，对现有出版资源进行包括书刊、纸电在内的多层次开发。力争在经济上逐步实现图书出版发行板块获得盈利，图书零售、书店运营业务转为微利，期刊、新媒体板块业务获得较大利润，公司整体实现"两个效益"显著、可持续稳健发展的利润水平的中长期目标。

三、优化人才结构，以人才建设作为公司高质量发展的动能和保障

人才是兴企之本，人才资源是第一资源。公司要在引、育、用、留上持续发力，用情怀感召人、用事业激励人、用平台锻炼人、用待遇留住人，打造"海阔凭鱼跃、天高任鸟飞"的人才格局和"江山代有才人出、长江后浪推前浪"的人才梯队。具体举措包括优化人才队伍的规模与结构、优化人才队伍的层级与类别、优化人才队伍的考核与评价、优化人才培训的内容与形式等，公司目前有计划开展的人才梯队建设项目包括中坚计划、后备计划和菁英计划。与此

同时，要动态完善公司各类岗位的考核机制和激励机制，促使员工更好发挥执行社会责任的主观能动性，提升员工的责任感和价值感。

第三章　中信出版集团股份有限公司社会责任研究报告

洪勇刚　宋思佳[①]

第一节　中信出版集团基本概况

中信出版社成立于1988年，隶属于中国中信集团有限公司，是国家新闻出版署批准成立的第一家由中央企业主管、主办的图书出版机构，拥有图书、报刊、电子、音像和网络出版及批发零售全牌照。2008年，中信出版社改制为中信出版股份有限公司；2013年发展为中信出版集团；2019年7月，中信出版集团成功登陆A股市场，成为大众出版的龙头企业。

作为全国首批一级出版社和全国百佳图书出版单位，中信出版集团在三十多年的改革创新中，始终坚持正确的政治方向和出版导向，始终坚持社会主义先进文化前进方向，始终把握好意识形态属性和产业属性的关系，始终坚持社会效益和经济效益相统一，以优秀的产品和优质的服务满足广大读者的精神文化需求。中信出版集团也因此屡获殊荣："新中国70年企业文化建设优秀单位""2018—2020年度首都文明单位""中国出版政府奖先进出版单位奖""2021—2022年度国家文化出口重点企业"，党委书记、董事长王斌同志荣获中央宣传部、中央组织部"文化名家暨'四个一批'人才"称号和"第十三届韬奋出版奖"。

[①] 洪勇刚，中信出版集团股份有限公司党委副书记、总编辑。宋思佳，中信出版集团股份有限公司总编室高级文秘。

中信出版集团以知识应对时代变迁，从中国观察时代变革，先后与超过13,000位国内外作者建立合作关系，出版图书超过12,000种，基本实现了大众出版领域的全覆盖，并成为各垂直领域内的主要力量。《谁动了我的奶酪》《从优秀到卓越》《激荡三十年》《黑天鹅》《人类简史》《这里是中国》等畅销书深受广大读者喜爱，创造了"从零到一""灰犀牛"等引领性概念和话题，对推动中国商业发展和社会进步发挥了积极作用。出版的图书获各类奖项超500种，如《中国崛起的世界意义》入选2020年中央宣传部主题出版重点出版物名单，《薛暮桥年谱》等8种图书入选国家"十三五"重点出版物出版规划项目，《全球化的裂解与再融合》等11种图书荣获年度"中国好书"，《论中国》等5种图书荣获国家图书馆文津图书奖等。

中信出版集团以"聚焦欧美、润泽亚洲、撒播丝路"的多元化战略，助力中国出版"走出去"，在过去十多年间与全球近200家知名出版商建立了深度合作关系，成功向美国、英国、德国、日本、韩国等国家以及台湾、香港地区输出图书版权超过2,600种，在各家出版社的版权输出领域名列前茅。

中信出版集团在聚焦图书出版主业的同时，也将业务范围拓展到数字阅读与服务、新型连锁书店、教育培训、文化增值服务等领域。在数字出版领域，持续将优质内容资源数字化，拓展出电子书、有声书、音视频栏目、广播剧、情景剧、课程等数字出版和知识服务产品矩阵，为用户提供场景化应用的阅读服务。

从2010年起，中信出版集团开始布局文化新零售领域，在北京、上海、广州、深圳、杭州等大中型城市和机场开设近百家中信书店零售网点，建立网上直营店和企业机构服务中心，以内容策划和知识服务为依托，以品牌、IP为核心，打造多主题空间，服务超过4亿优质客群，已成为亚太地区颇具影响力的连锁书店品牌。

中信出版集团正致力于以优质内容和创意垂直整合文化、生活、教育及娱乐等领域，建立以用户为中心的立体知识服务体系，聚焦都市人群阅读与文化生活需求的智慧生活服务体系，逐步发展成为中国具有较强影响力和较大规模的综合文化服务提供商。

第二节　中信出版集团执行社会责任现状

一、舆论引导和社会监督责任

中信出版集团始终坚持以习近平新时代中国特色社会主义思想为指导，立足新时代国有文化企业、党的思想文化宣传阵地的政治定位，围绕"举旗帜、聚民心、育新人、兴文化、展形象"的使命任务，坚持社会效益为先，坚定历史自信、担当使命，充分发挥出版的社会文化价值，牢牢把握意识形态领域主动权，严格出版内容质量管理，净化网络出版生态，建强守好出版阵地，积极践行社会责任，努力成为出版行业新发展模式的探索者和领先者，为推进社会主义文化强国建设贡献力量。

1.强化导向把关，引领主流舆论

中信出版集团深入贯彻党的理论和路线方针政策，积极落实中央关于宣传思想工作的决策部署以及中宣部关于推动出版业高质量发展的指示要求，不断提高政治站位，明确当前出版形势与任务，坚持为人民出好书的理念，牢固树立精品意识，强化质量观念，严格把关出版物政治方向、内容导向和价值取向。在出版过程中，严格遵守《出版管理条例》《图书质量保障体系》要求，落实"三审三校"、重大选题备案、地图送审制度，健全内部出版管理体系。成立由公司党委班子担任主要成员的选题委员会，加强政治导向把关，提升选题标准，优化选题结构，对内容质量进行全面指导和监督把关。制定并执行《把好"五关"强化出版流程管控指导意见》，在出版工作中切实把好"作者背景调查关""文稿翻译质量关""内审关""编校关""宣介关"，实施严格、有效、可操作的内部图书质量保障体系，确保图书导向正确、质量过关。定期召开编辑大会、总编辑沟通会，传达上级文件和指导精神，宣讲出版法规和出版知识，提升编辑思想认识和业务素质。

2.服务发展大局，推出精品图书

中信出版集团围绕中心服务大局，聚焦党和国家重大决策部署落实各项出版工作。建党百年之际，策划推出展现时代风貌、回答时代课题的《这里是中国2》《中国自信说》等主题精品力作，展现大国风采，彰显中国自信。在中宣部出版局指导下，出版新加坡资深外交官马凯硕新书《中国的选择：中美博弈与战略抉择》、台湾大学教授朱云汉著作《全球化的裂解与再融合》，为各国读者读懂中国、增进认同的共情之作，为我国社会主义现代化建设营造了良好外部环境。结合自身领域和资源优势，紧扣解读"十四五"时期我国发展的战略目标和任务部署，推出《读懂"十四五"：新发展格局下的改革议程》《论中国经济：挑战、底气与后劲》《中国经济的前景》《中国改革真命题》《奋力迈上共同富裕之路》《贫困的终结》《碳中和经济学》《读懂碳中和》《气候经济与人类未来》《绿色经济学》等有关经济改革、脱贫攻坚、绿色发展的主题图书，为激发广大干部群众奋进新征程凝聚强大精神力量。

3. 推动全民阅读，培育阅读风尚

中信出版集团以高质量文化供给服务全民阅读，加强阅读引领，涵育阅读风尚，构建覆盖企业以及社会的阅读推广服务体系，推动全民阅读扩大覆盖、提升品质、增强实效，以书香中国建设促进文化强国建设。2021年，围绕建党百年，公司系统梳理中国共产党党史、中国共产党精神谱系，精心策划推出《信仰之路——庆祝中国共产党成立100周年特展》主题展览，以不同历史时期的珍贵资料，通过历史人物原声音频、珍贵照片、革命文物复原等丰富立体的内容形式，借助多媒体影像、沉浸式体验空间、5G智能互动技术等现代艺术表现形式，全方位立体呈现中国共产党成立100年的伟大征程。以"中国价值"为主题，在北京图书订货会展示新书；以"重新发现中国"为主题，在北京国际图书博览会向参会的国际同行推介优秀本土原创作品；结合地方特色，在天府书展推出"熊猫文豪书院"，设计"熊猫文豪游天府"沉浸式主题绘本展；作为"书香武汉全民读书月"的主宾社，开展"中信出版专题阅读嘉年华"活动。在2022年中宣部举办的首届全民阅读大会上，中信出版集团作为中国出版协会副理事长单位，积极参与全民阅读活动馆的项目举办，助力全面展现我国在全民阅读方面的丰硕成果。在企业内部，中信出版集团积极助力中信集团成功落地历届"中信读书月"。此外，中信出版集团借助RFID技术，精选优质畅销书、精品电子书、有声书等内容资源，推出以融合"纸质书借阅+电子书阅读"为一体的24小时自助智能书吧。截至2022年5月底，中信出版集团数字阅读服务了超过200家单位，覆盖650多万用户，涵盖机关单位、地市图书馆、金融机构、地产企业等，进一步提升了机关单位职工学习热情，丰富了职工文化生活。

二、市场责任

2021年，中信出版集团以文化强国的愿景目标为指引，积极践行国家文化战略，主营图书出版与发行业务、知识服务业务和文化消费业务。出版的图书涵盖主题出版、少儿、财经、管理、人文社科、历史、传记、艺术生活、文学小说等全品类，发行业务覆盖全平台、全渠道，自营直销模式发展迅速。知识服务业务，以智库、知识库、主题策划、价值传播为核心模式，研发和策划阅读、视听、沉浸体验等多维度数字内容产品。文化消费业务，布局国内重要城市机场、商务区和社区，延展书店概念，打造多元主题化文化体验，转型为多业态融合消费升级空间。

根据《中信出版集团股份有限公司2021年度报告》显示，2021年中信出版集团实现营业收入19.22亿元，实现归属于上市公司股东的净利润2.42亿元。截至2021年末，公司资产总额33.85亿元，归属于上市公司股东的净资产20.33亿元。

在图书出版发行方面，中信出版集团勇于突破行业困局跑赢大市，图书市场整体排名第一。细分领域中，经管类图书市场占有率持续领跑市场；科普类保持市场第一；传记类排名上升至第二位；艺术类排名第六。面对剧烈变化的市场环境，少儿图书市场占有率继续提升至3.75%，排名提升至第三位。面对渠道迁移、线上竞争加剧的外部挑战，快速组建图书自播矩阵，图书自营收入占比达45%，累计服务用户数达到2,050万。持续发力知识类MCN运营，MCN矩阵覆盖全网粉丝数达3,933万，内容视频播放量27亿次。

在知识服务方面，中信出版集团已搭建覆盖纸书、电子书、有声书、播客、短视频、VR内容在内的多元知识产品结构，并初步实现了线上+线下、ToB+ToC的全媒介传播生态体系。中信书院策划开发大咖领读、视频读书、直播读书会、播客电台等专栏，增强用户黏性，年度新增用户近百万人。

在文化消费业务方面，中信书店在疫情影响下不断创新业态，优化调整存量业务结构，拓展跨界合作轻资产项目，2021年实现扭亏为盈。机场店规模跻身头部，年覆盖客流4.46亿人次；商务店已建立成熟模型和竞争优势。郁枀文化生活公司为境内所有茑屋书店提供全面供应链服务，达到了日本茑屋书店和日贩集团认可的柔性供应链标准。

结合中信出版集团"十四五"战略发展规划，围绕未来5年的转型发展方向开展新经济模式、元宇宙等领域的研究和规划。完成对中智上海经济技术合作有限公司和北京华普亿方教育科技股份有限公司的股权投资，同时，在面向政企渠道和大学生市场提供全方位知识服务的领域已开始推进业务合作。

2021年，在新媒体平台泛滥的盗版书洪流下，中信出版集团头部精品图书受到严重冲击。对此，中信出版集团积极践行市场责任，维护市场正常经营秩序，以强硬姿态坚决打击侵权盗版行为，报案涉及嫌疑人20余人，查扣涉案款项约1,000万元；查处盗版仓库6个；对1,800余家店铺的侵权行为进行取证和公证，法院已受理440起维权诉讼，涉及个人或单位1,123家。免费为读者提供图书鉴定，涉及图书1,000余种，鼓励读者举报盗版，协助进行维权。有效维护了市场秩序和作者权益。

三、社会责任

中信出版集团切实履行社会责任，积极担当时代所赋予的社会使命，在公益慈善大爱责任、企业人文关怀责任、遵纪守法诚信经营责任、可持续发展环境责任等方面作出了积极努力。

1. 公益慈善

在公益慈善方面，坚决贯彻落实党中央关于推进乡村振兴、助力抗击新冠肺炎疫情、抵御自然灾害等的决策部署，发挥资源优势，为"扎实推动共同富裕"贡献中信力量。连续多年在重庆市、西藏自治区、云南省、河北省、山西省等地的偏远地区的乡村学校打造"梦想书屋"，开展"梦想课堂"。2022年，开展对中信集团定点帮扶一区三县和中央及国家机关工委帮扶四县捐赠活动，总计8个区县的中小学和幼儿园，捐赠图书和基础设施，建设20间"梦想书屋"，捐赠58万码洋图书。通过韬奋基金会参与首届全民阅读大会"书香暖神州"公益捐赠活动，向内蒙古自治区赤峰市和锡林郭勒盟、云南省曲靖市会泽县以及河北省保定市阜平县4个帮扶地区的中小学生捐赠20万码洋图书。响应中国扶贫基金会的号召，加入"童伴妈妈"项目，作为国有出版企业积极承担儿童阅读合作伙伴的责任，向江西省、云南省8个县的幼儿园和中小学精挑细选课外读物，提供阅读服务。2021年，作为武汉读书月的主宾社，向武汉的20个社区捐赠《张文宏说传染》图书，普及传染病防治知识。在河南遭受洪涝灾害后，迅速组织捐赠了3,000余册图书，受到当地群众称赞；通过北京雏菊花公益基金会向新疆留守儿童捐赠15万元码洋图书，用实际行动助力乡村振兴和文化强国建设。2020年2月，在武汉疫情最为严重时期，快速响应、多方联络，向江夏区方舱医院捐赠图书200册，为方舱医院的病患建立读书角。8月，与红丹丹视障公益组织联合策划"2020年全国盲生阅读线上夏令营之云逛中信自然书店"活动，以线上公益直播的形式，邀请来自全国39所盲校、特殊教育学校的400余名盲生通过"听"的方式，伴随特殊的视觉讲述，隔屏感受书香，既激发了他们的阅读兴趣，也引发社会对视障人群特别是盲生阅读的关注。

2. 员工关爱

在员工关爱方面，严格遵循《公司法》《劳动法》等法律法规，以公平、公正、公开的用人原则制定人力资源政策，充分保障员工合法权益，努力打造积极、卓越、健康的就业平台。敬重经验丰富的资深人才，关注满怀激情的业界新锐，倡导公平雇佣与多元化招聘，实现员工队伍的多元化和可持续的职业发展路径。2021年根据薪酬调研和行业情况分析，调增基层员工薪酬水平，大大提升基层员工获得感。遵循"以劳动者为本"的原则，高度重视员工的身心健康，为员工提供切实所需的多项福利，包括组织年度体检、缴纳补充医疗保险、意外伤害保险等。高度重视人才发展，建立专业岗的专业等级和清晰的职位晋升通道，定期开展人才盘点，对全体员工进行职业生涯规划评审。实施后浪人才计划，第一批青年后辈人才中已有多人成为新工作室主理人。持续强化编辑职业资格培训，开发系列课程助力公司业务发展；创办管理者训练营，把方向、明战略、促落地；定期邀请行业专家培训分享，搭建交流平台，拓展员工眼界。

3. 依法经营

在合规经营方面，严格遵守国家和行业各项法律法规，坚持依法治企，坚守职业道德，自觉接受上级主管单位和行业监督。制定符合上市公司治理要求的制度，建立了由股东大会、董事会、监事会和经营管理层组成的、符合现代企业制度的公司治理结构。加强安全管理，明确各级责任，保障职工在生产建设中的安全和健康，确保公司生产经营正常进行。按照《公司法》《深圳证券交易所创业板股票上市规则》《上市公司信息披露管理办法》等相关法律法规要求，以主动、开放的态度，公平地向股东披露真实、准确、完整的信息，确保所有股东能够充分行使自己的权利。不断完善采购和供应商管理办法，进行由供应商引入、供应商评估、供应商退出机制等构成的全生命周期管理，提高供应商产品质量与服务能力，形成规范、公正、统一的供应商管理体系。高度重视反腐倡廉建设，紧盯选人用人、招标采购、资金管理、项目投资、资产处置、开店关店、履职待遇标准等重点领域和关键环节，强化日常监督，抓早抓小，督促整改，防范廉政风险。

4. 环境责任

近年来，国家连续发布的碳达峰和碳中和、共同富裕、乡村振兴等一系列顶层设计，已经成为我们创造经济效益之上的价值方向指引。中信出版集团积极践行创新、协调、绿色、开放、共享的新发展理念，主动担起环境治理责任，坚持将绿色运营贯彻于经营管理全过程，探索ESG实践，努力建设一个绿色、可持续的出版商业生态，通过知识生产将事关人类共同命运的内容和议题不断放大声量，用思想推动社会进步。

出版生态经济书籍，助力可持续发展。在2021年初的全国两会上，"碳达峰""碳中和"被首次写入政府工作报告，"绿色""生态"也成为"十四五"规划的关键词。ESG主题是中信出版集团长期布局的重要选题方向，近年来在相关领域积累储备了大量国际国内优秀作者和优秀选题，形成了ESG议题出版矩阵，出版了一批品质优良的ESG议题图书，包括比尔·盖茨的《气候经济与人类未来》《如何预防下一次大流行》、联合国气候变化框架公约前执行秘书长克里斯蒂安娜·菲格雷斯的《我们选择的未来》、清华大学气候变化与可持续发展研究院的研究成果《读懂碳中和》、中金研究院的《碳中和经济学》、诺贝尔经济学奖得主威廉·诺德豪斯的作品《绿色经济学》、美国著名学者贾雷德·戴蒙德的经典之作《枪炮、病菌与钢铁》、伦敦政治经济学院经济学教授菲利普·阿吉翁的《创造性破坏的力量》等，推动和引领环境治理进程，助力政府领导、企业家、读者了解国家政策、社会环境问题背后的经济逻辑和市场未来。

组织策划高端环境经济论坛。中信出版集团利用自身宣传优势、品牌影响力和行业号召力，连续两年与新浪财经联合主办由生态环境部气候应对变化司作为指导单位的ESG全球领导者峰会。2022年，峰会以"共同促进全球ESG

发展，构建可持续未来"为主题，围绕"可持续发展的全球机遇挑战""ESG 协同发展的意义""中国企业提升 ESG 竞争力的创新实践"等议题，世界银行行长戴维·马尔帕斯，国际货币基金组织（IMF）总裁克里斯塔利娜·格奥尔基耶娃，全国政协外事委员会主任、中国财政部原部长楼继伟，美国财政部原部长、哈佛大学名誉校长劳伦斯·萨默斯，费尔普斯等四位诺贝尔经济学奖获得者等共 135 位重磅嘉宾均发表了主题演讲，在各自不同领域提出了 ESG 全球问题的不同角色所应承担的使命和努力方向，指出全球资源和气候问题解决的紧迫性、建议和方案。本次峰会几乎囊括了在 ESG 方向最重要的国际国内专家，其中包含来自哥伦比亚大学、加利福尼亚大学、伦敦政治经济学院、清华大学等世界一流高校的著名学者，来自普华永道、安永、德勤、毕马威等会计师事务所的主要负责人，来自万科、娃哈哈、格力、联想、博世、ABB、罗氏等优秀企业的企业家。峰会向国际社会集中展示和传播了我国在应对全球气候变化、达成双碳目标、坚持可持续发展等方面所取得的成就，同时也广泛普及了 ESG 理念。包括世界银行行长马尔帕斯在内的专业人士肯定了中国在应对气候变化上的积极努力，这是迄今为止国内举办的规模最大、参与范围最广、影响力最大的 ESG 国际会议，得到了来自生态环境部、主管机关的支持和肯定，产生了良好的社会效益。

推动供应商的节能环保常态化。中信出版集团在供应商招标过程中将取得 ISO14001/FSC/绿色印刷资质等环境方面认证作为必备资质，并对中标企业的废水、废气排放设备及操作流程实地监督考评。建立高于国标的质量标准和严格的质量管理流程，出版的图书 92% 以上使用无涂布纸张，无荧光纸张使用比例占纸张总采购量的 25%。通过统一图书开本规格、版式规范、集约化采购和统一化生产，大幅节约能效，得到业内好评与效仿。2021 年有 686 种图书被北京印刷协会认定为出版物优质产品，位于在京出版机构前列。

加强节能降耗管理，鼓励消费者共同保护环境。在中信书店，持续加强节能降耗意识，通过定时、定区域能源使用控制措施，合理降低设备运行时间；积极响应号召，杜绝不可降解塑料袋、一次性塑料吸管、打包盒、包装袋等的销售及使用，以自带杯减 3 元的形式鼓励读者减少一次性杯子使用，鼓励消费者免费带走店内咖啡渣用于养花及除味，为废物创造再生价值；以"重塑自我新生力"为主题举办特展，展览陈列的所有物品为回收空瓶、旧笔杆、旧镜头等废旧材料和生活垃圾重塑的系列笔等，启发消费者关注环境议题，传递可循环利用理念。

四、责任管理

中信出版集团将党的领导与公司治理深度融合，坚持以习近平新时代中国特色社会主义思想为指导，按照新时代党的建设总要求，坚持和加强党的全面领导，坚持政治家办出版的理念，充分发挥中信出版党委在公司治理中把方向、管大局、保落实的领导作用，坚决扛起管党治党政治责任，强化责任意识建设，落实主体责任，严格落实"三重一大"实施细则要求，切实落实党员领导干部"一岗双责"，充分负责本领域意识形态工作。扎实推动党的建设和经营管理各项工作落实，持之以恒推进全面从严治党和党风廉政建设向纵深发展。

高度重视社会效益，严格落实中宣部"把社会效益放在首位，实现社会效益和经济效益相统一"的要求，召开宣讲会、调研会，提高全员政治站位，强化导向要求，坚持社会效益优先原则，做好社会效益工作的全面落实。按照中宣部《图书出版单位社会效益评价考核试行办法》，建立健全并严格执行社会效益考评管理制度，主要考核标准包括：坚持正确政治方向、出版导向、价值取向，聚焦内容生产，鼓励多出精品，提高出版质量。依托优秀内容产品和活动体现文化价值和社会影响。立足中信出版集团主业，坚守出版定位和专业精神，做好专业出版领域的持续深耕，构建健康有序的出版生态。制定执行体现社会效益优先原则的企业制度、管理机制和考评机制，严格执行出版管理制度；诚信经营，社会信用良好；党组织机制健全，党风廉政建设良好；有效执行员工教育培训和任职资质管理；履行社会责任，积极参与公益事业。从 2018 年开始，对所有编室的年度考核中增加社会效益贡献度方面的考核，由品牌管理部门结合该编室是否因工作不当给公司品牌造成负面影响打分。同时，对于推出高品质产品或举办高质量品牌活动，取得积极社会影响力，增加中信出版集团品牌美誉度的团队和个人，在年度评优中给予特别奖励。

依法治企，保障企业规范化运作和制度决策有效贯彻执行。对照上市公司管理要求，建立健全并严格执行企业规章制度，明确党委和董事会、经理层等其他治理主体的权责。2021 年，以制度建设为重点，根据《证券法》（2019年修订）、《深圳证券交易所创业板股票上市规则》（2020 年修订）、《深圳证券交易所创业板规范运作指引》（2020年修订），梳理公司治理制度，完成《公司章程》《内幕信息知情人登记管理制度》等10部制度的修订，经董事会、股东大会审议通过，确保公司治理制度符合监管要求和公司实际情况。全面加强重点项目审批权、资金管理、违规处罚、书店建设、运营管理、招投标等环节廉政风险防控，切实从制度源头上、长效机制上堵塞漏洞。严格按照相关法律、法规及《深圳证券交易所创业板股票上市规则》《深圳证券交易所创业板规范运作指引》等规范的要求，遵循真实、准确、及时、完整、公平等原则，按时完成定期报告的编制与披露，并在报告中公布企业社会责任落实情况，获得了深圳证券交易所考核最高评级。高度重视投资者关系管理工作，指派专人及时答复互动易、投资者热线等渠道中的投资者问询，保持公司与投资者信息沟通的渠道畅通，并通过投资者接待日等方式与投资者就公司治理、发展战略、经营状况和可持续发展等方面进行了沟通，与投资者形成了良好互动。

第三节　中信出版集团社会责任执行力提升路径与方法

近年来，中信出版集团积极履行社会责任，在主题出版、文化"走出去"以及社会公益活动等诸多方面进行了有益的探索，并且取得了一定的成绩。但在舆论引导力、社会责任实践方式、社会责任管理体系建设等方面还有较大提升空间，需要持续扩大声量，进一步强化舆论引导和社会监督责任意识，拓宽社会公益文化服务形式，不断健全执行社会责任的配套绩效考核与激励机制。

针对在社会责任执行过程中存在的短板和不足，中信出版集团将进一步以可持续发展为核心，增强社会责任意识，强化社会责任管理，推动社会责任融入企业运营，努力成为出版行业履行社会责任的表率，推动经济社会更高质量、更有效率、更加公平、更可持续发展。

一是加强议题研究能力。充分理解政策方针，准确把握核心议题，践行国有文化企业在弘扬时代旋律、引领主流舆论方面的职责使命；发挥出版企业提升人民思想境界、增强人民精神力量的文化功能，聚焦主题主线，牢牢占据思想引领、文化传承、服务人民的传播制高点，策划打造一批主题鲜明、内涵丰富的精品读物，精心做好形势政策的出版宣传，积极反映经济发展的光明前景和广阔空间，在全社会弘扬新风正气，为奋进新征程、建功新时代营造良好氛围。

二是深化社会责任理念。立足全球视野，充分认识社会责任对推动经济社会可持续发展的重要意义。立足企业发展，充分认识社会责任对引领创新、促进管理、做强做优的重要作用。进一步加深对企业社会责任的内涵、内容、落实机制的理解和把握，充分发挥自身在文化领域的优势，不断完善社会公益服务的形式，从智力扶贫、教育扶贫和消费扶贫等多领域助力乡村振兴，持续打造"梦想书屋""梦想课堂"，为更多中小学校提供阅读教育服务，做儿童成长的引路人、儿童权益的守护人、儿童未来的筑梦人，帮助广大边远地区青少年开拓视野、启智增慧，用心用情促进儿童健康成长、全面发展。不断开拓新的实践方式，拓宽履行社会责任的边界，探索更加公平、开放、可持续的发展道路，使履行社会责任成为中信出版集团的思想自觉和行动自觉。

三是健全体制机制。以构建社会责任工作长效机制为目标，制定推进社会责任工作相关制度和办法，参照国内外标准，结合出版行业特征和中信出版集团实际，建立完善涵盖经济、社会、环境的社会责任指标体系。建立健全社会责任报告发布制度，定期发布报告，针对社会关注的热点问题，发布专项报告，如 ESG 报告、舆论监督报告等。强化信息公开制度建设，明确社会责任信息披露机制流程，重视信息安全，强化舆情监管，及时与利益相关方沟通，争取社会各界的理解和支持。全面推动社会责任工作科学化、规范化、制度化，不断提升社会责任绩效水平。

第四章　高等教育出版社社会责任研究报告

苏雨恒[①]

高等教育出版社有限公司（以下简称"高教社"）主要出版经营普通高等教育、职业教育、继续教育等教育类和专业学术类出版物，产品形态覆盖图书、音像制品、电子出版物、网络出版物、期刊、数字化教学平台及服务、教师培训等。建社68年来，高教社始终坚持把社会效益放在首要位置，努力实现社会效益与经济效益相统一，出版铸魂育人精品，传播主流文化价值，履行社会责任，服务党和国家事业改革发展。

第一节　高教社基本情况

高教社是新中国最早设立的专业教育出版机构之一，长期肩负服务国家战略的重要使命，在落实教材建设国家事权中，承担了大量国家教材建设及其他重点工作任务。在不同历史时期，从翻译出版苏联教材，到大规模编研出版国内学者自编教材，到开展解决高等教育"教材荒"问题的"大会战"，再到承担面向21世纪课程教材出版任务，直至承担马工程重点教材、中职三科教材等国家规划教材重点任务，高教社始终都是我国高等教育、职业教育教材建设的主要承担者。研发出版了《高等数学》（同济版）等一大批传世经典，完成了"96—750"国家重点科技攻关项目，推进内部经营管理体制机制改革，建

[①] 高等教育出版社党委书记、社长。

设立体化教材，全流程实现 ERP 管理信息化，建立立体化教材、数字化教材等新一代数字产品和各类教学资源，新形态教材占比达到国际领先水平，成为国家智慧教育的重要引擎。68 年来，高教社紧跟党和国家教育文化事业改革发展步伐，为推动马克思主义中国化时代化、传播党的创新理论、繁荣社会主义文化作出了不可替代的应有贡献。

进入新时代，在中宣部、教育部等部门领导下，高教社以习近平新时代中国特色社会主义思想为指导，紧扣时代主题，聚焦事业发展，深入贯彻"植根教育、弘扬学术、繁荣文化、服务社会"的发展理念，全面实施精品出版战略、融合发展战略、创新突破战略、人才强社战略，大力推进升级转型，打造产业新业态，综合实力显著提升，连续创造历史最好成绩。长期以来，高校社深受社内外认可，多次被评为"全国优秀出版社""全国先进出版单位""全国百佳图书出版单位""中国版权最具影响力企业""国家文化出口重点企业"，是唯一获得"世界知识产权组织创意金奖——单位奖"、唯一入围全球 50 强的中国单体出版机构。综合实力长期处于中国出版行业领先地位，连续多年在中国单体出版社竞争力排名中位列第一，具有广泛知名度和国际影响力。

一、不断做大做优做强出版主业

党的十八大以来，高教社坚持把立德树人作为出版工作的根本任务，自觉践行"国之大者"要求，深耕教育出版，弘扬学术文化，坚决筑牢守好教材出版主阵地，做大做强网络数字育人平台，为推动社会主义文化繁荣发展作出了积极贡献。

1. 打造精品教材

高教社牢记初心使命，担负立德树人责任，坚持将马克思主义基本原理与习近平总书记关于教育和出版工作的重要论述作为根本遵循和行动指南，锚定教育改革发展新方向、新任务、新需求，从建设教育强国、办好人民满意的教育、加快推进教育现代化的高度谋划教育出版工作。坚持全学科出版，形成了以高校思政课教材、马工程重点专业课教材、中职三科统编教材为龙头，以国家规划教材为主体，以大批获奖精品教材为引领，以教材和数字资源深度关联为特色的高等教育、职业教育教材体系。每年新出版图书 2300 多种，年发货超亿册，有力保障了各级各类学校教育教学用书需求。教材出版过程中，始终坚持正确的政治方向、出版导向和价值取向，严把质量关，出版的图书多次荣获中国出版政府奖、中华优秀出版物奖、"五个一工程"奖、国家级教学成果奖、国家科学技术进步奖、全国优秀教材奖等重要奖项。质优价廉、品种齐全、供应稳定的高教版教材，成为稳定繁荣国内教材市场的压舱石和助推器，有力推动有效服务我国高等教育和职业教育教学改革发展。

2. 传播主流价值

高教社围绕"改革开放 40 年""新中国成立 70 年""建党 100 年"等时间节点，大力开展主题出版物研发生产，推出的宣传阐释当代马克思主义精品，广受教育界、学界广大读者欢迎，《习近平总书记教育重要论述讲义》畅销 350 多万册，《习近平法治思想概论》进入全国 600 多所高校的专业课堂，是当代大学生学习习近平新时代中国特色社会主义思想的有力武器。《四部丛刊》（665 卷）、《理论自信——中国特色社会主义理论研究》、"中国近现代美术经典丛书"等传承中华优秀传统文化，彰显社会主义文化自信的精品图书，极大丰富了人民群众的精神文化生活，有力促进了中国特色社会主义文化繁荣昌盛。《中国特色社会主义政治经济学》入选年度主题出版重点出版物、中国特色社会主义与中国梦主题出版重点出版物、社会主义核心价值观主题出版重点出版物、向党的十九大献礼精品出版物选题等国家项目。"国家级非物质文化遗产传承人口述历史丛书""中国传统文化概论丛书"等入选"十三五"国家规划重点出版项目。这些好书体现了鲜明的价值与导向，传递了科学的思想与知识，成为建设书香中国的重要内容。

3. 繁荣学术文化

高教社申报通过"国家社科基金成果文库"和"国家社科基金后期资助项目"，成为全国哲学社会科学系统重点学术出版单位，持续推出精品期刊，用学术连接中外。把国外先进理念"引进来"，服务国内的科研工作和技术创新，同时也积极讲好中国故事，传递中国声音，促进中国文化"走出去"。主办、合办的 40 余种自然科学、工程技术、人文社会科学等学术期刊形成集群化发展格局，规模数量和影响力位居国内前列，科技期刊入选国家集群化重点支持项目。20 余种入选"中国出版政府奖""中国科技期刊卓越行动计划""百强报刊""中国最具国际影响力学术期刊""中国国际影响力优秀学术期刊"等重要榜单。《环境科学与工程前沿》《物理学前沿》13 种被 SCI 收录，5 种被

EI 收录，2 种被 MEDLIN 收录，1 种被 A&HCI 收录，部分期刊影响因子和排名达到国际先进水平。SCI 收录的期刊海外下载总量超过 600 万篇次。在第五届中国出版政府奖评选中，共有 8 种期刊和图书获奖。经过多年努力，越来越多的中国优秀学术成果走到世界舞台中央，为世界各国人民认识中国、了解中国、爱上中国打开了重要文化窗口。

二、持续强化人才队伍建设

高教社始终坚持党管干部、党管人才原则，从选育管用环节同向发力，持续优化内部管理体制机制，健全完善制度体系，优化调整组织机构，构建起教育出版、学术出版、在线教育与服务三大业务体系；打通专业技术和行政管理双晋升通道，科学建立起现代国有出版文化企业选人用人的有效模式。每年招聘引进事业发展需要的高端专业人才，为高校和社会专业人士提供职业发展新机遇，积极促进社会就业稳定。在内部定期开展干部竞聘选拔，选优配强中层干部队伍，建设稳定的干部人才梯队。设立博士后科研工作站，开辟"畅想书院""爱课程""支部工作"等常态化网络学习通道，开展编辑业务培训、岗位技能训练等专业技能培训，组织参加党性国情教育培训，扎实开展群众路线教育、"三严三实"专题教育、"不忘初心·牢记使命"主题教育、党史学习教育等，多渠道、多方式提升干部人才综合素质和理论素养，培养了更多对企业有用、对社会有益的优秀人才。长期以来，高教社不断激发企业发展活力、员工自身潜力和创新创业动力，培养汇聚了全国文化名家暨"四个一批"人才、全国新闻出版行业领军人才、韬奋出版奖获得者、中国出版政府奖获得者等一批行业领军人才，为事业改革和发展奠定了坚实的干部、人才基础，为社会和行业培育了诸多专业骨干。

三、在创新融合中履行国有文化企业使命责任

高教社肩负着"举旗帜、聚民心、育新人、兴文化、展形象"的使命任务，与国内众多一流高校和机构开展深度合作，积极推动科学技术与教学内容、方法、手段的融合应用创新，把大数据、人工智能等前沿技术转化为网络思政、在线教育、教师培训、对外合作的竞争优势，出版服务高等教育教学改革、国

家重大战略和社会关键领域亟需的优质新形态教材。承担国家教育数字化战略行动重点项目和有关重大工作任务，建设运维数字化资源平台和网站17个。"基于数字课程云平台（ICC平台）的课程出版及应用服务"入选全国新闻出版深度融合发展创新案例，"智能+"教育融合出版创新与应用重点实验室入选出版业科技与标准重点实验室。高教社荣膺"中国企业信息化500强"，获得"2020'鼎革奖'中国数字化转型先锋榜年度云赋能奖"。

1. 巩固网络育人阵地

坚持为国家立心、为民族立魂，不断升级扩容网络思政育人平台，教育引导大学生唱响主旋律、传播正能量，汇集奋进力量。中国大学生在线坚持"大学生在哪里，我们就在哪里""大学生在线大学生办"的建设理念，每年开展20余项全国性主题教育活动，注册用户和新媒体粉丝2,500万，官方微博入选"全国十大中央机构微博"、持续领跑全国教育政务微博榜，先后6次荣获中央网信办中国正能量"五个一百"网络精品，在全国高校大学生群体和思政战线的影响力、引领力持续增强，成为全国最大的高校主题教育网络全媒体传播平台、高校网络文化重要策源地、高校思政工作队伍成长共同体。全国高校思想政治工作网坚持"宣传网站、工作平台、研究园地"的建设定位，覆盖各省级教育主管部门和2,700余所高校，基本建成最权威、最集中的高校党建和思政工作成果资源库，在高校党建和思政工作战线的权威性、影响力显著提升，成为高校党建和思政战线最重要的全国性网络工作平台。着力推动高校公众号成为思政教育有效载体，高校思政类公众号重点建设项目的示范引领和辐射带动作用明显。

2. 提升网络课程服务

高教社最大限度汇集优质数字课程资源，积极参与国家教育数字化战略行动，积极承担重点工作任务，努力服务教育教学。建设运营的"爱课程"网络平台，上线课程12,468门，开设SPOC课程15.8万门次，为社会各界人士提供在线学习服务，上线国际平台，面向全球推出我国高校在线教学成果，荣获中国政府奖网络出版物奖，入选联合国教科文组织发布的《缓解新冠肺炎疫情学校停课的远程学习解决方案》，成为唯一入选联合国教科文组织首批推荐的远程学习在线教育平台。升级"智慧职教"职业教育在线教育服务平台，建成中心平台、云平台、云课堂、双创空间多维一体的应用体系，扩展集三级教学资源库、数字课程、新形态一体化教材、在线测评系统于一身的全功能职业教育资源网。设计开发的"实验空间""高教书苑""学术前沿在线"等一批网络授课、教学实验平台，实现了专业化、个性化、仿真化的远程互动式网络教学，保障了学生网络课堂的教学效果，服务并推动了教育教学深化改革。

3. 加强教师专业培训

教师是立教之本、兴教之源。为促进教师群体综合素质、专业能力的提升，在国家教育部支持指导下，成立全国高校教师网络培训中心，通过网络平台开展大规模教师培训，授"师"以"渔"，从源头上帮助学校提升立德树人质量。压茬实施课程思政、师德师风、"四史"类课程等国家重点项目，为全国各级各类院校培养了大批思想纯、作风正、德行好的优秀教师。开展马工程重点教材任课教师培训、中职三科统编教材试教试用与审读工作培训、"习近平法治思想大讲堂"系列讲座、"高校辅导员专业能力提升"骨干辅导员和新入职辅导员网络培训等，帮助高校教师提升专业能力，推动全社会的思政教育活起来、火起来。

4. 扩大对外合作交流

十余年来，高教社"走出去"的步伐更加自信，与全球200多家出版机构开展广泛合作，34个语种版本的产品行销全球60多个国家和地区，向全球传递中华优秀文化的独特魅力。积极响应国家"一带一路"倡议，大力推进友邻国家人民知华、友华、爱华，推出《体验汉语中小学系列教材》（泰语版），成为国内首套进入其他国家国民教育体系的国际中文教材，该项目被中宣部、文化部、新闻出版总署等六部委联合认定为国家文化出口重点项目，被央视《焦点访谈》作为"文化走出去"的典范进行了专题报道。出版全球首部《乌尔都语汉语词典》，受到巴基斯坦政府的高度重视，马姆努恩侯赛因总统出席新书发布会并致辞、题词。

经过68年的奋斗，高教社书写了教育出版的恢弘篇章，沉淀孕育出"埋头苦干、拼搏奉献，敢于担当、守正创新，开拓进取、奋发有为"的高教人精神，用最朴实的方式见证并服务中国教育事业改革发展。未来，高教社将继续坚持和加强党对出版工作和教材建设的全面领导，坚持正确政治方向、出版导向和价值取向，沿着中国特色社会主义文化方向，踔厉奋发，继往开来，进一步挺拔出版主业，加大融合发展和产业升级步伐，做优做大在线教育服务，不断巩固和拓展思政网络育人阵地，实现国有资产保值增值，实现经济效益和社会效益稳步提升，力争到"十四五"末成为最具引领力、竞争力、影响力的国内领先、世界一流行业标杆企业。

第二节　高教社执行社会责任现状

高教社不断强化社会责任，坚持把社会效益放在首位，努力实现两个效益统一，在服务党和国家教育事业和宣传思想文化工作中担当作为，成效显著。2021年，获得第五届中国出版政府奖8项、首届全国教材建设奖294种（位居全国出版社之首），被评为"全国教材建设先进集体"。各项经营指标再创历史新高，实现"十四五"良好开局，奠定了今后更高质量发展的坚实基础。

一、舆论引导

1. 思想政策宣传

高教社把研究解读党的路线方针政策，宣传阐释马克思主义中国化的理论创新成果，教育引导广大师生增强"四个意识"、坚定"四个自信"、做到"两个维护"，作为首要政治任务和重要社会责任。加强政治把关，严格落实"三审三校""重点书稿审读""重大选题备案""图书质量管理"等各环节主体责任，制度化、规范化、常态化加强意识形态分析研判，坚决将党的领导和国家意志贯彻落实到教材编写出版发行的全过程、各方面，持续不断为培养社会主义建设者和接班人提供优质精品教材。

（1）出版新时代精品教材。以高校思政课教材、马工程重点专业课教材、中职三科统编教材为龙头，以国家规划教材为主体，以大批获奖精品教材为引领，全力推进习近平新时代中国特色社会主义思想进教材进课堂进头脑。2021年发行高校思政课教材超1,700万册，马工程重点教材使用率超过80%。马工程重点教材《习近平法治思想概论》出版发行，中职三科统编教材编写工作完成试教试用，《习近平总书记教育重要论述讲义》英文版和其他语种翻译工作进展顺利。为在国际社会传播习近平法治思想，启动了《习近平法治思想概论》英文版出版工作以及《习近平法治思想研究文选》和"习近平法治思想研究文库"出版项目。

（2）宣传阐释中国特色社会主义文化。围绕十九届六中全会、中国共产党成立100周年、党史学习教育、抗击疫情等时代主题，进行了全方位的跟进式宣传解读。一是加强主题出版策划。出版的《习近平法治思想概论》进入中国共产党历史博物馆、中宣部"书映百年伟业——庆祝中国共产党成立100周年好书推荐"书单。《中国共产党革命精神百年史话》等入选中宣部2021年主题出版重点出版物和2021年全国高校出版社主题出版物。《百年辉煌：中国共产党思想历程（全五卷）》《中国共产党百年经济实践历程》等入选"十四五"国家重点图书规划、全国高校出版社主题出版物。二是发挥期刊矩阵宣传优势。对习近平新时代中国特色社会主义思想的原创性贡献深入研究阐释，《思想理论教育导刊》策划"庆祝中国共产党成立100周年"等专题，转载率位列"马克思主义理论学科期刊"首位的《马克思主义理论学科研究》开设"党的十九届六中全会《决议》研究"等专栏，《中国编辑》开辟"书映百年风华 铸魂党史伟业"专栏，推出《新媒介新内容新动能：数字赋能乡村文化振兴》专题，结合新时代实践，及时反映对党的创新理论研究的重大成果。紧扣党和国家大事要事，充分发挥篆刻艺术"以印言史"的功能，作为发起单位之一，举办"印记初心——庆祝中国共产党成立100周年大众篆刻作品展"，集中反映中国共产党带领全国各族人民争取民族独立、人民解放，实现人民幸福、国家富强的伟大成就。三是强化网络舆论引导。"中国大学生"在线覆盖全国1,931所高校，注册会员和新媒体粉丝数3,000多万，参与承办"四史"学习教育竞答、"党史故事百校接力讲述"、"千万师生同上一堂国家安全教育课"等精品活动，发稿4.3万篇，浏览量突破5.5亿次，在高校师生中唱响主旋律、弘扬正能量。"智慧职教"在线教学服务系统入选国家"百佳数字出版精品项目献礼建党百年专栏"，成为职教领域宣传国家政策、解读特点话题，传播社会正能量的权威渠道。

2. 重大会议报道

高教社高度关注国家改革发展动向，高度重视企业自身政治建设。围绕十九届六中全会、庆祝中国共产党成立100周年大会、全国教育大会、全国教材工作会议暨首届教材建设奖表彰大会等党和国家的大事、要事，召开党委会、社务会、党委理论学习中心组学习会、民主生活会、班子成员述学等，班子成员带头学习传达，主要负责同志讲党课、发表理论文章，教育引导全社党员干部职工把思想行动统一到会议精神要求上来，立足本岗，干实事创伟业。面向社会的宣传持续发力，组织高校专家、学者召开座谈会、研讨会、专题讲座等，深入研究学理逻辑，积极转化理论研究成果，策划加工成主题出版的重点方向。高校思政网、智慧职教等各网站和官方新媒体公众号相互配合，跟进报道社会焦点、新闻热点，推送学习内容，宣传时事政策，解读会议精神，教育引导广大网民与党和国家同向同行。组织职工拍摄《我和我的祖国》MV，吸引社会各界超百万人次点击观看，让爱党爱国爱社会主义成为更多人的自觉意识和行动。

二、市场责任

高教社作为国有企业，促进国有资产保值增值，实现经济效益与社会效益双丰收，是天然的职责使命。在社党委坚强有力领导下，全体高教人踔厉奋发，笃行不息。截至目前，高教社教材在高等教育类图书市场占有率为25%，高等职业教育类图书市场占有率为20%，中等职业教育类图书市场占有率为33%，出版规模、市场占有率和出版物质量均处于业内领先地位，居全国出版社之首，教育出版国家队主力军地位进一步巩固和加强。

从近十年的发展趋势看，高教社整体发展呈现向上向好态势，各项关键业务指标均保持了稳定增长。特别是党的十九大以来，随着教育改革步伐的加快，党和国家对教育特别是教材工作重视程度前所未有，高教社抢抓机遇，乘势而上，做精做强教材主业，拓展延伸教育教学服务供应链产业链。2021年，全年完成净发货码洋48.35亿元，同比增长16.98%；净实洋35.40亿元，同比增长18.7%；净册数1.47亿册，同比增长15.41%；实现营业收入35亿元，同比增长22%；实现利润约9亿元，同比增长30%。净发货码洋、营业收入、利润等关键财务指标与五年前比均有60%的大幅增长，综合实力和服务水平跃上新台阶。

三、社会责任

高教社在不断推进事业发展的同时，不忘初心，牢记使命，把为人民服务、为中国共产党治国理政服务、为巩固和发展中国特色社会主义制度服务，为改革开放和社会主义现代化建设服务作为义不容辞的责任。

1. 公益慈善

同心协力防疫抗议。突如其来的新冠肺炎疫情严重冲击正常的社会生产生活秩序，党中央及教育部发出"停课不停教、停课不停学"的号召，高教社第一时间响应，全力以赴保障教育教学秩序恢复。一是服务网络教学。全国高校教师网络培训中心免费开播讲座，提供在线课程，开通在线学习平台，支持各地抗疫复学。为河北青龙、威县两地4,200余名教师提供13万学时的线上培训，有效提升贫困地区学校教师科学应对疫情的能力水平，平稳实现复学复课。"高教书苑"免费提供3,300余种电子教材，"爱课程"平台免费提供8,000余门慕课，"智慧职教"对2,500余所职业院校免费开放，"实验空间"支持400余万人次高校师生免费线上实验。高教社成为免费开放教育资源规模最大、力度最大的教育文化企业，为在线复课发挥了至关重要、不可替代的作用。二是宣传抗疫经验。全国高校思政工作网、中国大学生在线等网站全方位全天候开展网络抗疫宣传，帮助广大师生化解考研就业焦虑，改善心理健康，共同做好疫情防控。研发出版《高校防控新型冠状病毒肺炎疫情培训教程》《从基础到临床——全面认知新型冠状病毒肺炎》《疫病中医防治教程》等数字教材，输出《传染病学》（李兰娟版）阿拉伯语版和泰语版版权，为科学抗疫提供权威参考，为战胜疫情贡献智慧力量。三是纾解合作企业困难。疫情封控导致经销商教材配送难，高教社不计成本，为偏远地区学生邮寄教材400多万件，保障了1,212万人次的课前到书。上下游企业出现经营困难，高教社主动对部分合作伙伴和客户实施减免房租、延缓债务等一揽子纾困措施，支持复工复产，极大稳定了国内教材供应市场。在第十届中国数字出版博览会上，被评为"2019—2020年度社会责任贡献单位"。

积极投身脱贫攻坚和乡村振兴。根据教育部有关部署，高教社把教育帮扶作为阻断贫困代际传递的重要手段，先后向云南省红河县捐资1,200多万，另协助地方争取到各类物资共计6,700多万元，大幅加快了乡村振兴的步伐。援建6所示范校和10个名师工作室，支持红河县哈尼梯田文化传承学校、红河县思源实验学校等贫困地区学校改善基础教学设施，帮助地方改善造血功能。出资840余万元，联合西北师范大学对甘肃省宕昌县开展"互联网+"体育美育专项帮扶，助力贫困地区培养德智体美劳全面发展的社会主义接班人。组织全社职工积极投入帮扶行列，先后选派 5 名中层骨干到贫困县挂职，开展实地驻点帮扶，2021 年员工捐款 20 余万元，帮助 200 多名家庭极其贫困学生完成学业。组织开展消费扶贫，购买贫困地区农产品 50 多万元。向 52 个未摘帽贫困县捐赠图书 10 余万册，向江西省贵溪市民政局、四川省凉山州雷波中学和济南书博会捐赠图书 5,239 册，向东北师范大学、青海民族大学等高校图书馆捐赠《四部丛刊》7 套，总价值 200 多万元。

2. 员工关爱

按照国家有关法律规定，公开公平公正招聘新员工，与员工订立劳动合同，按时足额交纳养老、医疗、生育、工伤、失业和公积金等社会保险，定期安排健康体检和健康知识讲座，设立企业年金、补充医疗保险，建立大病重疾救助制度，保障员工身心健康。设计科学合理的绩效考核和晋升制度，有计划地开展劳动技能培训，充分激发员工的积极性和创造性。

社党委、社工会和各部门建立起职工关爱机制，关心关注每一位员工生活工作状况。为新入职员工新装修 23 间/套职工周转房，供有需求的员工自愿申请入住，有效缓解新员工生活压力。对身患重病的职工，组织互助式献血，鼓励大家真正血脉相连，患难与共。对因各种原因生活确有困难的职工，进行人道主义援助，定期分批申请各级各类帮扶救助。让员工感觉到组织温暖的同时，也减轻了社会和家庭的负担。

3. 依法经营

高教社严格遵守各项法律法规，依法经营。高度重视知识产权保护，配合有关部门严厉打击违法经营和侵权行为，为维护出版市场安全稳定履行社会责任。处理著作权侵权、经销商欠款、劳动关系、合同履行等法律纠纷。打击网络盗版图片、视频、链接电子书、文章等各类侵权行为，有力打击互联网市场的不正当竞争行为，积极维护国家出版市场的繁荣稳定。

四、责任管理

高教社管理的 7 家下属公司，均为独立法人单位，均制定了"三重一大"决策制度，由各自的总经理办公会等决策机制进行重大人财物集体民主决策，纪检、财务、工会等机构进行日常监督。各下属公司因分工和所在区域等方面的差异，在不同程度履行社会责任的同时，也积极发挥各自所长，携手属地共同做好社会服务工作。

第三节　存在的主要问题

近年来，高教社的各项事业取得显著成效，但立足新发展阶段，对标完整全面准确贯彻新发展理念，构建适应教育现代化的事业高质量发展新格局的要求，还有很多工作要做，还有一些问题亟待破解。

一、履行社会责任的效果不能完全有效的评估评价

高教社作为文化出版企业，对社会的输出，除了看得见、摸得着的精品图书、核心期刊、课程平台等有形产品，还有海量知识、优秀文化对受众产生的潜移默化的正向引导，新思路、新理念、新经验、新模式给国家和行业带来的发展变革。延伸部分的社会效益如何精准评价，目前仍未建立权威的、科学的、有效的评价监测机制，还需要进一步的探索。

二、事业高质量发展对人才的需求与高端专业人才供给不足存在一定矛盾

高教社属于人才密集性企业，人才是履行社会责任的主体力量，从业人员综合素质较高，对专业化人才的需求旺盛。目前，高教社在职员工人数超过1,700人，高学历、高素质专业人才占比较高，如何留住、用好这些人才，并吸引更多满足事业发展需求的人才，特别是与新一代信息技术应用深度融合的引领型、创新型、复合型教育出版人才方面，还有较大差距。

三、教育数字化背景下，互联网⁺与传统出版业态的深度融合还需探索

国家教育数字化战略行动实施以来，对如何在网络世界更好履行社会责任提出了新的更高要求，建设导向正确、内容精良、设计美观，符合网络传播特点和时代需求的新形态数字教材成为未来发展的重要方向，出版单位在对产品进行内容把关的同时，还需要在网络安全、应用生态、操作系统等领域做更多的工作。

第四节 提升社会责任执行力的路径和方法

履行社会责任是一个长期和逐步深入的过程。高教社将在现有的条件、基础上，结合行业特点，找准方法、路径，进一步增大服务社会的投入力度，进一步强化社会效益，为国家经济社会发展特别是为教育改革发展作出新的贡献。

一、巩固出版主业服务社会效果

把教材出版作为履行社会责任，体现企业价值的主业务和主渠道，以习近平新时代中国特色社会主义思想为指导，根据国家教育改革发展形势和教材出版法律法规，党委发挥"把方向、管大局、促落实"的作用，加强顶层设计、主动谋划规划，强化政治把关，全力做好中职三科统编教材、高校思政课教材、马工程重点专业课教材等出版工作，确保习近平新时代中国特色社会主义思想全面系统融入各类新编、修订教材，从思想性、科学性、时代性、适用性等方面全面提升教材编辑加工、装帧设计、印制装订等环节的质量和水平，为构建高质量教材体系服务，为落实好立德树人根本任务服务。

二、扩大学术出版、主题出版效益

在新时代条件下，锚定国际学科前沿，立足国家经济科技发展重大需求、

重大项目和重点工程，加强与国内外知名高校和学术机构、科研机构的战略合作，打造一批高水平学术交流平台，强化学术期刊集群化发展效益，进一步巩固国家学术出版精品研发与出版重镇地位，以更多的学术精品指引科技自立自强，助力中华民族伟大复兴。结合时政热点，出版一大批马克思主义经典著作和高水平哲学社会科学著作，为弘扬中华文明、繁荣学术研究、推动中国特色社会主义文化大繁荣、大发展贡献智慧和力量。

三、深入推进国家教育数字化战略行动

积极参加国家教育数字化战略行动，以"爱课程""智慧职教""中国大学生在线""全国高校思政网""全国高校教师网络培训中心"等平台为核心，充分运用大数据、云计算、人工智能、5G等前沿技术，开拓包括在线教育服务、课程定制出版、电子教材出版、培训服务、教学资源开发制作业务、数字化校园建设等与教育出版密切关联的教育服务互联网新业态，确保意识形态安全和网络安全，让智慧教育惠及更多师生，造福社会。

四、提升对外合作交流质量

结合"一带一路"倡议和重要外事活动，继续做好习近平新时代中国特色社会主义思想相关著作的海外发行工作，以体验汉语为突破口，以弘扬中国精神为着力点，向世界展示更多中华文明和中国优秀传统文化，讲好中国故事，传递中国声音，为世界经济社会发展贡献中国智慧、提供中国方案。

五、全面提升企业管理水平

以政治建设和思想建设引领企业文化建设，加强企业文化建设顶层设计，在企业文化建设中融入更多高教特色元素，筑巢引凤，加强人才队伍建设，全方位提升员工的获得感、幸福感、安全感，为履行社会责任营造良好的人文环境和内部生态。

第五章　人民邮电出版社有限公司社会责任研究报告

张立科[①]

第一节　企业基本情况介绍

人民邮电出版社有限公司1953年10月成立，隶属于中国工信出版传媒集团，是工业和信息化部主管的大型专业出版社。建社以来，邮电社始终坚持正确的政治方向，坚持为科技发展与社会进步服务、为繁荣社会主义文化服务，围绕"立足信息产业，面向现代社会，传播科学知识，服务科教兴国，为走中国特色新型工业化道路服务"的出版宗旨，秉持"尊重、诚信、严谨、高效、创新"的企业精神，继承和发扬"员工与企业共同成长"的企业文化，不断开拓进取、改革创新，现已发展成为集图书、期刊、音像电子及数字出版于一体的、行业领先的综合性出版大社。

邮电社资产总额近30亿元，是全国优秀出版社、全国百佳图书出版单位，第一届、第二届、第三届、第五届"中国出版政府奖先进出版单位"，还是"全国文明单位"、中央国家机关"文明单位标兵"和"首都文明单位标兵"，曾获中央国家机关"五一劳动奖状"等重要荣誉，实现了社会效益与经济效益的有机统一，综合实力位居行业前列。

邮电社年出版图书近万种，年出版码洋近30亿元，年发行图书超4,000万册，涵盖科技出版、教育出版、大众出版等出版领域，涉及信息技术、通信、

---

① 张立科，人民邮电出版社总编辑。

工业技术、科普、经济管理、摄影、艺术、运动与休闲、心理学、少儿、大中专教材等 10 余个出版门类，在全国图书零售市场的占有率名列前茅，其中计算机类、艺术类排名长期稳居第一，经济与管理类排名第四，其他门类均位居前列。邮电社出版期刊 18 种，包括《通信学报》《电信科学》《大数据》《网络与信息安全学报》《物联网学报》《营销科学学报》等学术期刊，《无线电》《集邮》《摩托车》等科普、兴趣类期刊，《米老鼠》《童趣》等少儿类期刊，在相关领域均具有较强影响力。其中，《通信学报》《电信科学》为中文核心期刊，《通信学报》被美国工程索引（EI）等收录。

在保持传统业务持续发展的基础上，邮电社重点推动传统出版与新兴出版融合发展，年出版音像电子及网络出版物 2,000 余种，整合优势资源建设了"异步社区""人邮学院慕课平台""人邮融智知识服务平台""人邮教育"等一系列融合发展项目，先后荣获第四届中国出版政府奖音像电子网络出版物奖提名奖、第五届中国出版政府奖音像电子网络出版物奖等荣誉，入选国家新闻出版署 2021 年度"出版融合旗舰单位"，入选国家首批"数字出版转型示范单位"，成为首批"国家出版融合发展重点实验室"（工信出版集团）之一，对出版行业的融合发展起到了引领和带动作用。

邮电社现有一支高素质专业化的干部人才队伍，干部员工 766 人，其中党员占比 31%，硕士学历以上人员占比 35%，中级职称以上人员占比 43%；有文化名家暨"四个一批"人才 2 人，"韬奋出版奖"2 人，全国出版专业领军人才 4 人，中宣部宣传思想文化青年英才 1 人。干部员工不断提升"四力"，撰写的多篇论文荣获中国编辑学会"优秀论文"等相关奖项。

第二节　加强党的全面领导，守好宣传思想阵地

坚持和加强党对宣传思想工作的全面领导，坚持正确的政治方向、出版导向和价值取向，坚持以人民为中心的出版理念，充分发挥出版对舆论的引领作用，围绕中心、服务大局，为奋进新征程、建功新时代汇聚强大的精神力量。

壮大主流思想舆论，唱响新时代主旋律。邮电社把推动习近平新时代中国

特色社会主义思想深入人心作为出版工作的首要政治任务，厚植社会主义核心价值观，以庆祝中国共产党成立100周年、迎接党的二十大等重要节点为契机，加强党史、新中国史、改革开放史、社会主义发展史的宣传教育，组织讲述社史社风等活动，邀请专家宣讲新思想、新理论，抓好官网、OA等内宣平台的建设，引导教育干部员工自觉用习近平新时代中国特色社会主义思想武装头脑、指导实践、推动工作。

建强质量管理体系，掌握宣传思想工作主动权。邮电社围绕"两个巩固"根本任务，严格落实意识形态责任制，严格把关出版导向、价值取向和内容格调，严格执行选题分级审批和重大选题备案制度，严格执行"总编辑一票否决"制度，充分发挥出版社派驻公司总编辑作用，坚决杜绝政治导向和舆论导向偏差。扎实开展"质量管理"专项行动，定期组织意识形态提醒教育讲座，逐步加强编辑加工中心的支撑力度，强化编辑"四力"建设，持续提升编辑的出版导向意识和质量把关能力，坚决守好党的出版阵地，社会效益年度考核连续获评"优秀"。

加强工信国际传播，展示真实立体全面的中国。邮电社积极推动工信成果的国际传播，广泛开展对外版权合作，累计输出图书版权近千种，在全国单体科技出版社中名列前茅。版权贸易输出与引进比达到1∶2，图书版权输出至英国、德国、意大利等欧美国家以及"一带一路"沿线国家，版权输出规模持续扩大，输出语种、区域结构持续优化。"科技改变中国丛书"（意大利文）、《善作善成——中国网络扶贫纪事》（阿拉伯文）等一批反映工信领域发展成果的图书出版上市，并入选中宣部经典中国国际出版工程、丝路书香工程等国家重点外宣工程，向世界讲述中国科技故事、让中国科技力量在世界发声。

第三节　巩固出版主业优势，社会效益成果丰硕

邮电社作为隶属工业和信息化部系统的大型专业科技类出版社，自觉承担起举旗帜、聚民心、育新人、兴文化、展形象的使命任务，坚持"二为""双百"方针，深化出版供给侧结构性改革，转变发展方式，大力推动出版主业实现高

质量发展,为推动党和国家事业发展提供思想保证和精神动力。

紧跟科技前沿,服务两个强国建设。科技出版是科技创新成果发布的一个重要阵地。邮电社围绕服务"两个强国"的战略定位,密切关注科技热点动向,把支撑制造强国和网络强国建设作为服务中心工作、践行出版使命的重要任务。紧盯具有国际领先水平或国内一流水平的国家重大科技领域和前沿科学创新成果,紧跟重大科技项目,策划出版代表我国科研成就最高水平,反映科学技术自主研发、自主创新成果的新成就、新理论,打造高技术、高质量出版物。聚焦工业和信息化领域的科技创新成果,在6G/5G、大数据、人工智能、物联网、工业互联网、智能制造、数字经济、绿色经济等前沿领域和热点方向,策划出版了众多高水平专业著作,其中《空间多维信息传播理论与关键技术》《5G无线系统设计与国际标准》分别荣获第四届、第五届中国出版政府奖图书奖正奖、提名奖,《6G丛书》《自主产权芯片技术与应用》《电子信息前沿专著系列》《集成电路科学与工程前沿丛书》《智能信息网络原理与技术》等一大批项目入选国家出版基金、国家科学技术学术著作出版基金、国家重点出版物出版规划等国家级重点出版项目,入选"十四五"国家重点出版物出版规划项目的数量全国排名第六,有力促进了我国相关学科的学术研究和创新能力提升。

聚焦时代主题,致力科技主题出版。主题出版是国家意志、国家水平的具体表现,主题出版项目既要能精准对接党和国家需要,又要能有效对接人民群众阅读需求。做好主题出版,是新时代的使命,是服务人民的需要。邮电社积极配合党和国家宣传工作要求,积极规划、勇于担当,紧扣时代脉搏,履行出版主责,将做好科技领域的主题出版作为科技出版工作的重要使命和头等任务,用科技主题出版来展示新时代我国科技的新成就,记载科技的发展、社会的进步、文明的积累,宣传新时代科技工作者的新风貌,唱响主旋律、积聚正能量,推出了"科技改变中国"丛书、"中国科技之路"丛书、《科学与忠诚:钱学森的人生答卷》、《长征:红星闪闪照我心》等一批有理论重量、思想分量、科技含量的主题出版精品,连续3年都有图书入选中宣部主题出版重点出版物,做响了科技主题出版品牌。

坚持品牌战略,做强专业出版品牌。出版是文化强国建设的基础,在文化强国建设中起着重要的推动作用。邮电社将建设出版强国的目标转化为建设出版强业、强社的目标,以优质内容创新为抓手,厚植作者资源,狠抓内容建设,做强科技、教育、大众、少儿等专业出版品牌。邮电社有深厚的科技出版底蕴、扎实的科技出版策划功力和精准的读者把握能力，在科技和科普领域具有广泛的品牌影响力，"科学家带你去探险丛书"荣获国家科学技术进步奖二等奖，《人工智能简史》《奇妙量子世界》《天工开物》等一大批科技科普图书先后多次荣获中华优秀出版物、中国好书、文津图书奖等国家、行业重要奖项。邮电社在教育出版领域耕耘几十年，成果显著，年发货码洋超过 6 亿，连续 10 年销售增长率超过 10%，《Linux 网络操作系统项目教程（第 3 版）》等一批教材获评首届教材建设奖全国优秀教材，几百种教材入选教育部国家规划教材，在工业和信息化教材出版领域是当之无愧的领军者。邮电社积累有丰富的大众出版资源，有中国科学院心理研究所、聂道场、中国摄影协会等战略合作伙伴，有《心理学与生活》《心：稻盛和夫的一生嘱托》《考试脑科学》等一大批经典畅销图书，在心理学、经济管理、美术、摄影、体育等细分领域稳居市场排名前列。邮电社旗下童书出版品牌童趣公司是出版物 IP 运营先河开创者、破圈跨界营销模式先行者、中文分级读物领域佼佼者、国内原创童书后起之秀，出版的"中国国家博物馆儿童历史百科绘本""喜羊羊系列""米老鼠杂志""小羊上山系列"等图书屡获国内大奖，并多次入选中宣部向全国青少年推荐百种优秀出版物，所出版图书深受我国青少年读者欢迎。童趣研究院还成功入选国家新闻出版署出版智库高质量建设计划 2022 年度机构，成为唯一入选的部属出版集团旗下出版研究机构，还是唯一入选的全国少儿出版研究机构。

探索融合创新，增强业务发展活力。邮电社深刻认识加快推进融合发展的重要性和紧迫性，强化政策支撑，鼓励创新探索，大力推动互联网时代知识服务体系建设，取得了突出的成效。出版社入选国家新闻出版署 2021 年度出版融合旗舰单位，"人邮融智知识服务平台"、《听！国宝在说话》等电子网络出版物先后荣获政府奖音像电子网络出版物奖、全国有声读物精品出版工程等荣誉，出版社新形态图书年发货码洋超过 4 亿，新兴出版业务收入超过 4,500 万元，传统出版和新兴出版实现深度融合。

变革生产营销，汇聚企业经营动能。邮电社坚持创新驱动，在经营理念和新技术应用等方面始终走在行业前列。实施基于大数据的专业出版经营模式创新项目，以信息化手段优化印数决策和供应链管理，积极应用数码按需印刷，大幅提高生产供给精准度，强化印制生产支撑，图书销存比保持在行业高水平，为破解出版业粗放经营顽疾蹚出新路，并作为引领行业创新发展的示范案例得到上级主管部门的高度认可。积极应对新媒体发展带来的营销环境和传播手段的变化，创新变革营销体系，加强编发前后端的营销协同，不断完善基于大发行平台的编辑营销一体化组织体系，优化分级营销，汇聚全部营销力量，大力推动数字化营销体系建设，不断提升营销工作水平，形成推动业务发展的强大合力，在带动出版社业务持续增长的同时进一步提升了我社在图书市场的影响力。

第四节　积极履行社会责任，彰显文化企业担当

邮电社聚焦出版高质量发展，加强制度建设和内部管理，积极开展诚信建设、法治建设，广泛参与志愿服务和帮扶共建活动，为社会各界提供力所能及的帮助，发挥出版优势助力疫情防控，展示国有文化企业的责任与担当。

坚持诚信守法经营，树立良好企业形象。邮电社秉持依法办事、守法经营的原则，在国家安全教育日、国家宪法日等重要时间节点加强普法宣传教育，组织学习《民法典》、新版《著作权法》以及出版领域常见的法律问题等。秉持诚实守信、互利共赢的原则，强化契约意识，加强合同管理，维护图书市场良性竞争，连续多年获评京东"图书金牌供应商"、天猫"十大优秀出版社"、当当"最佳合作伙伴奖"以及"全国优秀馆配出版社"等行业荣誉，得到广大合作伙伴的认可和信赖，长期保持纳税信用A级企业资格，入选北京市东城区"文菁计划"行业领军企业，构筑起良好的企业形象。

开展志愿和帮扶活动，助力脱贫攻坚工作。邮电社聚焦脱贫攻坚的奋斗目标，向四川省南充市派出挂职扶贫干部，向河北省沽源县开展扶贫捐助，向北京市前进监狱、陕西省延川县、河南省洛宁县等单位捐赠爱心图书，2018年以来累积捐赠图书6万余册，总码洋380余万元。发挥群团组织的力量，常态化开展学雷锋志愿服务，组织"一张纸献爱心""向贫困母亲捐款""送温暖，送寒衣""关心儿童毛衣编织""无偿献血"等活动，参与"换书大集"、向春苗基金会小花项目等献爱心活动，关注特殊儿童，为打赢脱贫攻坚战、全面

建成小康社会奉献"邮电"力量。

发挥出版优势，在疫情防控中显示文化担当。邮电社坚持人民至上、生命至上，毫不动摇贯彻执行"外防输入、内防反弹"总策略和"动态清零"总方针，层层压实疫情防控主体责任，全力保障出版社防疫举措全覆盖、无死角、零盲区，还积极履行社会责任，策划倡导健康生活、推广居家科学健身防疫的权威运动普及读物，出版《居家科学健身方法指导丛书》等一批精品图书助力抗疫，为10多万用户、400余所院校免费开放人邮学院、异步社区、官方微店等线上平台课程，以实际行动助力广大院校"停课不停学"，满足广大读者阅读需求。

第六章　中国科传社会责任研究报告

彭　斌[①]

第一节　中国科传基本情况

中国科传的前身是科学出版社，由中国科学院编译局与龙门联合书局（1930年创建）于1954年8月合并成立；2007年4月转企改制为科学出版社有限责任公司；2011年完成股份制改造，整体变更设立为中国科技出版传媒股份有限公司。2017年1月18日，公司在上海证券交易所主板挂牌上市（股票简称：中国科传，股票代码：601858）。

公司主营业务包括图书出版、期刊业务、知识服务、出版物进出口等，年出版新书3,500余种，期刊500多种。公司拥有21个下属分、子公司，在成都、武汉、上海、南京、西安、石家庄、沈阳、广州、苏州，以及美国、日本、法国均设立了分支机构，建立了较为完善的国际出版、发行网络，是国内领先的综合性科技出版机构。

公司始终坚持把社会效益放在首位、实现两个效益相统一，以推动高质量发展为主题，以改革创新为根本动力，以阵地建设为首要任务，充分发挥出版在文化传播和科技创新中的支撑作用，服务于文化强国和科技强国建设。

[①] 彭斌，编审，中国科技大学地球和空间科学系理学学士、对外经济贸易大学管理学硕士。长期从事科技图书和期刊的编辑出版和经营管理工作，现任中国科技出版传媒股份有限公司（科学出版社）总经理。

一、聚焦主责主业，坚持社会效益第一

作为国有文化出版企业，公司坚持把社会效益放在首位，把弘扬社会主义核心价值观、传播社会主义先进文化当作责任和使命。在中宣部出版局通报的出版单位年度社会效益考核情况中，公司连续3年（2018—2020年）社会效益考核满分（100分）。

公司一直秉持和弘扬"高层次、高水平、高质量"和"严肃、严密、严格"的优良出版传统和作风，以重大重点出版工程建设为引领，着力打造精品力作。近年来，公司入选中宣部"主题出版重点出版物"13项；入选国家出版基金项目60项；入选国家科学技术学术著作出版基金项目占总数的一半以上；入选"十三五"国家重点图书出版规划项目70项、入选"十四五"国家重点图书出版规划项目（第一批）33项；入选"三个一百"原创出版工程15种；入选国家文化产业发展专项资金项目11项；入选各类出版基金和国家级规划项目的数量均在全国出版社中位列前茅。

公司荣获各类国家级出版荣誉的数量也在全国出版社中位居前列：自1997年以来，公司共有5项图书及成果先后荣获国家科学技术进步二等奖（科普类）；自2006年中国出版工作者协会启动中华优秀出版物奖评选以来，公司共有9项图书获奖；自2007年国家新闻出版广电总局启动中国出版政府奖以来，公司共获得先进出版单位奖、图书奖、期刊奖等各类荣誉37项，其中图书奖20项；2009年荣膺"全国百佳图书出版单位"称号；2012年，公司被中宣部、文化部、广电总局、新闻出版总署四部委联合授予"全国文化体制改革工作先进单位"光荣称号；自2012年以来，公司连续多年被首都精神文明建设委员会授予"首都文明单位"称号。

二、聚焦国家科技战略，推动一流科技期刊建设

公司作为国家级科技期刊出版基地，拥有一个高水平、高质量、多品种的期刊方阵。公司出版的《中国科学》《科学通报》系列期刊曾多次获得中国出版政府奖期刊奖和期刊提名奖，以及全国"百强报刊"等称号。

近年来，公司积极贯彻落实中国科协等四部委联合印发的《关于深化改革培育世界一流科技期刊的意见》，推动一流科技期刊建设，服务我国科技创新

与学术交流。

截至 2021 年，公司共出版期刊 522 种，其中英文期刊 244 种，约占中国英文科技期刊总数的 1/3；被 SCI（Science Citation Index，科学引文索引）收录 100 种，超过中国 SCI 期刊总数的 1/3，其中 Q1 区期刊 36 种（据 JCR2021 数据，下同），4 种期刊在国际同学科期刊中排名第一，16 种期刊居国际同学科前 10%；被 EI（Engineering Index，工程索引）收录 80 种，约占中国 EI 期刊总数的 1/4。

公司主办的高端综合性学术期刊《国家科学评论》（National Science Review，NSR）入选中国科技期刊卓越行动计划领军期刊，2021 年影响因子达到 23.178；《能源化学》（Journal of Energy Chemistry）入选中国科技期刊卓越行动计划重点期刊，2021 年影响因子 13.599，在全球应用化学领域期刊中排名第一。

公司海外分支机构法国 EDP Sciences 出版的期刊中，有 27 种被 SCI 收录，2 种位居国际同领域排名 Q1 区。公司与爱思唯尔合资创办的科爱公司共有 20 种期刊获得影响因子，15 种期刊位居 Q1 区，其中 3 种期刊位居国际同学科第 1 名。

三、聚焦转型升级，加速推动融合发展

公司一直高度重视融合发展，确立了从传统出版向知识服务转型发展的战略路径，设定了专业学科知识库、医疗健康大数据、数字教育综合服务和期刊融合平台四大融合发展业务方向，先后研发推出了"科学文库""科学智库""中国生物志库""中科云教育平台""爱医课""中科医库""SciEngine 中国学术期刊国际传播平台"等一系列数字产品或知识服务平台。2021 年，公司被国家新闻出版署评为"出版融合旗舰单位"。

公司研发建设的各类知识服务平台和数字产品也频获嘉奖。其中，"中国生物志库""中科医库"平台先后入选国家新闻出版署"年度数字出版精品遴选推荐计划"；"中科云教育平台"在 2020 年被中国出版协会选为"出版融合创新优秀案例暨出版智库推优"；"中科医库"于 2019 年被中国出版协会评为"优秀知识服务平台"；"中国生物志库""科技书刊一体化国际传播平台"荣获中国出版协会 2018 年出版融合创新奖，"SciEngine 中国学术期刊国际传

播平台"被评为"2014—2015年度全国报刊媒体融合创新案例20佳"。

四、聚焦国际传播，推动科技出版"走出去"

近年来，公司积极推动中国科技出版"走出去"，与20多个国家和地区的200多家出版公司建立了长期的良好合作关系，并在设立美国、日本全资子公司的基础上，于2019年完成了对法国EDP Sciences出版社100%股权的收购，完善了国际业务布局。这是中国科技出版机构第一次真正意义上完成对西方国家出版机构的并购。

近年来，公司每年输出图书版权均位居国内科技出版社之首，先后荣获全国版权输出先进单位、2008中国版权最具影响力企业、2015年全国版权示范单位等称号。自2011年以来，每年都被商务部、宣传部、财政部、文化部、广电总局等五部委联合授予"国家文化出口重点企业"称号。从2019年起，连续多年入选RWCC国际书业研究院评选的"全球出版50强"榜单。

五、聚焦质量效益，推动实现可持续发展

多年来，公司以推动高质量发展为主题，不断规范治理结构，努力夯实产业基础，做优做强做大主业，成长为一家治理结构完善、经营管理规范的现代出版上市企业。

截至2021年底，公司总资产65.35亿元，净资产46.01亿元，2021年实现营业收入26.33亿，净利润4.93亿元，公司业绩连续多年保持稳健增长，实现国有资产保值增值。

在业绩增长的同时，公司也高度重视对股东的回馈。自2017年上市以来，公司每年都进行现金分红，保持持续、稳定的利润分配政策，累计分红金额达到45,374.35万元。2021年度派发现金红利20,078.70万元，占2021年度归属于公司股东的净利润的41.28%，为广大投资者持续提供了良好的投资回报。

第二节　中国科传执行社会责任现状

一、中国科传的意识形态责任

出版工作是意识形态的主阵地，既要承担宣传主流意识形态的重任，又要担负起引导民众树立社会主义价值观的职责。公司作为科技出版"国家队"，始终牢固坚守社会责任，准确把握正确舆论导向，切实肩负起维护意识形态安全的责任。

1. 坚持正确出版导向，守住意识形态主阵地

（1）精心打造主题出版精品

主题出版是围绕党和国家工作大局开展的出版活动。公司发挥已有优势和特点，持续推进习近平新时代中国特色社会主义思想宣传阐释、弘扬科学家精神、展现新时代科技创新伟大成就，打造了一批主题出版精品。其中《百位著名科学家入党志愿书》的编撰出版被列为中国科学院庆祝建党100周年100件大事之一。该书精选具有代表性的100位著名党员科学家，通过入党志愿书等珍贵档案资料和事迹介绍，展现了老一辈党员科学家不忘初心，牢记使命，践行入党誓言，将一生奉献给党和国家科研创新事业的感人故事。该书于2021年6月出版后，产生了广泛的社会影响，入选2021年度中宣部主题出版重点出版物、"书映百年伟业——庆祝中国共产党成立100周年好书荐读"书单等重要图书榜单。

（2）严格执行选题论证制度

公司在落实选题论证工作方面，始终坚持把社会效益放在首位，实现社会效益和经济效益相统一。公司坚持选题三级论证制度，即策划编辑—部门（分社）—公司选题论证委员会。选题论证的重点是政治导向、学术价值和出版价值等要素。公司坚持选题政治导向一票否决制。同时，充分运用各方面资源，进行深入的调查研究，分析有关学术、学科最新发展趋势，了解读者潜在需求，掌握图书市场供求情况，使选题策划建立在科学、精准、前瞻的基础上。此外，公司还建立了选题分类评价体系，按照图书类别，结合内容质量、经济效益等各项指标进行选题分类评价，并以此作为选题论证的参考标准。此外，还将数

字化资源内容评价作为加分项，以鼓励编辑将数字化思想融入选题设计中，促进融合发展。

（3）分级构建质量保障体系

根据质量工作的要求，公司修订公布了《图书质量管理规定》《重大选题备案管理办法》《图书质量检查管理办法》等若干文件，从制度层面构建质量保障体系。公司对图书质量进行全流程管理，从内容质量、编校质量、设计质量、印制质量四项内容和各个环节落实责任主体，形成分级管理责任制度。实行三级控制体系：社级总体控制，负领导责任；各编辑部门为控制主体，负主体责任；责任编辑负直接责任；总编部、校对部、质检部、生产部门等各负其责。将出版质量责任明确到每个岗位和"三审三校"在内的每个环节，实现全覆盖。

2. 担当文化责任使命，服务国家科技创新

公司深刻把握新时代特征，强化公司作为中国科技出版"国家队"的使命担当，按照"有效满足国家需求，国内一流，国际有竞争力"的标准，确定内容建设的方向、目标、层次，大力推动精品工程的策划与出版，打造了一批体现时代高度、表达文化传承、彰显时代精神的"高峰"之作。

（1）着力精品建设，获得多项荣誉

公司不断强化主责主业，坚持"四个面向"，弘扬科学家精神，服务国家科技创新，为国家战略科技力量建设作出应有的贡献。坚持"专业化、精品化、系列化、数字化"的出版理念，不断强化内容建设，出版更多精品力作，打造重点精品矩阵，获得多项荣誉。

在第五届中国出版政府奖评选中，公司出版的《科技强国建设之路：中国与世界》《中国出土青铜器全集》《中华传统文化百部经典》3种图书获图书奖，《时变随机系统：稳定性与自适应理论》《中国及全球碳排放——兼论碳排放与社会发展的关系》《电磁轨道发射理论与技术》3种图书获图书提名奖，《国家科学评论》获期刊奖。

在首届全国教材建设奖评选中，公司共有27种教材获奖。其中，《冰冻圈科学概论》（修订版）获特等奖，《机械零件数控车削加工》（第四版）、《药物学基础》、《西式面点工艺与实训》3种教材获一等奖，《线性代数》（第二版）等23种教材获二等奖。

（2）组织出版重大项目，服务国家战略需求

服务国家战略需求是公司的责任和使命。近年来，公司通过对标国家科研创新的重点方向和重大项目，搭建各业务部门或跨部门的攻关团队，开展协同策划和实施，组织出版了一批在学界获得广泛认可、能够反映新时代科技发展成就、引领科技创新前沿方向的重大重点项目。

《百位著名科学家入党志愿书》《中国乡村振兴之路——理论、制度与政策》入选中宣部2021年主题出版重点出版物选题。"第二次青藏高原综合科学考察研究丛书（第一批）"等8个项目入选2021年国家出版基金资助项目。"中国学科及前沿领域2035发展战略丛书"等33个项目入选第一批"十四五"国家重点出版物出版规划。93个项目入选2021年度国家科学技术学术著作出版基金资助项目，入选数量占全部项目的一半左右。

3. 做好科学普及，弘扬科学家精神

习近平总书记指出："科技创新、科学普及是实现创新发展的两翼，要把科学普及放在与科技创新同等重要的位置。"科学普及与科技创新紧密联系，一定程度上决定着一个国家的科学文化水平和民族创造能力。

（1）高度重视科学普及工作

公司出台多种措施鼓励各部门出版科普图书，并设立资金支持。每年出版科普图书100多种，获得国家科技进步二等奖（科普项目）、全国优秀科普图书、向青少年推荐百种优秀图书等多项荣誉。

《科学世界》创刊于1992年，经过近30年的发展，已成为中国有影响力的科普期刊之一，曾荣获第三届中国出版政府奖期刊奖，在市场占有率、作者队伍、编委会构成、印制质量、所获荣誉等各方面名列行业前茅，具有良好的社会效益。

公司积极参加每年一届的中国科学院科学节，进行图书展示、举办读书会、举行"万象科学"系列公益科普报告、"科学足记"系列公益研学活动等。

（2）大力弘扬科学家精神

公司全面落实《关于进一步弘扬科学家精神加强作风和学风建设的意见》要求，挖掘优势资源，统筹协调，出版了"中国科学院院士传记丛书""中国工程院院士传记丛书""科学与未来：院士科普丛书""科学走近公众——院士科普丛书"等一大批科普图书，并拓宽图书传播渠道，在主流媒体、网络媒体、

新媒体平台等加大宣传力度，提升传播质量与效果。

公司自建立以来，出版了一大批老科学家的学术成果，见证和记录了新中国科技发展的历程与成就，也因此被誉为"科学家的出版社"。公司展示中心保存了一批著名科学家的书信、珍贵手稿、照片、音像资料、书籍，成为"中国科学院科学家精神教育基地"。

4. 坚持融合发展理念，确保信息网络安全

公司按照内容为核心、技术为关键、队伍是基础的总体融合发展工作思路加快推进转型升级。经过多年发展，从组建数字出版中心到成立全资技术公司，从数字化纸质图书到富媒体数字资源，从数字出版产品到知识服务平台，公司在资源建设、产品和技术研发、人员培养等方面都进行了积极的探索和储备，并在专业学科知识库、数字教育云服务、医疗健康大数据、期刊融合发展平台等四大融合发展方向上形成了一批有影响力的数字产品和服务。目前，公司各类知识服务平台的机构用户数合计超过800家，个人用户数合计超过1,000万，每年知识服务相关业务带来的直接线上收入超过2,500万元。

与此同时，公司高度重视网络与信息安全工作，深入学习并贯彻上级关于网络信息安全工作的决策部署和指示精神，以及网络信息安全等法律法规。坚持"谁主管谁负责、谁使用谁负责、谁运行谁负责"的原则，全面落实全员网络信息安全责任制，健全完善网络信息安全工作体系，在对外信息发布、信息系统建设、园区及物理设备管理等多个方面积极推动制度化、规范化、标准化。做好安全风险点识别，深化员工安全意识，提升网络安全保障能力，加强网络舆情研判和管控，坚决筑牢网络安全屏障。

二、中国科传的市场责任

1. 总资产情况

截至2021年底，中国科传总资产为65.35亿元，同比增长8.34%；归属于上市公司股东的净资产为45.52亿元，同比增长7.08%。目前中国科传总资产及归属于上市公司股东的净资产处于行业内中段水平，且保持增长趋势，资产负债率则处于行业中较低水平，说明公司经营状况良好，负债水平较低。

此外，中国科传总资产连续十年保持稳健增长趋势，在企业规模不断扩大的同时，资产配置也在不断优化。

2. 营业收入情况

中国科传的主要营业收入来自图书、期刊和出版物进出口业务。2021年，中国科传实现营业收入26.33亿元，同比增长4.33%；实现归属于上市公司股东的净利润4.86亿元，同比增长4.53%。其中，公司图书业务收入同比增长3.55%，期刊业务收入同比增长5.57%，出版物进出口业务收入同比增长5.38%。公司图书业务连续多年领先行业，2021年业务毛利率达52.04%。通过强化自身的品牌影响力、增强图书选题和产品线的策划力、集中资源做好重大重点项目建设并打造学术精品力作等措施，保证了科技图书业务的行业竞争优势。

科技期刊是公司业务结构优化的主要突破口，2021年期刊业务毛利率已达到36.71%。公司期刊业务现已形成一定的集群效应，并已构建了以内容订阅、出版服务、数据分析、信息整合、营销传播等多种模式于一体的商业化运营策略和盈利模式。

公司全资子公司北京中科进出口有限责任公司主要从事图书、期刊及相关数字出版物的进出口业务。其主要客户为国内高校和科研机构，供应商则多为境外大型出版机构。多年来，公司与国外数百家出版公司、学（协）会建立了直接贸易往来，形成了面向全球的出版物采购网络和覆盖全国的销售渠道。

3. 股东权益情况

截至2021年底，中国科传实现归属于上市公司股东的净资产为45.52亿元，同比增长7.08%，且自上市以来均保持逐年增长的趋势。此外，公司还通过定期举办业绩说明会、接待中小股东参加股东大会及实地调研等，切实保障了股东权益。

自上市以来，中国科传一直积极回报投资者，现金分红金额占合并报表中归属于上市公司股东的净利润比例从2018年的20.11%提升至2021年的41.28%，基本每股收益则从2018年的0.54元提升至2021年的0.62元，股东收益逐年提升。

作为国有上市公司，中国科传总资产、营业收入及净利润等均保持逐年稳步上涨态势，公司经营稳中有进，在做好主责主业的同时，也实现了国有资产的保值增值。这既是中国科传作为国有上市公司的责任，也是中国科传能够持续发展的前提。

三、中国科传的社会责任

作为国有上市企业，公司始终把社会效益放在首位，积极承担起文化企业应有的社会责任。

1. 公益慈善

在扶贫济困方面，公司每年积极响应中国科学院号召，向贫困地区捐赠优质科普读物，参加中国科学院"科普扶贫四川行""关爱青海科普行"等志愿服务活动。每年向属地街道对口扶贫支援地区捐赠科普图书、参与街道主题社会捐助活动等。响应中国科学院妇女工作委员会号召，组织员工参与"恒爱行动"，为新疆贫困地区小朋友编制爱心织物。

在助力残疾人就业方面，公司主动与属地残联积极沟通，为残疾人提供力所能及的帮助，积极承担企业帮扶残疾人应尽义务。近几年，公司每年投入几十万元为多名残疾人提供就业岗位，目前共聘用12名残疾人员工。

在志愿者服务方面，公司积极组织员工参与每年全国"两会""七一"等重大活动期间的值守工作，为营造文明和谐、安全稳定的社会氛围贡献了辖区企业应有的力量。2022年面对疫情形式突然严峻的情况，公司成立志愿者团队，共200多人次参与多轮大规模核酸检测、胡同卡口值守、社区防疫宣传等志愿服务工作中。

2. 员工关爱

在保障员工合法权益方面，公司严格按照国家和北京市各项政策规定，为员工足额及时上缴各项社会保险和公积金，薪酬制度具有较好的外部竞争性和内部公平性，劳动合同制度科学规范，考勤管理制度既符合国家政策，又充分体现了企业特色，各项措施和规章制度确保员工应享有的各项法定权益不受侵犯。

在提升员工人文关怀方面，公司建立了福利管理办法，为员工提供薪酬之外符合规定的各项福利待遇，建立了企业年金制度和补充医疗保险，为员工解除后顾之忧。充分发挥工会的作用，积极为员工帮困解难，不断提升员工的获得感与归属感。

在健全民主管理机制方面，公司积极发挥党支部的战斗堡垒作用，充分利用工会、职工代表大会等机构，提升员工参与公司管理的积极性和力度。

在优化员工职业发展方面，公司根据发展战略和培训需求调研制定培训计划，组织落实员工技能和素质培训活动，持续提升员工专业水平和业务能力。

公司建立了科学的岗位设置与调整管理办法，设立了"科学百人""优秀编辑""首席策划"等称号，创立了"青年编辑管理基金"，为员工职业发展提供全方位、多通道的支持与指导。

3. 依法经营

作为国有控股上市企业，公司将党建工作写入《公司章程》，并严格落实上市公司治理有关要求，不断完善公司治理结构和治理制度，公司股东会、党委会、董事会、监事会及经营管理层之间权责明确，运作规范。

公司始终坚持信息披露工作真实、准确、完整、及时、公平的原则，确保信息披露的公开透明，提高信息披露质量。2021年8月，上交所发布了《沪市主板上市公司2020至2021年度信息披露工作评价结果》，公司取得了信息披露工作"A"级最高考核评级。

公司还高度重视投资者关系管理工作，积极创造条件增进与投资者的沟通交流。通过定期举办投资者说明会、召开股东大会、接待投资者访谈、上证e互动平台、专人接听电话等方式，建立线上线下畅通的沟通渠道，与投资者开展充分交流，及时回答投资者关心的问题，增进投资者对公司的了解，提高公司透明度。

4. 环境责任

为进一步加快书刊领域供给侧改革、推动公司实现高质量发展，从2013年开始，公司持续不断加大数码印刷、绿色印刷等技术的应用，积极开展按需印刷模式探索，构建按需生产线，推动公司从"以产定销"向"以销定产"的生产模式转变。经过多年发展，公司在实现自身数码印刷业务快速发展的同时，有效带动了北京及周边地区数码印刷生产业务发展。

公司始终把信息化建设作为提升经营管理效能的重要手段。一方面，公司不断通过信息化手段在编印发储等多个领域优化内部生产运作流程、提高各环节生产运作效率、加强生产经营数据分析与决策。另一方面，在内部协同办公、书刊在线编排校一体化运作、在线优先出版等多个领域积极推动在线协作和无纸化办公理念，提高办公效率、减少纸张消耗。

此外，公司积极响应国家节能减排号召，每年建立专项预算，采用节能减排新技术和节能设备持续对公司内部高能耗的老旧办公设备和信息化基础设施进行更新换代，提高办公设备和基础设施的使用效率，推进行业节能减排和绿色发展。

第三节 中国科传执行社会责任存在的问题

中国科传作为国有出版企业，切实贯彻意识形态责任制，坚持把社会效益放在首位，积极发挥出版在文化传播和科技创新中的支撑作用，充分彰显国有文化企业的责任担当。但是，在履行社会责任方面，公司仍有一些需要改进提升的地方。

一、社会责任管理架构有待进一步完善

第一，公司目前在履行社会责任方面还未建立完善的系统规划，需要从公司战略层面进一步加强顶层设计。第二，公司各部门虽然协同配合，积极履行社会责任，但尚未设立专门的部门和人员对社会责任工作进行专项的统筹和推进落实，队伍和力量需要进一步强化。

二、意识形态责任需要持续强化执行落地

公司作为国有文化出版企业，是意识形态建设的主阵地，要守土有责、久久为功。在这一方面，第一，公司员工的导向意识还需持续强化，全员政治理论学习需要进一步加强；第二，员工的质量意识和工匠精神要进一步强化，出版内容把关审核机制需要不断完善；第三，专业化队伍建设需要持续加强，公司出版物的内容质量、学术质量和出版质量还需要持续提升。

三、创新转型步伐还需进一步加快

融合发展是新时代文化传媒企业的必然发展要求。为此，公司要进一步加强机制创新，充分拥抱和运用新技术，提升知识服务能力，为我国科研创新发挥更好的支撑作用。此外，公司需要进一步加快数字产品的集群化建设，进一步完善数字产品的管理机制和营销体系，加快构建一体化的知识服务平台和业

务体系，更好地服务于科研人员。

四、传播科学力度还需进一步提升

作为国有出版企业，公司要牢记"国家队"的使命担当，不仅要继续打造科技出版"高原"，还要打造更多的科技出版"高峰"。因此，公司精品力作的策划出版能力需进一步强化，此外，公司要进一步加强科学普及与科学传播工作，出版更多原创科普作品，包括弘扬科学家精神的主题出版作品，搭建好科普平台，为提升全民科学素养作出更大的贡献。

第四节 中国科传社会责任执行力提升路径与方法

一、加强社会责任管理的顶层设计

第一，公司要逐步建立企业履行社会责任的系统规划，将社会责任作为公司战略任务，并适时设立专门的部门和人员，构建履行社会责任的机制体制。

第二，结合国家战略需求和企业实际情况进一步完善现有相关制度，对不符合社会责任要求的制度进行修订完善，在企业内部形成闭环管理，保障公司在履行社会责任过程中顺畅高效，真正将社会责任融入日常经营管理的各个环节。

第三，要完善考核机制，明确社会效益考核占比超过50%，引领全员强化社会效益，强化质量效益，强化精品意识。

第四，要通过理论学习、专题培训、社会责任活动等各类方式全面提升全员思想政治素养和导向意识，切实肩负起维护意识形态安全的责任。同时，坚持质量优先原则，构建出版质量管控体系，严格落实三审三校制度，全面完善内容把关机制，保证出版质量和学术内容质量。

二、坚持"出精品、出人才、出效益"，推动高质量发展

第一，要持续推动内容质量全面提升工程。聚焦科技出版主责主业，以

"十四五"国家重点出版物规划选题和国家出版基金项目等重大重点项目建设为抓手，着力推出更多与"科技出版国家队"高度相称的精品力作，不断擦亮"科学出版社"品牌。

第二，要持续提升队伍专业化能力，锻造科学出版"铁军"。公司要立足业务长远发展，营造良好的"匠心精神"氛围，继续弘扬"高层次、高水平、高质量"和"严肃、严密、严格"的优良传统与作风，坚持党管干部、党管人才，着力做好专业化人才队伍建设工作，将锤炼、培育每位编辑的"匠心精神"作为团队建设的目标。

第三，要坚持社会效益与经济效益相统一，推动企业可持续发展。公司在切实承担宣传主流意识形态责任的同时，要将可持续发展理念融入业务的方方面面，既要做践行者，也要做赋能者，通过积极推动管理的深层变革，激发员工的创造力和积极性，加快产品创新，提升质量效益，推动企业行稳致远。

三、加快向知识服务创新转型，助力科技创新

第一，要加大技术研发力度和新技术的运用。不仅要加快自主技术研发力量建设，掌握知识服务相关核心技术，还要探索并购出版融合发展相关领域的技术型公司和知识服务型公司，或与相关公司进行战略合作，加快推进公司融合发展。

第二，要加强数字化内容建设和数字资源集聚。一方面要强化数字内容资源集聚，不断集聚权威性、规模化、系统化、结构化的数据内容资源，加快知识图谱建设，构建内容资源建设生态网络，为实现知识服务夯实内容基础。另一方面，要以"见市场、见客户、见效益"的原则，不断推动数字产品集群建设。

第三，要加快机制创新，全面推动企业转型升级。首先要继续加大资源投入，全方位地支持融合发展。其次，要加快提升全员对创新转型紧迫性、重要性的认识，从体制机制、政策要素等多方面给予全力支持。再次，要全面加强数字业务全流程的服务支撑，从制度和机制层面打通数字业务链条。最后，要加快提升网络化、社区化、垂直化、精准化的营销能力，建立完善的数字产品营销体系，为公司转型升级提供有力支撑。

第三部分 报刊传媒篇

第七章 《人民日报》社会责任研究报告

吴文汐　尹　璇　赵秋实[①]

第一节 《人民日报》基本概况

　　《人民日报》系中国共产党中央委员会机关报，于1948年6月在河北省石家庄市平山县里庄创刊，由《晋察冀日报》和晋冀鲁豫《人民日报》合并而成，毛泽东同志亲自为其题写报名，是中国最具权威性、发行量最大的综合性日报。自创刊以来，《人民日报》紧随中国社会发展脚步，倾听民众呼声、回应社会关切、肩负媒体担当、反映时代脉搏，成为重要的信息传播平台和主流舆论阵地。

　　版面设置上，《人民日报》在工作日共有20个版，周六、周日及节假日为8个版，要闻版、国内新闻板块、周刊及专刊、国际新闻板块相辅相成，《思想纵横》《今日谈》《人民眼》等品牌化栏目相得益彰，使得报纸兼具系统性与协同性。如今在全媒体时代，《人民日报》也在不断顺应新闻生产传播方式的新变化和媒体深度融合的新趋势，重视技术赋能和内容深耕，在习近平新时代中国特色社会主义思想的指导下，积极推进新闻生产供给侧改革以及新型主流媒体建设，在融媒体平台搭建方面不断发力，围绕中心，服务大局，创活体制机制，优化流程管理，推动技术变革，逐渐形成了集报、刊、网、端、微、屏于一体的"全媒体方阵"，其中，人民网是《人民日报》建设的以新闻为主

[①] 吴文汐，女，博士研究生，东北师范大学传媒科学学院（新闻学院）副教授，新闻系主任，研究方向为公共传播、网络舆情。尹璇，女，东北师范大学传媒科学学院（新闻学院）硕士研究生，研究方向为融媒体传播实务。赵秋实，女，东北师范大学传媒科学学院（新闻学院）硕士研究生，研究方向为新媒体与社会。

的大型网上信息交互平台，也是国际互联网上最大的综合性网络媒体之一。[1]同时，其作为人民日报社控股的传媒文化上市公司，一直将维护股价稳定、保障股东权益作为首要任务，积极履行市值管理义务。[2]2021年，《人民日报》发行量为346万份，实现连续19年稳定增长，全媒体综合覆盖总用户超过11亿，[3]为提升主流舆论的传播力、引导力、影响力、公信力，促进媒体融合从相加到相融，实现高质量发展发挥了重要作用。

第二节 《人民日报》执行社会责任现状

在习近平新时代中国特色社会主义思想的指导下，《人民日报》作为主流媒体，有着强烈的责任意识，正如其自身所言："巨大的用户群体绝不意味着金山银山，还意味着责任如山。"[4]长久以来，《人民日报》始终积极践行主流媒体的职责，努力交出一份让党和人民满意的媒体答卷。结合《人民日报》在2021年的具体实践，本节从以下四个方面对其过去一年的社会责任履行情况进行详细梳理分析。

一、舆论引导与社会监督责任

随着传媒技术的不断提升以及舆论生态的深刻变革，以习近平同志为总书记的党中央高度重视党的新闻舆论工作[5]，新闻媒体作为"党和人民的喉舌"，需始终牢记党的新闻舆论工作的职责与使命，完善坚持正确导向的舆论引导工

---

[1] 人民网，人民网_网上的人民日报，1997年1月1日，http://www.people.com.cn/.
[2] 百度百科，人民网参考资料，2015年9月1日，https://baike.baidu.com/reference/2842475/a6b7DcjDrmuf5ubSkyLoiVdofNYna8VK3RQaNDvCI5VAnudb97mss6rH7kbdn7CZ9nKJlz0fqnJN1HLemPP9PNMJiKpEDBZ14sc-RrF6Wz8SsIxoDr9u.
[3] 人民网，人民日报社简介——关于我们——人民网，2022年5月27日，http://www.people.com.cn/GB/50142/104580/index.html.
[4] 腾讯云，人民日报刊文评"头条""快手"：守好互联网平台价值出口，2018年4月13日，https://cloud.tencent.com/developer/news/179268.
[5] 人民网，习近平十八大以来关于"新闻舆论工作"精彩论述摘编，2019年7月30日，http://www.qstheory.cn/2019-07/30/c_1124814295.htm.

作机制[1]。同时新闻媒体对社会起着监督的作用,在挖掘社会正能量的同时还需积极发现错误、修正不足,促进社会事业的进步。《人民日报》在2021年,紧跟时代潮流,牢记时代使命,积极开拓进取,充分发挥了报道、宣传、舆论引导以及社会监督的作用。

1. 扎实·创新:思想政策宣传"飞入寻常百姓家"

新时代、新使命、新政策、新思想,新兴媒体正蚕食着传统媒体市场份额,传受双方主体地位发生根本性变化,《人民日报》抓住时代机遇,转变思维方式,推动融合采编建设,打造优质融媒体报道产品,并且用人民喜闻乐见的语言生产作品,从而让党的思想政策真正做到入脑入耳入心。2021年《人民日报》发挥主流媒体的人才、资源优势,全年推出以《江山就是人民 人民就是江山》为代表的习近平总书记系列重要论述综述13篇:新时代需要带着新思想做好关键抉择,开启新的征程。在党的百年诞辰之际,《人民日报》的记者们还充分发挥"四力",用一篇篇作品带领人民群众重温中国共产党百年奋斗的历史,例如《百团大战抗战史上的伟大壮举》《一个陶坛与两枚铜钱》《一把小军号浓浓战友情》等作品皆图文并茂,语言朴实而亲切,别具一格。除此之外,《人民日报》还积极构建主流舆论矩阵,多角度、全方位、立体式传播党的路线方针政策,顺应媒体移动化、社交化、可视化的趋势,结合动漫、短视频、H5等元素进行了作品创作,例如沉浸式作品《复兴大道100号》和中英文双语微视频《见证:50年了,看中国交出的答卷!》等。其中,据不完全统计,截至2021年7月末,《复兴大道100号》仅在《人民日报》新媒体渠道浏览量就超过1.2亿,[2]相关微博话题阅读量近3.5亿,全网首页首屏转载,线下多地也有布局。此外,还创作了《这些年,总书记牵挂的民生事》等融媒体产品以及《鉴往知来,跟着总书记学历史》等新媒体栏目,回应人民群众的关切,增强党的思想政策的覆盖面和影响力。最后,"网上的人民日报"的建设同样与时俱进,例如,在人民网"党政理论"页面可以看到"时习之""学习路上"等板块中生动的图解内容,如《如何成为好老师?习近平这些话请牢记》《开学第一课,

---

[1] 中国共产党新闻网,繁荣发展社会主义文化的先进保障,2019年12月25日,http://theory.people.com.cn/n1/2019/1225/c40531-31521697.html。

[2] 澎湃新闻,百年征程入画来——人民日报《复兴大道100号》是如何炼成的,2021年11月19日,https://www.thepaper.cn/newsDetail_forward_15457761。

习近平对年轻干部提出新要求》等。

2. 及时·全面：重大主题事件的报道与正确的舆论引导

党的百年华诞、中国航天神州逐梦、东京奥运会升起中国红、孟晚舟回国……2021年令国人热血沸腾的诸多瞬间，《人民日报》都在第一时间予以报道：《破防了！这就是中国式浪漫》《今天，共庆百年华诞！｜画里有话》《燃！东京奥运会奏响的第一首国歌，是中国的！》等作品打开流量密码的同时又不失党媒的端庄与大气；"共和国勋章"获得者袁隆平逝世、新冠肺炎疫情反复、祖国多省遭暴雨袭击……当祖国发生重大灾难事件或其他社会悲痛事件时，《人民日报》更是做好"排头兵"，努力做到及时、现场、深度、有效、有情发声，产出了《送别袁隆平：侠之大者、国之仁士》等作品，与人民群众同呼吸、共命运。值得一提的是，在2021年第三十一届中国新闻奖评选中，《人民日报》报系共有22件新闻作品获奖，品牌影响力不断提高，包括特别奖2件、一等奖5件、二等奖7件、三等奖8件。其中《风雨无阻向前进——写在中国人民抗击新冠肺炎疫情之际》与《生死金银潭》等作品真正体现了《人民日报》在重大突发事件舆论引导中的能力与担当。作为主流媒体，《人民日报》在坚持新闻报道客观真实的同时，也不忘重大突发事件报道的政治性、政策性与敏感性特征，对疫情防控工作做了及时全面的报道，发挥了主流媒体鼓舞人心、安抚情绪、稳定社会秩序的作用。总体而言，重大主题事件报道已成为媒体常态，《人民日报》在此类型的宣传报道中积极调度人员，多元整体布局，全面完整报道，不仅履行了社会责任，更提升了自身的传播力与公信力。

3. 正向·建设：实现正面宣传与舆论监督的有机统一

2021年以来，从《我们现在都是在一些具有历史意义的时间节点上》等"微镜头""微观察"报道，再到习近平总书记国内考察调研、出席重要会议、以元首"云外交"的方式同外国领导人和国际组织负责人会晤等活动的报道，国内重大会议报道以及公共事件报道中都能看到《人民日报》的身影——用鲜活生动的案例弘扬主旋律、传播正能量。与此同时，对于社会发展中存在的问题，《人民日报》以建设性的视角予以关注，推动了问题的解决。2021年《人民日报》推出了"读者来信"版38期，共刊发211篇报道，除此之外还推出了《人民直击》栏目，发挥自身专业优势，扎根社会进行了多次深度调查报道，并且积极推动了报道中相关问题的解决。《人民日报》的新闻网站——人民网在"互动"一栏开设"领导留言版""强国论坛"与"维权"功能，倾听百姓心声，征集社会线索，设立"举报专区"收集人民意见并及时公布举报受理情况。在新媒体端，《人民日报》也充分发挥了主流媒体的舆论监督作用，激浊扬清，针砭时弊，例如《薇娅偷逃税款少缴税款，被罚13.41亿！》一文，直击平台经济新业态中出现的违法违规问题，《上海震旦职业学院通报：开除！》作品强调"应高度重视师德师风建设，切勿误人子弟"……《人民日报》积极发现社会内部出现的问题与错误并且予以批评和监督，推动问题的解决，促进社会良好风气的营造。

二、《人民日报》的市场责任

人民网是"网上的《人民日报》"，是人民日报社控股的文化传媒上市公司，1997年1月1日，人民网正式上线①。关于人民网总资产、营业收入及股东权益等数据，本文根据其公布的2021年年报整理。

1. 总资产情况

截至2021年12月31日，人民网股份有限公司总资产为52.72亿元，较年初增长5.49%；归属于上市公司股东的净资产为33.53亿元，与年初基本持平。报告期内，公司实现营业收入21.83亿元，同比增长3.93%；实现归属于上市公司股东的净利润1.66亿元，同比下降47.89%；实现归属于上市公司股东的扣除非经常性损益的净利润1.28亿元，同比下降58.40%。②

虽然其总资产以及报告期内的营业收入较年初有所增长，但净利润、归属上市公司股东净利润以及归属于上市公司股东的扣除非经常性损益的净利润都有所下降，因此，人民网股份有限公司经营管理等方面还需加强以降低运营成本，提高利润率。

2. 营业收入情况

2021年人民网的营业收入为21.83亿元，比2020年增长3.93%。其主营业务分行业情况、主营业务分产品情况以及主营业务分地区情况如下：

---

① 人民网，人民网简介——关于我们——人民网(people.com.cn)，1997年1月1日，http://www.people.com.cn/GB/50142/420117/420317/index.html。
② 人民网，人民网股份有限公司2021年年度报告，2022年4月13日，https://quotes.money.163.com/f10/ggmx_603000_7990903.html。

表1 2021年人民网分行业营业收入情况

分行业	营业收入（元）	营业成本（元）	毛利率	营业收入比上年增减	营业成本比上年增减	毛利率比上年增减
互联网信息服务	2,100,662,360.71	995,176,834.42	52.63%	1.94%	2.66%	−0.33%
其他服务	82,357,749.05	23,929,804.02	70.94%	107.01%	9.51%	+25.86%

资料来源：《人民网股份有限公司2021年年度报告》

表2 2021年人民网分产品营业收入情况

分产品	营业收入（元）	营业成本（元）	毛利率	营业收入比上年增减	营业成本比上年增减	毛利率比上年增减
广告及宣传服务	1,155,157,798.94	512,605,500.35	55.62%	10.38%	15.49%	−1.97%
内容科技服务	463,274,368.20	236,797,787.84	48.89%	−6.29%	−5.92%	−0.19%
数据及信息服务	282,443,519.12	148,450,392.79	47.44%	−14.80%	−15.46%	+0.41%
网络技术服务	199,786,674.45	97,323,153.44	51.29%	6.10%	−0.95%	+3.47%

资料来源：《人民网股份有限公司2021年年度报告》

表3 2021年人民网分地区营业收入情况

分地区	营业收入（元）	营业成本（元）	毛利率	营业收入比上年增减	营业成本比上年增减	毛利率比上年增减
国内	2,157,533,009.29	997,530,900.41	53.77%	3.86%	2.93%	+0.42%
国外	25,487,100.47	21,575,738.04	15.35%	10.71%	−2.58%	+11.55%

资料来源：《人民网股份有限公司2021年年度报告》

由表2可知，公司以广告及宣传服务、内容科技服务、数据及信息服务和网络技术服务四类业务为主，广告及宣传服务营业收入共11.55亿元，占总收入的一半以上，同比增长10.38%，这也与人民网坚持深耕核心内容主业、保持品牌价值增长、创新广告宣传方式、持续优化宣传模式的政策息息相关，有助于人民网业绩基本盘保持持续稳定上升态势。同时，在2021年度人民网按照战略要求完成了资源整合、渠道融合、软实力升级等方面的工作，充分发挥数字化、智能化在内容科技服务方面的优势，助力公司其他各项业务创新、探索与突破。此外，人民网也积极推进盈利能力偏低的业务的转型工作，努力使数据及信息服务业务向更专业的数据及信息服务提供商转型，这也有助于进一步稳定、优化公司整体层面的收入结构，增强对抗周期和外部不确定事项的能力。从表2我们还可以看出，尽管网络技术服务业务营业收入仍然偏低，但同比增长6.10%，毛利润也比上年增长3.47%，增长势头明显。人民网连续三年在国家的政策和资金支持下，依托国家重点实验室等核心资源和关键技术，力求打造一支专业性强、技术水平高、经验丰富的技术服务团队。①

在2021年度，人民网国内营业收入及营业成本均明显高于国外营业收入及成本，但国外营业收入较上年明显增长，营业成本也呈下降趋势，由此可见人民网在推进国内业务的同时，也在逐步开拓海外市场，取得了一定成效。

3. 股东收益情况

截至2021年末，归属上市公司股东的净资产为33.53亿元，较2020年年末减少0.35%。所有者权益情况如下：资本公积为8.09亿元，股份总数1,105,691,056，盈余公积2.35亿元，期末未分配利润12.27亿元，所有者权益合计37.13亿元，负债合计15.59亿元，资产总计52.72亿元，资产负债率为29.57%。②对于行业普遍认可的40%—60%的资产负债率，人民网的资产负债率处于略低的水平，这也说明人民网股份有限公司偿债能力较好，经营风险较低。

2021年度，公司董事会全体董事认真遵守《公司法》《证券法》等法律法规，积极履行《公司章程》所赋予的职责，严格执行股东大会的各项决议，对提交审议的各项议案进行认真审阅，着力提高治理能力，促进各项业务协同发展。除此之外，其也将中小股东的诉求考虑在内，力求维护公司及全体股东包括中小股东的合法权益，这在客观上也推动了其市场竞争能力的提升。

此外，人民网积极创新发展，进一步拓展内容运营、内容风控、内容聚发等新型内容业务，抢占内容产业新的社会化分工的关键"生态位"；以技术和资本双轮驱动，高质量打造全媒体时代内容科技创新引擎，加强新一代内容产业基础设施建设，提高"党管数据"核心能力，向内容科技领军企业进军；进一步加快推进媒体深度融合，深入推进党建与业务融合，努力成为具有影响力

---

① 中国经济网，人民网2021年广告业务营收增超10% 内容科技业务经营稳健，2022年4月15日，http://finance.ce.cn/rolling/202204/15/t20220415_37499675.shtml。

② 人民网，人民网股份有限公司2021年年度报告，2022年4月13日，https://quotes.money.163.com/f10/ggmx_603000_7990903.html。

和竞争力、稳居国有文化传媒上市公司第一方阵的新型主流媒体,保证国有资产增值保值。

三、《人民日报》的社会责任

《人民日报》在2021年充分发挥"上连党心,下接民心"的桥梁纽带作用[①],不仅重视新闻信息发布与政务工作,更是将"服务民生"放在首位,搭建民生服务平台,开设公益栏目,传播公益理念,同时,切实保障员工权益,提高员工能力,加强员工新闻职业道德建设。在经营管理工作方面,严格遵守法律法规,坚持正确导向,具体表现如下。

1. 公益慈善

《人民日报》作为主流媒体,其公益慈善报道对于弘扬慈善文化、传播公益理念都具有积极意义。与此同时,新闻媒体不仅是慈善活动的报道者、传播者,也应是公益慈善行为的主体,成为公益慈善活动的参与者、组织者和引导者。[②]《人民日报》在2021年参与和报道的公益慈善活动包括如下三个方面。

第一,深入群众,关注、促进民生问题的解决。2021年,《人民日报》不仅在报道中始终坚持党性与人民性相统一,其还积极探索"新闻+政务服务"的运营模式,搭建信息服务及社会服务平台,帮助人民群众解决问题。《人民日报》还开设了民生版,推出了"体验"头条栏目,栏目内容涉及了社会养老、医疗、就业等人民关心的多个方面。除此之外,《人民日报》社会版"民生观"栏目在2021年共推出了44篇言论,[③] 积极为基层问题探寻解决方案。栏目风格由"热事热评"转变为"暖事暖评兼顾热评",在议题设置上,以弘扬社会主义核心价值观为总方向,集中挖掘身边的感人、暖心小事中的正能量[④]。

第二,突发自然灾害报道中彰显人文关怀。2021年7月17日至23日,河

---

① 人民网,人民日报社社会责任报告(2021年度),2022年5月31日,http://gongyi.people.com.cn/n1/2022/0531/c151132-32435313.html.
② 搜狐网,媒体如何发挥自身优势合法参与公益慈善活动?2018年6月6日,https://www.sohu.com/a/234290963_106602.
③ 人民网,人民网股份有限公司2021年年度报告,2022年4月13日,https://quotes.money.163.com/f10/ggmx_603000_7990903.html.
④ 人民网,人民日报社社会版言论专栏《民生观》的"三个升维",2019年11月29日,http://media.people.com.cn/n1/2019/1129/c40606-31481280.html.

南省遭遇历史罕见的连续性特大暴雨，致使多座城市遭到了严重洪涝灾害的冲击，在此期间，《人民日报》及时推出了"河南暴雨紧急求助通道"，缓解了民众的燃眉之急。2021年9月16日，四川省泸州市泸县发生6.0级地震，《人民日报》及时反应，迅速发布权威信息并及时发布了"泸县应急场所汇总"相关微博，彰显其社会责任感。

第三，积极参与公益活动，传播公益理念。2021年在我国脱贫攻坚取得全面胜利之际，《人民日报》关注乡村振兴议题，开设了"暖文热评·致敬脱贫攻坚""奋斗百年路 启航新征程·脱贫攻坚答卷"等系列报道栏目，深入基层、深入群众，宣传展示祖国各地帮扶、脱贫的感人故事，前者报道了让群众喝上"幸福水"的刘虎、"蘑菇院士"李玉、"全国脱贫攻坚楷模"夏森等先进人物，后者聚焦"教育扶贫""生态扶贫"与"能源扶贫"等，为人民呈现祖国脱贫攻坚成果，强调要接续推进乡村振兴。同年，《人民日报》刊登包括《西安浐灞生态区，践行"两山论"，推进高质量绿色发展》《希沃：以科技创新立身，助力教育高质量发展》与《安徽天长市：高起点上再发力，擘画乡村振兴新蓝图》等在内的公益广告96块，为传播社会文明、弘扬道德风尚贡献了自己的一份力量。"网上的人民日报"人民网则在"健康生活"板块持续发布公益新闻、公益故事，展现公益现场以及优秀志愿者等信息，并刊载例如《秋冬季流感来了怎么办？感染科专家告诉你》等疾病解答文章，做好健康科普，提升公众的健康素养。

2. 员工关爱

优秀的员工是媒体发展的根基，《人民日报》的成功离不开优秀负责的新闻采编、策划、公关等部门人员的辛勤付出。2021年，人民日报社坚持以人为本，加强人文关怀，做好关爱员工工作，切实提升员工凝聚力。

第一，确保雇员的合法权益以及工资待遇。人民日报社是中共中央直属事业单位，因此，人民日报社及各社属媒体严格按照国家要求同其员工建立聘用（劳动）关系，签订聘用（劳动）合同，员工可按照协议享受到相关的薪酬和福利待遇。此外，人民日报社还协助员工办理北京市工作居住证、员工留学落户、积分落户、应届毕业生落户等手续。[①] 为了营造良好的企业文化与积极向上的

[①] 人民网，人民日报社社会责任报告（2021年度）2022年5月31日，http://gongyi.people.com.cn/n1/2022/0531/c151132-32435313.html。

工作环境，人民日报社的职称评审工作也始终坚持公平、公正的原则，办公厅还设有法务处，负责处理员工权益保障问题。

第二，对新闻记者证件管理进行规范化。人民日报社定期组织员工办理新闻记者证的更换与发放手续，及时回收、注销不符合资格的记者证件。做好新闻记者证的核查工作，引导内部从业人员规范持证。

第三，大力开展职工培训工作，稳步推进员工队伍建设。2021年，人民日报社组织了集中培训班10期、"人民讲堂"4期以及"人民研讨"3期，参加培训人次超过8,000；组织四级职员以上领导干部参加组织调训与专题研修37人次[①]。除此之外，人民日报社还积极进行通讯员队伍建设，提高通讯员的工作素养与工作效率。而"人民学习"App的开发，则为进一步提升培训的针对性、有效性做出了积极的探索。

3. 依法经营

人民日报社在2021年依旧严格遵守国家的规章制度，做到采编与经营分开，注重新闻报道的品质与服务，坚持高度还原事实真相，固守新闻媒体的权威地位，在"流量时代""眼球经济时代"严厉禁止虚假新闻、有偿新闻与有偿不闻等现象出现，坚持依法经营，遵守职业道德与规范。2021年，人民日报社共修订、完善宣传报道及内部管理等方面的规章制度37项，全面加强机构内部人员素质管理。为了深入推进党风廉政建设和反腐工作，《人民日报》还专门设立了公车私用举报箱、举报电子邮箱和举报电话，自觉接受人民群众的监督。[②]

四、责任管理

企业的社会责任是企业与社会沟通的桥梁和纽带，是企业价值的重要体现，企业生存和发展必须以所承担的社会责任为前提。[③]《人民日报》作为中国第一大报，自创刊以来就积极回应社会关切、履行社会责任，将责任管理置于企业经营发展的重要位置，参与、沟通、记录时代。

[①] 人民网. 人民日报社社会责任报告（2021年度），2022年5月31日，http://gongyi.people.com.cn/n1/2022/0531/c151132-32435313.html.

[②] 人民网. 人民日报社社会责任报告（2021年度），2022年5月31日，http://gongyi.people.com.cn/n1/2022/0531/c151132-32435313.html.

[③] 任义成. 论企业的社会责任. 全国商情，2016（12）：51-53.

中国记协自 2014 年开始在新闻战线组织开展媒体社会责任报告制度试点工作，选择部分媒体公开发布上一年度的履责情况，以及存在的不足和改进措施。自 2014 年以来，人民日报社作为发布主体共发布责任报告 2 次，人民网作为人民日报社控股的传媒文化上市公司连续 7 年发布了社会责任报告。2021年开始，社会责任报告发布主体由人民网改为人民日报社，从政治责任、阵地建设责任、服务责任、人文关怀责任、文化责任、安全责任、道德责任、保障权益责任、合法经营责任共 9 个方面逐项报告并进行反思和展望。由此可见，《人民日报》一直以来都积极适应社会发展趋势以及媒体行业的发展变革，重视自我审视和自我约束，将社会责任内化于心、外化于行，推进社会责任管理体系建设。如《人民日报》对所有稿件实行三审三校制度，积极贯彻落实《中国共产党宣传工作条例》和《出版管理条例》等制度规定，强化总编辑等内容把关岗位的职责，对所刊发文章进行严格审查，确保内容的质量和整体品质。

第三节　《人民日报》执行社会责任存在的问题

2021 年《人民日报》在社会责任履行上成果卓著，但依然存在着一些不足。

一、舆论引导中思想政策宣传的生动性有待加强

从 2021 年第三十一届中国新闻奖评选中可以发现《人民日报》取得了不俗的成绩，但在"移动直播""创意互动"与"融合创新"层面的作品稍有欠缺，在涉及宏观背景、硬性题材的思想政策宣传中缺乏有新意、有特色、有辨识度、生动有趣、互动性强的新媒体产品，在进行正面宣传时存在着套路化、模式化的倾向，传播语态仍需进一步年轻化。

二、新闻生产的智能化与人文关怀之间有待平衡

随着人工智能技术对新闻传媒行业的逐步渗透，新闻生产也逐步走向智能化，《人民日报》也乘着"智变"的东风，以技术赋能，以创新引领，运用

AI、5G等前沿科技为新闻生产、把关、分发、反馈等各个环节注入新动能，大大提高了内容生产效率。然而，作为主流媒体，《人民日报》在注重利用智能化技术极大释放内容生产力的同时，更要注重新闻作品的人文关怀和价值引导。如《人民日报》关于河南暴雨事件的报道中，尽管采用了漫画、短视频、网络直播等多种报道手段，推动了传播形式的多样化，然而有一部分报道过于重视呈现形式的创新，而忽视了人文关怀的表达。

三、新型主流媒体建设以及媒体融合内生动力不足

一直以来，《人民日报》都坚定不移地加快新型主流媒体的建设，进一步完善"中央厨房"运行机制，建设"两微两端多账号"为代表的《人民日报》新媒体矩阵，推进媒体融合深度发展。尽管《人民日报》在新型主流媒体建设以及媒体融合发展方面已经取得了不俗的成就，但从人民日报App与今日头条App的对比中可见，2021年度头条创作者全年共发表内容4.5亿条，累计获赞90亿次，① 而人民日报客户端"人民号"主累计发文仅1,855万篇，② 虽然较上一年有所提高，但仍可以看出人民日报客户端存在着平台自我造血能力弱、内容生产创意与动力欠缺等方面的不足，而这些问题的产生也是由于其过于追求传播矩阵的数量而忽视用户黏性，一味引进高精尖设备而未充分考虑到如何提升用户体验感与满意度所导致，因此在媒体融合的关键阶段，《人民日报》更需要兼顾技术应用和内容生产能力，重视用户主体性与感知力，找好媒体融合的落脚点与发力点。

四、国际传播力有待提高

习近平总书记曾在"5·31"讲话中强调要讲好中国故事，传播好中国声音。《人民日报》深刻把握习近平总书记讲话的要义，形成了海外传播矩阵，积极发挥主流媒体在国际传播中的作用，让世界听见中国声音，但是不可否认《人民日报》在国际上的影响力依然偏弱，在跨文化传播方面还需进一步加强。尤

---

① 腾讯网，《今日头条2021年度数据报告》，2021年12月29日，https://new.qq.com/omn/20211229/20211229A04IDY00.html。

② 人民网，《人民日报客户端"人民号"三周年发展报告》，2021年6月11日，https://rmh.pdnews.cn/Pc/ArtInfoApi/article?id=21185986。

其当前国际传播局势仍然严峻，"西强东弱"的国际舆论场格局以及"中美摩擦"的大背景下，一些外媒大肆鼓吹"中国威胁论"，歪曲中国的发展理念，在国际舆论场中污蔑中国，对中国媒体也进行防范、打压与恶意干涉。为此，作为主流媒体的代表，《人民日报》必须提升对外传播的主动性，增强话语针对性，加强对不同国家传播规律和文化特质的分析研判，注重跨文化差异性传播，精准投放新闻产品，最大程度地避免文化折扣，全面提升国际传播力。

第四节 《人民日报》社会责任执行力提升路径与方法

一、创新帮扶思路，提升公益传播效能

《人民日报》多年来坚持党的领导，坚持党性原则，坚持以人民为中心的报道准则，体现社会发展主流，反映人民群众的心声，较好地履行了社会责任。在其日后的工作中，除了以人民群众喜闻乐见的方式创新传播方法与内容之外，还需加强实质性社会帮扶工作，深入帮扶、创新思路，将新闻报道的资源优势充分利用起来，做好公益报道，并组织好一支能力够强、素质过硬的帮扶队伍，深入基层、持续帮扶，支持公益事业。

二、打造新型融媒体产品，坚守主流话语阵地

在泛娱乐化思潮之下，以社交型传播和算法型传播为代表的平台型媒体崛起，民间舆论场众声喧哗，难以形塑共识，同时网络用户年轻化趋势明显，很多互联网用户对有深度的公共议题缺乏兴趣，这无疑为主流媒体的舆论引导工作增加了难度。为此，《人民日报》一方面应整合自身资源优势，加速渠道融合，发挥微博、微信、微视频、客户端、抖音等多元传播平台优势，在不同圈层和领域中掌握主导权；另一方面要注重话语的情感表达，促成新闻文本与公众之间的情感共振，从而赢得年轻群体的青睐。

三、把握国际舆论环境，提高国际传播力

《人民日报》作为中央党报，是国际传播能力建设的主力军，在当今世界正处于百年未有之大变局的背景下，《人民日报》更需加强国际传播能力建设，积极应对挑战，打造自主平台，优化内容生产和分发模式，减少文化折扣，促进中国故事和中国声音的全球化表达。同时也要走出宏大叙事模式与严肃的政治议题架构，在国际上打造特色鲜明的 IP，推出具有国际影响力和传播力的中国特色专栏，塑造多元、立体、可亲、可信的中国形象。

第八章 南方报业传媒集团社会责任研究报告

陈南先[①]

广东是我国的经济大省,自1989年以来,GDP就一直占据全国第一的位置。与经济地位相匹配的是,广东的报业集团也位居全国省级报业集团第一方阵。南方报业传媒集团就是其中的佼佼者。

第一节 南方报业传媒集团基本概况

《南方日报》是我国省级党报的一面旗帜。其发行量超80万份,连续36年位居全国省级党报首位。如今,它已被打造成"政经纸""观点纸""深度纸","以深度见长,以政治的高度、思想的深度、理论的厚度、人文的温度、文字的精度取胜"。[②] 南方报业传媒集团"是由广东省委机关报《南方日报》发展起来的党报集团。新中国成立不久的1949年10月23日,《南方日报》创刊于祖国的南大门广州。从此以后,以其权威性、公信力和高品质著称的《南方日报》,确立了其在华南地区主流政经媒体的地位,它是广东唯一主打高端读者群的权威政经大报,以主流新闻和深度报道见长。1998年5月18日,南方日报报业集团正式挂牌运作,这是继广州日报报业集团、羊城晚报报业集团之后的第三家全国报业集团,也是全国省级党委机关报中的首家报业集团。南方

---

① 陈南先,博士,广东技术师范大学文学与传媒学院教授、广州理工学院人文学院教授,主要研究中国现当代文学、新闻传播学。

② 黄常开:《传播力——南方报业媒体融合实践》第399页,南方日报出版社,2021年1月第1版。

日报报业集团于 2005 年 7 月 18 日更名为南方报业传媒集团。[①]该报业集团除了母报《南方日报》以外，还有"一纸风行全国"的《南方周末》，致力"办全国最好报纸"的《南方都市报》，还有其他组成部分，据南方报业传媒集团总编辑、南方日报社总编辑、高级记者黄常开介绍，"以《南方日报》为龙头建设的南方报业传媒集团，目前拥有 7 种报纸、6 种期刊、1 家出版社、20 个网站、7 个手机客户端、370 个社交媒体公众号、3,000 块互动触控屏、1 万平方米户外 LED 大屏幕，是定位科学、结构合理、优势突出的报业集团"[②]。由此可见，这是一个实力显赫的报业传媒集团。它"已从原来'纸媒时代'的一纸风行，到现在'纸'与'网'两大传播介质并存共生，初步建成内容结构合理、传播实力雄厚的全媒体集团"[③]。

2022 年 7 月 26 日，"世界品牌大会"在北京举行，2022 年《中国 500 最具价值品牌》在会上揭晓。南方报业传媒集团表现耀眼，其旗下的《南方日报》《南方都市报》《南方周末》继续上榜，品牌价值总和达 1,674.22 亿元，比 2021 年大幅增加 216.52 亿元。其中，《南方日报》品牌价值达 683.28 亿元，位列榜单第 120 位；《南方都市报》以 605.75 亿元、《南方周末》以 385.19 亿元的品牌价值在榜单中分列第 154 位、210 位。

南方报业传媒集团的这样业绩是如何打拼出来的？他们有哪些经验教训？他们履行了怎样的社会责任？他们有哪些值得业界学习和借鉴的地方呢？以下，笔者将分别论析。

第二节　南方报业传媒集团执行社会责任现状

2022 年是全国人民在党的领导下，向第二个百年奋斗目标进军的重要一年，也是北京冬奥会举办之年，还是党的二十大召开之年。在这个关键时间点上，

[①] 黄晓新、刘建华、邸昂主编：《中国传媒社会责任研究报告》（2018-2019），第 57 页，中国书籍出版社，2019 年 7 月第 1 版。
[②] 黄常开：《传播力——南方报业媒体融合实践》，第 402 页，南方日报出版社，2021 年 1 月第 1 版。
[③] 黄常开：《传播力重建，融合转型转出新格局》，《南方传媒研究》（双月刊），2022 年第 3 期。

南方传媒报业集团齐心协力，在各个方面做出了许多努力。

一、舆论引导与社会监督

2022年新年伊始，为了凝心聚力，提振精神，《南方日报》从2022年1月4日至13日，连发十篇系列评论，如《在大湾区遇见未来》《在大变局中塑造新优势》《走好科技创新"先手棋"》《探索乡村全面振兴的广东路径》《以高质量党建引领高质量发展》，十篇社论分别就广东全省人民如何踔厉奋发、阔步前行，奋力走好新的赶考之路，进行了全方位的阐述。

2022年5月22日至25日，中共广东省第十三次代表大会在广州召开。时任中共中央政治局委员、广东省委书记李希在大会上作政治报告。为了学习宣传贯彻省第十三次党代会精神，奋力实现习近平总书记赋予广东的使命任务，《南方日报》刊发了1篇南方宏论《以思想之光照亮奋进之路》、1篇社论《坚定不移按照总书记的战略擘画走好新的赶考之路》、3篇南方观察、12篇学习贯彻会议精神的评论员文章。

2022年7月26日至27日，党中央举办省部级主要领导干部"学习习近平总书记重要讲话精神，迎接党的二十大"专题研讨班。《南方日报》、"南方+"连续刊发了《为开好党的二十大奠定重要政治基础思想基础理论基础》《着力解决不平衡不充分的发展问题》《坚持以中国式现代化推进中华民族伟大复兴》等8篇系列评论，深入解读习近平总书记讲话的重大意义。

2021年，为庆祝中国共产党成立100周年，当年1月20日开始，《南方日报》开设"奋斗百年路　启航新征程"专栏，正式拉开了建党百年大型报道的帷幕。当年6月23日，《南方日报》推出260多版的大型特刊《恰是百年风华》，这创下了《南方日报》单日出版纪录，获得政治效应、社会效应、专业效应、经济效应的全面丰收。"这是南方日报历史上规模最大的一次特刊。截至2021年7月2日上午10时，全端围绕建党百年相关策划报道全网总阅读量超6,000万，南方日报、南方+微博主持相关话题阅读量超2亿。"[1]

该报业负责人总结说："庆祝建党百年宣传浓墨重彩、贯穿全年，特刊形

---

[1] 南方日报百版特刊《恰是百年风华》献礼建党百年，中国记协网，http://www.zgjx.cn/2021-08/05/c_1310108740.htm

成全国现象级传播,网上红色展馆、广东红色地图等特色服务打通线上线下,充分激发社会各界共庆党的百年华诞的时代豪情。"①

中共广东省委机关刊物《南方》突出传播"思想观点的高、深、广、新、全,致力于做好主流党端的'压舱石'和宣传思想文化的新媒体理论评论阵地。

理论季刊、理论专栏、观点频道,为南方杂志社理论评论建设提供了'大展拳脚'的立体平台"②。

在落实广大群众的"知情权、参与权、监督权、表达权"等方面,在舆论监督方面,南方报业做了很好的尝试。比如,旨在助力基层治理,为化解社会矛盾作出媒体的贡献的南都广州"记者帮"和深圳的"马上办"两个板块就做得非常出色。目的是要解决老百姓的"急难愁盼"等事项。这是南都新闻报道的传统和底色,更是南都报人心系人民、人民至上的情怀和担当。仅以"马上办"为例,2020年以来,推出了60多篇报道,绝大部分监督有果,它"既盯住了民生热点难点问题,又盯住了政府部门履职尽责情况,形成了从发现问题、解决问题到效果评价的良性循环"。③

二、南方传媒履行的市场责任

在政治家办报,企业家经验的大环境下,南方报业很好地履行了市场主体责任,取得了政治效益和经济效益的双丰收。

2020年新冠肺炎暴发以来,各行各业都受到了不同程度的影响。南都在积极探索新业态、新商业模式,新型业务越来越多。"诸如夜经济直播、直播带货、电商、新零售等。媒体能做的越来越多,商业公开课、社群运营、文创产品、调研报告、指数产品、公益行动、名医讲堂等线上线下产品不断开拓重构,细分社群不断组建。"④这真是"只要精神不滑坡,办法总比困难多"。

早在2021年,《南方都市报》总收入突破5亿,主营业务收入同比增长10.58%,新媒体和新服务收入占比超三分之二。南都是如何做到的?"南都深

---

① 黄常开:《提升现代传播能力　建设新型主流媒体》,《中国记者》,2022年第6期。
② 黄常开:《传播力——南方报业媒体融合实践》,第306页,南方日报出版社,2021年1月第1版。
③ 黄常开:《传播力——南方报业媒体融合实践》,南方日报出版社,2021年1月第1版第370页。
④ 陈文定:《践行"三个优先" 培育"三大能力"——南方都市报"新闻+政务服务商务"运营模式探索》,《新视界》,2021年第5期。

挖客户需求，善用内容营销，紧跟社会热点，制造话题焦点，推动数据、创意、策划、视频、直播、活动等新型营销服务项目收入的飞跃式增长。"①

南方周末报社2021年在内容和经营方面取得了骄人的成绩。它刊发了一系列"有深度、有品质、有流量也有影响力的新闻作品；2021年南周App总发稿9,403篇，全网流量过2亿作品1个、过1亿作品5个、过千万作品14个。营业收入上，南周应收超过两亿元，实收超过1.668,8亿元，收入和利润均创下近5年来新高"②。

南方农村报，深度服务"三农"工作，成为我国"三农"媒体中的领先者。多年来追求报道大众化、内容接地气、经营市场化。他们的举措有哪些？"移动互联网的勃兴，让南方农村报能够突破传播的时空限制，迎来发展壮大的重大机遇。该报构建产业生态圈，实现媒体与产业融合，为产业及广东乡村振兴战略的实施提供高品质、专业化、特色型的智慧服务。2018年底南方农村报营收首次突破亿元大关，成为国内难得一见的'亿元农媒'；到2020年底实现营收1.5亿元，十年间增长十倍。"③

《南方》杂志创刊于2003年12月26日，到2018年杂志月发行量突破120万份，迈入营收"亿元党刊"行列。④

以上是南方报业的报刊营业收入状况，而其新媒体运营收入也是形势喜人。2015年10月上线的"南方⁺"客户端，是南方报业全力打造的移动端拳头产品。现已成为广东第一权威移动发布平台，在"全国党报自有App传播力"排名中仅次于人民日报客户端，位居全国第二、省级党报第一，2021年营收额超过3亿元。

南方报业真是创造了一个又一个奇迹。请看具体数据："'南方⁺'的营收从2016年1,000万元，到2017年突破3,000万元、2018年实现1.2亿元、2019年跃升为2.1亿元，再到2020年超过2.6亿元、2021年突破3.16亿元，年年攀升，势如破竹。6年来累计利润超过3.2亿元。这样的营收能力在全国

---

① 李磊：《2021年营收分别为3亿、5亿！这两家都市报有何秘诀？》，传媒茶话会，2022-04-01，17:53。
② 《南方周末：2021硕果累累，2022更上层楼》，《南方周末》，2022年1月25日。
③ 黄常开：《传播力重建，融合转型转出新格局》，《南方传媒研究》（双月刊），2022年第3期。
④ 黄常开：《传播力——南方报业媒体融合实践》，第300页，南方日报出版社，2021年1月第1版。

主流媒体都是不多见的。"①

南方网 从2018年到2020年，连续3年迈入营收"亿元俱乐部"，"2020年超过1.5亿元。营收能力反哺内容生产能力，为南方网带来广泛传播力影响力，流量最高进入Alexa全球网站排名前300位，形成良性循环"。②

三、南方报业履行的社会责任

2022年7月29日上午，第十四届中国企业社会责任年会（主会场在广州）举行。现场发布《中国企业社会责任榜（2021）》等重磅成果，并揭晓了年度"责任先锋"奖项。这个中国企业社会是责任年会是由南方周末报社主办的。南周始终坚持履行媒体责任和社会责任，不断探讨社会和谐进程中组织与个人应当遵循的责任道路。遵循独立、透明、公正的原则，根据自主开发的调研评价体系，南方周末自2003年起，连续19年开展"中国企业社会责任调研"，对企业的履责实践进行评价打分，这对促进中国经济的发展起到了非常正面的作用。

2022年6月30日，南方都市报推出创刊25周年。仅在2022年上半年，南都制作发布报告、榜单、测评等各类智库产品150多份，应用产品100多款，举办50多场线上及线下活动，成为各级党委政府、行业企业行动决策的重要参考之一。

专业服务于产业园规划、乡村振兴战略规划、美丽乡村规划设计与施工等项目，是南方农村报的初衷，为此，该报注册成立广东乡村振兴实业发展有限公司，该报结合国家新"三品一标"和打好种业翻身仗等最新政策，"为茂名荔枝国家现代农业产业园总结出强种业、定标准、树品牌、重科技、补短板、促融合的'六大'建设亮点和'两高三服务'的联农带农模式等（两高：高质量荔枝、高额度二次返利；三服务：荔枝生产服务、仓储服务、销售服务）"③

为了让扶贫产品"出山入湾"，南方农村报组织开展广东"助力脱贫攻坚共建美好时代"扶贫助农公益活动，他们与地方政府联手，"在梅州、清远、茂名等地全网总阅读量最高达1.5亿，实现线上销售256万元，带动线下销售

---

① 黄常开：《建设新型主流媒体要抱持"长期主义"》，《南方传媒研究》（双月刊），2022年第2期。
② 黄常开：《传播力重建，融合转型转出新格局》，《南方传媒研究》（双月刊），2021年第4期。
③ 魏变：《"新闻＋政务综合服务"转型模式探索——以南方农村报服务茂名国家产业园建设为例》，《南方传媒研究》（双月刊），2022年第3期。

1,100元"。①

南方农村报的公益培训项目不限于广东一地,他们的"南农科技下乡直通车"设立近10年,"累计举办1250场活动,覆盖广东、广西、海南、福建、江西、湖南等多个省区和华南90%以上的主要农业县市,服务用户达35万人次"。②

中国农村发展论坛是由南方农村报发起主办的,他们"先后总结推出农村综合改革的'蕉岭模式''云安实践''云浮探索''佛冈试验''新兴创新'等,让广东的区域经验风靡全国"③。

南方农村报,为三农做了许多实事和好事。他们"已深入服务了新会陈皮产业园、徐闻菠萝产业园、遂溪火龙果产业园、茂名荔枝产业园、梅州金柚产业园、蕉岭丝苗米产业园、平远脐橙产业园等数十个现代农业产业园,取得了阶段性成果"④。

南方周末率先在全国实行"付费"工程,但该报以"三不影响"为前提——"不影响既有网络流量;不影响既有传播力;不影响既有经营业务"。结果有了"四个获得"——"获得新型业务收入;获得融媒产传能力;获得智能化平台;获得用户数据"。⑤这显示了南周的责任与担当。

四、南方报业履行的管理责任

"为农民说话,为农业服务"的垂直媒体《南方农村报》,是南方日报1963年1月最早创办的一份子报,成为我国"三农"媒体中的领先者。从2017年起,南方报业传媒集团与广东省委农办共同牵头成立广东乡村振兴服务中心,交由南方农村报具体承办。南方农村报以"讲述广东乡村振兴好故事,发出广东乡村振兴最强音"为宗旨,以"建设最大涉农信息输出港,争当乡村振兴服务排头兵"为目标,几年来,"南方农村报实现了四个'打破'——打破媒体间的边界,打破媒体与产业的边界,打破省内与省外的边界,打破城市与乡村的边界,以高质量的垂直服务走向更为广阔的新天地"。⑥

---

① 黄常开:《传播力——南方报业媒体融合实践》,第334页,南方日报出版社,2021年1月第1版。
② 黄常开:《传播力——南方报业媒体融合实践》,第336页,南方日报出版社,2021年1月第1版。
③ 黄常开:《传播力——南方报业媒体融合实践》,第338页,南方日报出版社,2021年1月第1版。
④ 黄常开:《传播力——南方报业媒体融合实践》,第342页,南方日报出版社,2021年1月第1版。
⑤ 黄常开:《传播力——南方报业媒体融合实践》,第351页,南方日报出版社,2021年1月第1版。
⑥ 黄常开:《传播力——南方报业媒体融合实践》,第330页,南方日报出版社,2021年1月第1版。

南方农村报是国内难得一见的"亿元农媒"。有一组数据很能说明问题——"2018 年底南方农村报的营收首次突破亿元大关，2019 年底再次破亿，实现营收 1.45 亿元，比 2009 年的 1,460 万增长了 8.9 倍。南方农村报在服务乡村振兴的同时，也成就了自己的发展奇迹。"①

南方农村报的发展壮大，令人欣喜。目前该融媒体矩阵有"一报：《南方农村报》；一刊：《农村宝典》；一网：南方农村报网，并负责运营南方网的乡村振兴频道。"②

《南方》杂志的办刊宗旨是，建设"有思想、有温度、有功用、有综合传播力和持续发展能力"的"四有"智慧型党刊，以党建传播、党建研究、党建服务为三大重点，探索出了一条具有"南方特色"的党刊智慧转型之路。③

南方报业传媒集团就是以他们的实际行动，一步一个脚印地履行他们的社会管理责任。

第三节　南方报业传媒集团社会责任执行力提升路径与方法

不忘初心，守正创新。与时俱进，不断开拓。2021 年"七一"前后，南方日报联合腾讯出品的《100·正青春》献礼专辑及融媒体报道，"用互联网思维赋能重大主题宣传，歌颂百年成就，讲好红色故事，兼具历史厚重感和当代流行性，进一步推动主题宣传'出圈''破圈'，全网总流量突破 11 亿，受到了青年群体的喜爱"④。

南方日报庆祝中共建党 100 周年特刊规模宏大，内容丰富，制作精美。"其亮点一是封面的万字宏论《砥柱人间是此峰》，文章深刻总结了党的百年奋斗征程和丰功伟绩，贯通历史和现实、理论和实践、国内和国际，立意高远，行文流畅，成为特刊中最为点睛的封面版。"亮点二是特刊采用了"八连张"长

---

① 黄常开：《传播力——南方报业媒体融合实践》，第 330 页，南方日报出版社，2021 年 1 月第 1 版。
② 黄常开：《传播力——南方报业媒体融合实践》，第 331–312 页，南方日报出版社，2021 年 1 月第 1 版。
③ 黄常开：《传播力——南方报业媒体融合实践》，第 301 页，南方日报出版社，2021 年 1 月第 1 版。
④ 卢轶：《"走好全媒体时代群众路线"，如何为重大主题宣传赋能——以南方日报〈100·正青春〉建党百年献礼专辑及融媒体报道为例》，《中国记者》，2021 年第 9 期。

图形式,"可视化呈现了中国共产党广东历史100年长图《百年征程 璀璨粤章》,以及广东百年来重点红色遗址、红色地标的手绘长卷《百年征程 红途粤印》,版面美观大气,有利于读者速览中国共产党在广东的百年奋斗历程。截至2021年7月2日上午10时,全端围绕建党百年相关策划报道全网总阅读量超6,000万,南方日报、"南方⁺"微博主持相关话题阅读量超2亿"[1]。

《恰是百年风华》是《南方日报》历史上规模最大的一次特刊,全方位展示了采编团队协同作战的能力与水平,为读者呈上了一道"精美大餐"。

《南方都市报》早在2020年就实现利润过亿,接近纸媒黄金时代历史最好时期。这要归功于南都的智媒转型,其转型主要由"三个优先"(移动优先、数据优先、用户优先)来体现。

在移动优先方面,2020年9月N视频App上线,打造新型年轻态社交圈,致力成为广东最权威视频发布平台。

通过数据优先,南都正在成为行业趋势的洞察者,美好生活的测评者,城市治理的共建者,为建设社会治理共同体贡献智库媒体力量。

顾客是上帝。在用户优先方面,面对不断变化的市场,南都找到了符合中央精神、行业趋势、自身禀赋的运营模式,即以"优质原创、创意传播、智媒服务"三大能力来推动、支撑、实现"新闻+政务服务商务"运营。

2018年2月20日,《南方周末》的内容付费工程展开后,2020年营收已经超过1.44亿元,《南方周末》App端的知识付费用户已经达到11.27万人。

《南方周末》敢于作出实行付费会员制的决定,凭借的根基就是对自己内容生产的自信。高质量的内容生产是所有想要推行新闻付费的媒体机构都应做到的首要条件。

"《南方周末》的独特性在于其优质的深度报道以及像《南方人物》一类的人物报道。像《南方周末写作实战训练营》《周国平哲学私房课》等课程,会员可以享受购买特价。"[2]

南周的内容销售在业界创造了新的奇迹。其"推出的视频课程《故宫·皇帝的一天》,全网销售超过2万份;南方周末写作实战训练营,第一季推出即

---

[1] 南方日报百版特刊《恰是百年风华》献礼建党百年 http://www.zgjx.cn/2021-08/05/c_1310108740.htm。
[2] 黄珉媛:《国内新闻付费的探索与实践——以〈南方周末〉为例》,《传媒观察》,2022年第9期(总第105期)。

营收过百万,据此制作的衍生产品音频课程也取得了近百万的销售成绩"。

"当'没有一个冬天不可逾越'成为一条温暖的围巾,当'大国小鲜'成为一件有态度的 T 恤,当南方周末那些让人耳熟能详的句子烙在一件件有调性的产品上,文创这条产业链逐渐跑通,为南方周末新增了一个以百万计算的收入增长点。"①

《南方周末》依托开发框架,推出了"新年献词""记者文集"等多元化的 App 产品,开始逐步走向建立移动矩阵的数字化转型之路。

数字化转型之路,是《南方周末》的创新求生之路,做大做强之路。"在全国报业普遍衰退的大潮中,《南方周末》收入始终保持在亿元以上,年收入增长高达 30% 以上,截至 2020 年,《南方周末》官方微博粉丝量达千万以上,官方微信粉丝量超过了 300 万。《南方周末》App 中,知识付费产品用户达 11.27 万。"②

《南方》杂志,2014 年确定了"与集团全面融合""加快与新兴媒体深度融合"的"两个融合"发展战略,以党建传播、党建研究、党建服务为三大重点,着力建设"有思想、有温度、有功用、有综合传播力和持续发展能力"的"四有"智慧型党刊社。当前杂志每期发行量突破 60 万份,成功迈入营收"亿元党刊"行列。③

南方网是首批拥有一级新闻登载资质的全国重点新闻网站,近年来深度参与广东"数字政府"建设,接连承接研发广东省"政府网站集约化平台"、粤港澳大湾区(广东)大数据中心和"政务南方云""南方双创汇"等一系列新产品新平台新应用,在"互联网+治理"领域实现了全新价值。"2018 年到 2020 年,南方网连续 3 年迈入营收'亿元俱乐部',2020 年超过 1.5 亿元。营收能力反哺内容生产能力,为南方网带来广泛传播力影响力,流量最高进入 Alexa 全球网站排名前 300 位,形成良性循环。"④

在 2022 年 5 月的湛江抗疫报道中,南方+的报道策略令人赞赏。"'南方+'湛江频道广泛链接资源,凸显平台价值;省市县三级媒体资源共享、协同作战,

---

① 黄常开:《传播力——南方报业媒体融合实践》,第 358 页,南方日报出版社,2021 年 1 月第 1 版。
② 康亢:《融媒体时代〈南方周末〉数字化转型研究》,《今传媒》,2021 年第 12 期。
③ 黄常开:《传播力重建,融合转型转出新格局》,《南方传媒研究》(双月刊),2022 年第 3 期。
④ 黄常开:《传播力重建,融合转型转出新格局》,《南方传媒研究》(双月刊),2022 年第 3 期。

实行全媒体一体化生产和传播，成功引领抗疫舆论。"①

南方报业一直"坚持创新驱动发展战略，积极参与广东推进粤港澳大湾区建设，打造了粤港澳大湾区信息资讯中心、广东对外传播中心、'粤学习'App等一系列新平台、新应用，推出了《对话湾区》《外眼看湾区》《主播看点Vlog》等新内容，致力于及时向世界传播粤港澳大湾区声音"②。

南方报业传媒集团在薪酬考核方面，改变"工分制"，在内容生产部门稳步推进以"费用包干"、按质计酬和"协议薪酬"为基础的"年薪制"薪酬和绩效考核体系。"在人才培育方面，从2016年起实施南方名记者培育工程，至今6批次近百名培育对象专注主业、打造爆款、全媒作业、做优原创、做强平台，引领采编人员更新理念观念，实现全媒体转型，在人才培育、内容生产、薪酬考核三方面的探路作用非常明显。"③

结　语

2022年11月8日，在中国第23个记者节到来之际，第32届中国新闻奖、第17届长江韬奋奖评选结果揭晓。南方报业传媒集团喜事连连，捷报频传。一共有5件作品荣获第32届中国新闻奖。其中南方日报的评论《砥柱人间是此峰——写在中国共产党成立100周年之际》获得一等奖。《南方》杂志的系列报道《湾区大未来》、《南方周末》的国际传播项目《新疆棉花遭遇"明枪"与"暗战"》两件作品分别获得二等奖。《南方都市报》的重大主题报道《大国担当·中国抗疫全球贡献访谈录》和典型报道《最潮中国观　看我圳少年》分别获得三等奖。南方报业传媒集团（南方日报社）党委书记、社长黄常开获第17届长江韬奋奖。此前的2021年11月，南方都市报推出的"最美逆行者"系列融媒体报道获得了第三十一届中国新闻奖融合创新一等奖。2021年10月

---

① 孙朝阳、黄学佳、顾大炜、林露：《湛江抗疫报道中的南方⁺下沉策略实践》，《南方传媒研究》，2022年第3期。
② 覃玲：《聚焦粤港澳大湾区：南方报业传媒集团的创新实践探析》，《视听》，2022年第7期。
③ 黄常开：《提升现代传播能力　建设新型主流媒体》，《中国记者》，2022年第6期。

南方报业的项目《"南方⁺"：广东省委省政府第一权威移动发布平台》入选全国新闻出版深度融合发展创新案例；成功入选第四批"国家文化和科技融合示范基地"，成为广东省唯一一家获此殊荣的主流媒体集团。

目前，南方报业制定了实施方案，将未来三年改革发展的总体目标设定为："以现代传播能力建设为最主要任务，牢牢把握正确政治方向、舆论导向和价值取向，大力建设智慧型传播体系、多元化产业体系、引领性技术体系和高效能治理体系，形成高质量的媒体服务能力、产业发展能力和支撑保障能力，全面建成具有强大传播效能和综合竞争实力的智慧型文化传媒集团。"[①] 我们有理由相信，南方传媒报业集团的明天一定会更好。

---

① 黄常开：《传播力重建，融合转型转出新格局》，《南方传媒研究》（双月刊），2022年第3期。

第九章 浙报集团社会责任研究报告

庞 承 任 琦 李霄峰[①]

2021年，在中共浙江省委和省委宣传部坚强领导下，浙报集团党委围绕建党百年主题主线，深入学习贯彻习近平新时代中国特色社会主义思想，深刻领会习近平总书记"七一"重要讲话精神，深化学习宣传贯彻党的十九届六中全会精神和省委十四届九次、十次全会精神，全面贯彻落实"4·16"会议和省委文化工作会议部署要求，全力推进新时代文化建设"186"行动，不断提升现代传播能力，不断推进建设与新时代文化高地、现代传播强省实力相匹配的新型主流媒体，努力把浙江奋力打造"重要窗口"、高质量发展建设共同富裕示范区的生动实践传播好、展示好、呈现好，新闻宣传、媒体融合、产业发展、队伍建设等取得明显成效，为忠实践行"八八战略"、奋力打造"重要窗口"贡献媒体力量。

第一节 浙报集团基本情况

浙江日报报业集团，2000年6月25日成立。前身《浙江日报》系中共浙江省委机关报，1949年5月9日创刊。浙报集团目前拥有浙江日报、浙江在线、钱江晚报、浙江共产党员、红旗出版社等媒体16家，打造了浙江新闻、天目新闻、小时新闻等3个移动客户端，拥有微博、微信、抖音号、头条号等200多个外部新媒体平台（账号）。《浙江日报》（浙江新闻客户端）、浙江在线、《钱

---

① 庞承，浙江传媒研究院一级总监、高级编辑；任琦，浙报集团总编室副主任、高级记者；李霄峰，浙报集团经营管理部。

江晚报》传播力位居国内同类媒体前列，连续多年入选"中国500最具价值品牌""亚洲品牌500强""世界媒体500强"。浙报集团被确定为全国首批"数字出版转型示范单位"，被授牌国家级出版融合发展重点实验室、国家文化和科技融合示范基地。

集团拥有一级子公司19家，总资产、总营收、总盈利能力在国内同行中名列前茅。浙报传媒控股集团有限公司连续多年入选"全国文化企业30强"，是唯一入选的报业集团。

浙报集团认真践行习近平总书记提出的宣传思想工作使命任务，围绕浙江省奋力推进中国特色社会主义共同富裕先行和省域现代化先行的目标，围绕建设文化强省，打造新时代文化高地的方向，胸怀大局，迎难而上，创新求变，重点在平台端、内容端、技术端、产业端、治理端等五端谋篇布局，努力在"党媒姓党"上走在前，在融合传播上走在前，在文化引领上走在前，在产业发展上走在前，在全面党建上走在前，努力打造综合实力和竞争力领先的新时代一流党报集团。

第二节 浙报集团社会责任执行情况

一、所属媒体舆论引导与社会监督

2021年，浙报集团所属浙江日报及各媒体，坚决贯彻习近平总书记重要讲话精神，坚持党报姓党，旗帜鲜明坚持正确政治方向、舆论导向、价值取向，强化党报权威性、公信力，聚焦主题主线做好新闻宣传工作，在喧嚣的舆论场中唱响主旋律、做好"定音锤"。

1. 把宣传新时代中国特色社会主义思想作为重中之重

2021年，浙报集团所属各媒体浓墨重彩宣传习近平新时代中国特色社会主义思想，特别是把总书记关心浙江、考察浙江的重要讲话和重要指示精神宣传好、阐释好。3月—4月，浙江日报头版转载学习时报系列采访实录《习近平在浙江》，浙江新闻客户端"学习卡片"系列可视化产品刷屏朋友圈。3月22

日起，浙江日报推出"习近平科学的思维方法在浙江的探索与实践"专版，连续6天以"2+2"的组合模式，刊发六大思维的课题研究成果和实践案例。浙江新闻客户端"跟着总书记学思维"等融媒体产品广受好评。

做好党的十九届六中全会的宣传。浙报集团所属各媒体第一时间组织采写反响报道，突出反映浙江干部群众对"两个确立"的忠诚拥护。《浙江日报》开设"学习宣传贯彻党的十九届六中全会精神""六中全会精神在基层"等栏目，及时反映各级各部门学习贯彻情况。浙江日报、浙江新闻客户端推出《"六讲六做"大宣讲》专栏专题，在全省营造宣讲六中全会精神的氛围。浙江新闻客户端上线"浙里潮音"学习平台，开设"青年讲师"专区，邀请省、市、县三级共青团青年讲师集中入驻，用青年人的视角讲述六中全会精神，带动青年人学习热潮。集团还挑选百名采编骨干参与全省"千名记者互动讲"，深入基层，在与广大干部群众"互动讲"中放大全会精神的传播效果。

2. 重大主题报道更精准、更立体、更丰富

重点围绕建党百年、党史学习教育等重大主题，做好重大主题报道的融合传播，主题宣传更精准、更立体、更丰富。3月21日起，浙江日报推出"百年大党的支部力量"大型融媒体报道，挖掘基层党组织带领党员群众奋斗创业的感人故事，26篇稿件总点击量超1,800万；"七一"当天，精心策划推出气势恢宏的100个版特刊致敬建党百年，并通过浙江新闻客户端在网上集纳呈现，获读者、用户和专家一致肯定；浙江日报、浙江新闻客户端还以故事分享、案例展示、知识竞赛、基层宣讲等多种形式开展党史学习教育，影响广泛、入脑入心。2021年3月，天目新闻推出"从南湖出发，红船领航现代化"大型采访，立体展现党的百年奋斗史和丰功伟绩。推出重磅创意视频，《初心密码：时代相册里的百年印记》等系列视频七一前刷爆网络。定格七一庆祝大会的一条短视频在天目抖音号上播放1.4亿，点赞量328万。钱江晚报以《探访百年名校，寻找红色青春图谱》系列报道拉开了建党百年报道帷幕。2021年3月底，钱江晚报和浙江传媒学院联合发起"迎接建党百年，为百位烈士画像"大型公益活动，央视给予报道。其他如"寻找身边的党员"主题活动、《红色宝藏走进红馆学党史》系列短视频报道、庆祝中国共产党成立100周年"百年正青春"报纸特刊和"浙扇窗见百年""中国共产党生日快乐"等H5产品，网络传播量数以亿计。美术报、浙江老年报、学习强国浙江学习平台根据不同定位，发扬特色，

建党百年报道出新出彩。美术报的"识名画 学党史 百堂美术微党课讲述中国共产党故事"活动，学习强国浙江学习平台推出《建党百年微心愿》《写给初心的一封信》等建党百年策划，均得好评。

3. 充分展示高质量发展建设共同富裕示范区和奋力打造"重要窗口"的生动实践

2021年，浙江日报围绕省委中心工作，重点呈现好浙江高质量发展建设共同富裕示范区、数字化改革的探索实践，在全国两会、世界互联网大会、省两会等重大会议和活动中展示浙江"重要窗口"形象。其中，浙江新闻客户端"数字化改革"主题视频直播总阅读量2000余万。组织"晒一晒，你喜欢浙江的理由——浙江打造'重要窗口'标志性成果征集评选活动"展示项目13,981个，总票数达325.8万。围绕高质量发展建设共同富裕示范区，先后开展"我心中的共同富裕"征集、街采以及"我为共同富裕献良策"活动，发布稿件超2,800篇，点击量超2.8亿，累计收到近千条意见建议并转交供相关部门参考。天目新闻积极尝试以百姓视角观照重大主题。策划推出"爱浙江的理由"大型街采，把镜头对准全国各地的普通人，聚焦平实话语诚挚感情，掀起全网传播热潮，仅在天目新闻客户端就获得了近8,000万次点击。《我的共富影像册》《26县加速度》等视频专栏，记录平凡个体的幸福感和获得感。2021年12月，天目新闻上线《26县同奔共富路》大型直播，直观生动地呈现浙江26县同奔共富路的壮阔场景。《钱江晚报》推出的丽水沈姐爱心厨房、临海网店为浙大博士生免费捐赠涌泉蜜橘、长三角一家亲等"浙江好故事"原创报道、话题被人民日报、新华社、央视新闻等央媒官微号转载，官方微博全年有全国热搜话题50多个，30个热搜话题阅读过亿。

4. 持续强化舆论引导能力，及时发声、科学发声

2021年，《浙江日报》针对"双减""社会医疗保险"等社会热点、民生关切问题进行有力引导，并注重在报道方式上进行创新，通过新媒体手段，强化传播效果。在省内疫情形势严峻的12月，每天以报端至少1篇、新媒体端2—3篇评论文章，为相关工作的顺利开展保驾护航。

同时，针对各类网上不实信息重拳出击，2021年开设的"捉谣记"平台围绕常态化疫情防控、建党百年等主题，共发布各类辟谣、科普信息超1.1万条，协同全省传统媒体和新媒体、全国80余家主流媒体矩阵式辟谣，总曝光量近2.5

亿次。原创新媒体辟谣产品经过人民网、今日头条、腾讯、网易等媒体平台转载刊发，形成矩阵传播。

在突发事件中，及时发声、科学发声。如8月11日，宁波舟山港码头发现1例新冠阳性，部分外媒借这一机会进行了不怀好意的炒作，引发外界担忧。浙江日报头版头条刊发，浙江新闻客户端推送《防疫生产两不误，今年集装箱吞吐量昨破2,000万标准箱　宁波舟山港力保全球供应链稳定》等稿件，不仅第一时间采访到有关负责人，还通过实际数据击碎不实传言，打消外界担忧。在抗击疫情报道中，钱江晚报联合同处长三角的姑苏晚报、新民晚报和扬子晚报，策划推出了一组联动报道，以"待无恙，多来往"传达"抗疫一家亲"的温暖。

天目新闻主动作为，组织研发《天目全球抗疫排行榜》，通过采集世界权威组织、知名大学、调查机构发布的相关数据，运用科学、客观、公正的评价体系，计算得到各国在抗击新冠肺炎疫情中的综合表现。8月13日，《天目全球抗疫排行榜》中英文榜单同时发布，3天时间共有249家国内外媒体和商业媒体、社交媒体转发榜单和相关报道，也引发国际关注。《天目全球抗疫排行榜》是中国媒体首次发布的科学、公正反映全球抗疫情况的权威榜单，既在全球抗疫进程中发出中国声音，也为全球抗疫精准施策提供了科学参考。

5. 聚力赋能，加强建设性的舆论监督

为进一步加强建设性舆论监督报道，《浙江日报》2021年新成立了"一线调查"工作室，多工种、跨部门组建融合报道团队，聚焦省委重大任务完成、重大决策落实、重大项目推进、重大风险防控和基层群众反映强烈的突出问题，有针对性地开展舆论监督和调查报道。工作室围绕疫情防控、环境保护、消防安全、危房改造等推出40余篇融媒体报道，引起有关方面高度重视，切实推动问题解决。钱江晚报《直击驾照买分卖分全过程》引起省公安厅高度重视，促成杭州交警对买分卖分违法行为开展专项打击"春雷行动"，以及"优驾容错"的政策改革。《坐网约车去萧山机场多收20元过路费？》报道后，网约车主管部门、各大网约车管理平台立即整改，乱收费情况得到解决。《事故报警后，他接到了30多家维修厂电话轰炸》引起省市公安部门对车主个人信息保护问题的关注。

二、所属企业市场职责

浙报传媒控股集团有限公司（简称"公司"）成立于2002年，前身为浙江日报报业集团有限公司，是统筹运营浙江日报报业集团经营性资产的市场主体，经营业务包括传媒及相关文化产业、资本运营等领域。2011年9月29日，公司旗下浙报传媒集团股份有限公司（SH.600633，现更名为浙报数字文化集团股份有限公司）成功上市，浙报集团成为全国第一家媒体经营性资产整体上市的省级报业集团。2017—2021年，公司连续五年入选"全国文化企业30强"，是全国唯一入选的报业集团所属企业。公司和清华大学新闻与传播学院、中国人民大学新闻学院合作建立博士后流动站、科研工作站等，聚焦传播智能化的关键技术展开攻坚。公司自主研发的"媒立方"获得中国新闻科技奖最高奖——王选奖特等奖，支撑融媒体中心建设的"天目云""天枢"等技术平台已得到广泛运用。

截至2021年12月底，浙报传媒控股集团有限公司（简称"公司"）总资产为188.52亿元。2021年营业总收入为45.38亿元，利润总额为7.94亿元，资产总额150.66亿元。[①]

三、社会责任

1. 积极组织公益活动，切实履行社会责任

2021年集团刊登公益广告达7,072.318万元，其中浙江日报1,954.76万元，多平台板块4,877万元，专业报板块109万元，党建法制板块131.558万元。浙江日报全年刊登83个版面，刊例价1,954.76万元，完成全年公益广告刊登任务；钱江晚报公益广告总条数417条，合版面数72版，刊例价1,921万元；浙江在线多个栏目发布公益广告，刊例价1,393万元。

2021年，由浙江省慈善联合总会、浙江省关心下一代工作委员会、浙江日报报业集团联合主办的"紫藤花开"大型公益活动以"线上＋线下"方式，走入红色旅游地、走入革命老区，推进了数十个慈善捐赠项目高效落地。在浙江省委宣传部、省文明办的指导下，全国新时代文明实践志愿服务首批示范项目——陈振濂"蒲公英计划"大型公益培训走进浙江，面向浙江全省新时代文

[①] 数据来源于浙报传媒控股集团有限公司公司债券2021年度报告。

明实践中心建设试点县（市、区）开展线上线下书法公益培训，累计十年来为全国20多个省（市、自治区）免费培养了2万多名书法教师和书法人才。钱江晚报组建"小时帮你开小店"社群，组织小店店主线下分享、互帮互助，成立小时小店创业导师团。"健康小站"在全省基层医疗机构已有150个站点，开展社区义诊、健康讲座、小站播报、小时健康学院等活动。浙报传媒控股集团有限公司向仙居县广度乡庆云村派驻乡村指导员，拨付帮扶资金，为庆云村的民生实事项目建设提供有力支持。浙数文化围绕"好家教、好家风"主题，联合杭州口腔医院、湖墅学校等机构共同开展六一儿童节公益系列活动，举办"只有牙医知道"公益讲座和口腔健康入校园等活动。浙报融媒体科技公司和杭州战旗电竞网络科技有限公司赴内蒙古兴安盟阿尔山市明水河镇西口村开展乡村振兴推广活动。

2. 员工关爱

浙报集团发展始终坚持以人为本，建立健全用人机制，关心关爱员工成长，共建共享发展成果，向"人"要效益、以"人"谋动力、因"人"添活力，为加快推进媒体深度融合做好人才支撑保障。一是强化领头雁培育。通过浙报党校开展专题培训、各支部定期组织学习和教育活动等形式增强干部的政治定力。开展集团全体中层干部理论培训的"浙报大讲堂"37场，帮助干部系统提升政治理论和业务水平；开展"一把手"政治素质专题培训。二是完善干部考核评价体系。把考核结果与干部选拔任用、教育培养、管理监督、激励约束、问责追责等结合起来。三是优化市场化用人机制。最大限度激活事业发展内生动力，为调动员工工作积极性和促进集团高质量发展提供了制度保证。四是大力推进文化文明体系建设。集团党委多措并举推进文化文明体系建设，用有浙报辨识度的文化精神引领职工的精气神。深化宣贯浙报人共同价值观，使"凝聚向上力量，推动社会进步"理念深入人心。全国首个省级党报的妇联组织——浙江日报报业集团妇女联合会于2021年5月10日成立。培育和完善紫藤花文化品牌，打造浙报之歌、报庆日、报史馆等文化元素。完善"浙报先锋""浙报力量""浙报温暖"评选表彰机制，设立新员工入职礼、社龄30年以上员工荣誉授予仪式、退休人员荣退礼等项目，关注员工从入职到退休的全过程、多节点，构建基于职工职业全周期管理的荣誉体系。响应职工呼声、需求，建设浙报客厅、职工之家，改造食堂、医务室，打造有舒适度、归属感的公共环境，大大增强职工在浙报大院工作的幸福感。

3. 依法经营

（1）坚持社会效益第一，强化责任担当，践行可持续发展

努力担当尽责，把政治责任与发展目标统一起来，积极主动谋划改革、化解风险、推动发展。严格落实意识形态工作责任制，把"坚持正确舆论导向、坚持社会效益为先"放在更加突出的位置，多出精品、拓展阵地。

完善媒体融合发展格局，探索建立"新闻+政务服务商务"运营模式，丰富政务、民生信息和服务、社交功能，大力开展社群运营，多渠道建立全媒体时代的"通联部""群工部"，服务社会。小时新闻客户端发挥本地优势，推出定位于"三服务"的"帮帮团"和群组运营功能，在客户端增强了视频、报料、社群、互动等功能，主打读者服务和 UGC 生产。浙江老年报建设全省老年人政务服务、公共服务的唯一官方平台"浙里养"和全省老年大学学员的线上学习交流平台，推送老年新闻、开展舆论引导，探索专业媒体融合的精准布局。浙报集团旗下上市公司浙数文化深度参与"城市大脑""数字浙江"等智慧城市和数字政务建设。

各媒体、公司主动适应传媒经营形势格局变化，全面提升服务创新的经营理念和业务技能。党刊集团着力打造"一刊一品"，形成红色故事会、红色培训、红色展陈、红色定制等"党建+服务"品牌，实现"两个效益"双丰收。浙江法制报建成社会治理融媒云，拥有全国最大的政法融媒体矩阵。与同花顺公司共同成立的财闻传媒科技公司首款媒体产品"银柿财经 App"在各大应用市场上线。在宏观经济形势继续趋紧，传统媒体行业面临巨大产业转型压力的背景下，集团经营业绩逆势增长，总资产、总营收、总盈利能力在国内同行中处于领先。

（2）增强风险意识，加强对意识形态阵地尤其是新媒体平台的管理

2021年，浙报集团进一步加强政治纪律和政治规矩教育。履行"一岗双责"，严格落实意识形态工作责任制，坚决守牢意识形态阵地，提升各媒体各部门的政治把关能力，确保全年不发生政治性差错。加强对内容生产各环节的监管，把意识形态工作责任制落实到新闻生产策、采、编、发、印、传各流程各环节。做到责任清晰到人，杜绝政治性差错、导向差错、违反宣传管理规定的差错等情况。

印务坚持把出报安全放在首位，报纸印刷全过程严格按照《浙江日报报业集团印务有限公司印刷质量管理条例》《浙江日报报业集团印务有限公司安全生产管理制度》等制度执行，严把差错关和质量关。

浙数文化始终保持对旗下互联网游戏平台、视频直播平台等数字文化产业依法合规性的高度重视，完善公司安全运营规章制度，严格规范运营管理。浙报融媒体科技公司成立浙报融媒体科技内容安全管理领导小组，下设浙报融媒体科技内容安全管理工作小组，实行"分层分类、以块为主"的工作方式，从制度建设、市场化机制完善、内容把关流程闭环等层面予以把关，切实解决内容安全管理问题，以高质量内容汇聚大流量。

（3）坚持底线思维，进一步完善广告刊登和审查制度

浙报传媒控股集团有限公司进一步完善广告刊登和审查制度，尤其是新媒体广告，根据市场变化及时调整相关制度。开展正风肃纪广告审查的专项检查，对各下属公司广告审查制度建设和执行情况进行现场督察。进一步提升公司总部相关职能部门和各媒体公司的广告审查水平，重点审查特殊群体的广告、特殊类型的广告和特殊内容的广告。

四、责任管理

1. 责任战略

浙报集团党委紧紧围绕中央、省委关于加快推动媒体深度融合发展的要求，全面推进主力军挺进主战场，努力打造重大新型主流传播平台，建设省市县一体传播格局，助力构建现代传播体系。集团党委一是以"全国化、平台化、市场化"作为路径、以"到达率、点赞率、黏合率"为标准打造重大新型主流传播平台天目新闻。2021年，天目新闻入选全国新闻出版深度融合发展创新案例和中国应用新闻传播十大创新案例。二是高质量推进内容供给侧改革。以内容品质化为牵引，优化浙江日报、浙江新闻、浙江在线、小时新闻等内容生产流程，聚焦核心用户、做强精品内容。着力打造变革型组织。三是高要求升级融媒共享联盟。在2020年7月实现县级融媒体中心全省覆盖的基础上，2021年，集团融媒共享联盟往纵深推进，覆盖面不断扩大：2月，11家设区市市级党报加入共享联盟，实现省市县三级媒体全覆盖；截至年底，联盟成员已达1,225家，涵盖1,100多家机关、高校、智库、镇街、村社、企业等。共享联盟的优质内

容生产能力、传播力不断提升，为集团发挥省级主流传播平台的主导引领作用，构建省市县一体化开放式现代传播体系打下了坚实基础。

2. 责任治理

2021年，集团以实施"党建六大工程"为总抓手，切实担负起全面从严治党主体责任，把党建、党风廉政建设工作摆在更加突出、更加重要的位置，不断提高政治判断力、政治领悟力、政治执行力。一是不断提升基层组织力实效。集团党委大力落实一切工作到基层党组织的导向，常抓、狠抓支部责任落实和规范化建设，推动优秀党员发挥先锋引领作用。16个党组织被评定为集团五星级党组织。表彰200个"浙报先锋"，并为获得省优秀党务工作者和省直机关工委"两优一先"的先进代表颁奖。坚持党建带群建团建，建立工、青、妇完整的组织体系。二是统筹推进大监督体系建设，着力打造政治清明、干部清正、文化清朗的清廉浙报。出台《浙江日报报业集团党委巡察工作实施办法》，开展首轮内部巡察。推进政治生态分析评估制度化、常态化、精准化。完善集团大监督体系，推动集团上下形成人人自觉接受监督的良好氛围。始终把纠"四风"树新风摆在突出位置，组织开展专项检查，发现问题落实整改。结合国企领域专项治理工作，抓好风险防控工作。强化党风廉政制度建设，先后出台《浙江日报报业集团问责实施细则（修订）》等从严治党方面的制度9个。

认真学习贯彻省委精神，以数字化改革为总抓手全面深化集团各项改革。2021年3月，集团成立推进数字化改革工作领导小组，集团各单位（部门）紧紧围绕建设数字浙江目标，对新闻传播、媒体融合、内部治理等体制机制、组织架构、方式流程、手段工具进行全方位、系统性重塑。一是加紧建设全媒体智能中台，加快提升技术引领能力。2021年，集团党委部署全面推进全媒体智能中台建设，围绕业务需求，从跨媒体的个性化推荐、党媒算法优化、用户画像精细化识别等方面进行重点突破。二是深度参与数字治理新模式，构建以传媒资讯为核心、以文化生活和智慧服务为延伸的赋能型综合传媒文化产业格局，打造或助力各单位建设了"舆论引导在线""新莓汇正能量稿池""浙里好家政""社会治理融媒云平台""浙侨通"等一批数字项目。三是升级内部治理，推动集团整体工作智能化。集团党委运用系统观念、系统方法和数字化手段，深化集团业务协同和数据共享，指导集团数字化工作专班打造升级版内部智治平台"浙报智汇"，新上线"要情专报""恳谈预约""网上报销"等一批应用，赋能内部治理水平提升。

3. 责任绩效

在全面深入推进媒体融合进程中，浙报集团深化亩均意识、锚定高质量目标，进一步为科学发展增添动能。集团进一步优化产业结构，加快探索建立"新闻+政务服务商务"的运营模式，在进一步提升科学发展水平中取得新突破。一是克服疫情困难，总体经营规模跃上新台阶，综合实力持续增强，规模稳居同行前列。二是继续做好"消肿减负"，着眼于调结构、优布局、增效能，大力压缩无效低效产能，让效益效率优先导向在集团经营管理中充分体现，集团人均创利有较大幅度增长。

第十章 《北京青年报》社会责任研究报告

李 瑞 刘小三[①]

第一节 《北京青年报》基本概况

《北京青年报》原隶属于共青团北京市委，创刊于1955年7月1日，1981年7月3日第三次复刊，是以青年读者为主要受众的综合性日报。2001年5月28日，北青传媒股份有限公司成立，2004年12月22日，北青传媒（股票代码1000）成为中国内地第一个在香港上市的传媒企业。2021年6月，北京青年报正式并入北京日报报业集团。

北京青年报致力于打造移动互联网条件下的精致阅读，内容涵盖时政、评论、本地新闻、国内新闻、国际新闻、财经新闻、文体新闻、副刊等。同时，北京青年报主打深度报道、时政评论和文艺副刊，努力推出报道精品，受到广大读者的喜爱和好评，是北京乃至全国最具影响力的主流日报之一。

目前，报社的新闻产品主要分为五类。报刊：拥有以主报《北京青年报》为核心的报刊群，包括《北青社区报》《中学时事报》《北京少年报》和《北京青年》周刊等多家报纸和杂志，横跨多个领域，覆盖不同人群，在国内外拥有一定影响力和知名度。网站：北青网导航窗口设置清晰、内容引导明确，涵盖头条新闻、网评、金融财经、体育娱乐、生活健康、教科文、房产、汽车等

---

① 李瑞，西藏西藏民族大学新闻与传播学院2021级硕士研究生；刘小三，西藏民族大学新闻与传播学院教授、传播学博士，研究方向为形象传播、对外传播。

板块。客户端：北京青年报客户端综合新闻咨询发布、服务、视频、直播等多种功能，平台设置北青号、视频、直播三大功能区，推出线上活动举办、签到、积分商城等多项主流功能。微信公众号：包括"政知"系列公号、"教育圆桌"公众号、"团结湖参考"公众号、"北青艺评"公众号，分别聚焦时政新闻、教育新闻、时政评论和文艺评论。短视频"青流视频"是北京青年报全力打造的视频产品，创作内容包括新闻热点、直播、专题微纪录片、动画产品等。

第二节　《北京青年报》履行社会责任现状

一、舆论引导与舆论监督责任

2021年，《北京青年报》始终坚持党性原则和导向原则，牢记党媒的使命和社会责任，以习近平新时代中国特色社会主义思想为指导，坚持正确政治方向、舆论导向、价值取向，承担好"举旗帜、聚民心、育新人、兴文化、展形象"的使命任务，围绕重大主题、社会热点做好舆论引导和社会监督工作。

1. 舆论引导责任的履行情况

（1）精心策划重大主题报道，巧妙设置媒体议程

①积极做好建党百年主题报道，弘扬伟大建党精神。2021年全年，北京青年报围绕建党一百周年重大活动，延续极高的政治站位和极强的责任意识，精心策划，从多角度展开系列报道，生动呈现中国共产党百年奋斗历史、光辉成就和珍贵经验，被各大媒体转载，在群众中产生热烈反响，发挥了正确的舆论引导作用。

首先，策划推出大规模系列报道。7月1日，"数说百年"专题报道用大数据的形式解读百年大党：8个版面从八个方面展现百年大党的丰功伟绩；4个版的"献礼华诞"专题报道，从重大主题、红色历程、发展成就、老城记忆四大方面，为读者揭秘长安街千座花坛贺华诞背后的故事；与北京市档案馆合作，刊发2个版面的"红色印迹"系列报道，展现革命先烈救亡图存，探索民族出路的伟大历史征程；用1整版图片报道展示6月28日至7月4日期间全

市的主题灯光秀、街道装饰，让读者感受到浓浓的节日氛围；推出《2021青教育·夏季特刊》共24版，报道北京部分地区、政府部门和学校不同形式的党史教育活动。

其次，推出《百年盛典》专题报道和系列评论。7月2日用16个版面推出《百年盛典》，既有对习近平总书记讲话的阐释，又有千名共青团员和少先队员代表"为党献词"心声的表达；既有对"庆典"当天宏大场面的描摹，又有高校学生、各界青年、北京榜样对庆祝大会的热议；《北京青年报》策划推出庆祝中国共产党成立100周年系列评论，设置"非常视点""焦点访谈""纵深话题"三大板块，以史明鉴，从党的奋斗历程谈到社会主义新征程的接续，充分发挥主流媒体的舆论引导力，使得受众能清晰且深刻认识到党的先进性、纯洁性以及艰苦奋斗的优良作风，从而凝聚中华民族精神，增强"四个自信"。

此外，善用新媒体形成立体传播态势。北京青年报官微创建"庆祝建党百年探寻北京红色遗迹"话题，打卡讲解红色遗迹。青流视频推出"百位党员唱支歌儿给党听"活动，策划推出"回一封家书"——献礼中国共产党成立100周年、"家国情怀"红色传承系列报道，以微纪录片的形式讲述彭德怀、刘玉堤、叶挺、王近山、王海、张敏6名党员英雄的故事，在"北京头条""北京青年报""青流视频"等各大账号中推送，单集最高播放达8.9万次。

②全面宣传北京冬奥会，建构双奥之城形象详尽细致地报道冬奥筹备过程。北京青年报每周出版《瞰冬奥》专版，详尽细致地报道各场馆的建设筹备情况，为"双奥之城"留下完整、权威、精彩记录。开设《冰雪$^+$》专版，设立"人物""探馆"栏目，内容涵盖运动员的备战情况、各地滑雪场发展现状、滑雪安全警示，全面讲好北京冬奥的故事和冰雪运动的精神，提高读者对北京冬奥会的关注度。

精心策划北京冬奥会宣传报道。一是头版导读，重点处理。专栏设立统一的冰墩墩页眉，在一版和内页版面重点处理，形成视觉冲击。二是报道语态年轻，洋溢青春。冰雪运动的参赛者多是年轻小将，朝气蓬勃的面孔和乐观的心态使得采访内容和报道都呈现年轻化，吸引广大青年读者群体。三是角度新颖，细致全面。报道不仅涉及了各场馆的建设进程，运动员的集训情况，还对食品筛选、队内配备针灸师等后勤保障工作进行了采访报道。

③重视两会报道策划和报道质量，打造全媒体传播态势。北京青年报推出

《2021全国两会》系列报道，会前用5个版预热，会中用55个版面进行集中报道。"聚焦"版全力报道大会现场及重要讲话；"动态"版介绍政协委员和全国人大代表的情况和关注领域；"对话"版刊登对人大代表的专访；"发布"版记录新闻发布会对各媒体记者提问的回答；"关注"版聚焦社会热点问题，包括个人信息保护、未成年人犯罪、影视抄袭等。

同时，充分发挥融媒体优势，推出动画类短视频速览2021政府工作报告，推出"两会直播间"对人大代表进行现场访谈。通过以上报道为媒体和受众设置议程，形成理性讨论和良好舆论氛围。

此外，本年度，《北京青年报》还认真做好全国脱贫攻坚总结表彰大会、习近平总书记视察北京市七周年、"十四五"规划、载人航天巨大成就等主题报道，展现习近平新时代中国特色社会主义思想的生动实践。

（2）坚持正确政治方向，深化时政宣传

作为党和政府的喉舌，《北京青年报》以政知系列新媒体为主要传播阵地，汲取时代发展的精神力量，用贴近群众的视角和语态传递时政信息，提高时政报道的传播力和影响力。2021年"十九届六中全会"对党的百年奋斗征程做出新的决议，是对习近平中国特色社会主义思想和实践的全面总结。截至12月31日，"政知见"共计推送了10篇有关十九届六中全会的内容，其中《十九大以来篇幅最长的全会公报，透露了重磅信号》《三位将军现身新闻联播！中央委员、东部战区政委：坚决遏制"台独"行径》阅读量超过10W+，传播效果良好。这一系列视角独特的解读性稿件，总体上做到了政治上过硬、报道上出彩、安全上可控，体现了鲜明的北青时政报道特色。

此外，"政知"系列积极顺应新媒体碎片化、移动化、视频化的趋势，创新传播方式，努力扩展头条、抖音、视频号等十余个传播渠道，形成立体传播态势，目前已经积累1,000余万粉丝，品牌效应显著扩大，在时政解释性报道上具有较强的突出优势，取得了巨大宣传效果。

（3）紧跟社会热点，全媒体化开展舆论引导

当"离婚冷静期"话题频繁冲上热搜，引发社会热议时，北京青年报推出整版报道，综合分析世界其他国家"离婚冷静期"设置情况，引导读者客观看待新政策和持续发酵的舆论。并刊发评论《对"结婚冷静期"冷静一点》，从闪离案例到晕轮理论再到法律条款，论证婚前冷静的重要性。袁隆平去世后，

报纸在评论版刊发《深切缅怀袁隆平 巩固粮食安全根基》，用两个整版报道袁隆平的重要贡献、感人事迹和群众的自发送行，扩大正能量传播。云南北迁象群上热搜后，报社及时跟踪报道，并对云南北迁亚洲象群安全防范工作省级指挥部专家组成员沈庆仲和陈明勇进行采访报道，引导社会关注环境议题。

为适应移动化、视频化的传媒环境，2021年以来，《北京青年报》积极探索具有党报特色的音视频产品发展路径。依托"后台直播""青流视频"两大品牌，形成丰富的音视频内容矩阵，紧跟社会热点，持续孵化精品栏目，陆续推出系列短视频，借助快手、抖音、微信视频号等新兴平台加强传播，音视频生态布局进一步完善，党媒舆论引导力进一步提升。

（4）坚守舆论阵地，"青评论"正确引导舆论

评论是媒体进行舆论引导最直接、最有效的方式。2021年，《北京青年报》"青评论"板块通过本报特约评论员、特约专家撰写社评，对尖锐的问题"及时亮剑"，对宏大的议题深入分析，以客观性、科学性、全面性的观点引导社会舆论。在疫情防控、脱贫攻坚、建党百年系列评论中，《北京青年报》彰显高瞻远瞩的格局和眼界，例如《越是关键时刻 越要精准防控》《GDP破百万亿尽显中国经济强劲韧性》《续写全面从严治党新篇章》。在民生热点类评论中，该报遵循新闻传播规律，以切中要害的论点和平实而有力的论证语言增强评论的可读性和引导力，实现党性和人民性的统一。例如《让赖小民案成为反腐倡廉生动教材》等。

（5）统筹内宣外宣，讲好北京故事和中国故事

一方面，《北京青年报》设立《读北京》专版讲述2021年北京抗疫故事、双奥之城故事、红色党史故事，建构出具有敢为人先的开创精神、生命至上的伟大抗疫精神、兼容并蓄的开放精神的北京形象。另一方面，北京青年报社积极拓展海外传播渠道，11月在Facebook等海外主要社交媒体开设机构账号"Beijing Youth Daily"，让世界看到真实的中国，传递中国声音，讲述中国故事。

2. 舆论监督责任的履行情况

习近平总书记强调："舆论监督和正面宣传是统一的。"[①] 正面宣传和舆论监督侧重点不一样，但出发点是一样的，都是通过新闻报道达到激励人、鼓

---

① 《习近平总书记党的新闻舆论工作座谈会重要讲话精神学习辅助材料》，学习出版社2016年版，第7页。

舞人的目的。2021年,《北京青年报》在舆论监督方面尽职尽责,践行建设性新闻的理念,用报道促进社会问题的解决,做到真真切切以人民为中心,站在人民立场上展开新闻报道工作。

(1) 积极关注社会热点,引导社会思考

北京青年报刊发《"软件"代抢茅台 当心泄露隐私》报道,记者通过观察和体验,揭露黄牛高价倒卖茅台,代抢软件泄露个人隐私的市场乱象。针对明星虚假代言的乱象,报纸刊发《"明星直播营销视同参与者"可避免责任旁落》,认为在直播营销权益性损害行为发生后,明星也应承担侵权风险和法律责任。《北京青年报》以原创评论为特色开展舆论监督和引导,把握社会脉搏准确,揭露问题,敢发声,引发其他媒体和社会公众关注。

(2) 积极开展舆论监督,反映群众心声,纠正社会不良现象

《自焚的外卖骑手:12月跳槽,工资被扣5,000元,多次讨要未果》一文,阅读量8.8万,引发读者关于社会阶层矛盾、劳动仲裁问题的热议。《白银越野赛最后一位退赛选手:跑到晚上8点多,才被告知比赛已经终止》阅读量10万+,促使越野赛事的路线规划、应急预案、设备设施、志愿者和医疗人员配置更加完善。《北京青年报》记者跟随市场监管局食品科和执法人员报道"胖哥俩肉蟹煲"食品安全问题,揭露一系列食品安全问题。此外,《北京青年报》也报道了市场监管总局对"小龙坎"、某"蜜雪冰城"、某"华莱士快餐店"、某"杨国福"、某大润发超市、某"奈雪的茶"6起食品安全案件的查处情况。系列报道组合发力,呈现1+1>2的效果,再一次给市场的食品安全问题敲响了警钟。

二、履行提供公共服务的社会责任

传媒作为社会公器,其影响力和公信力来源于对社会公共资源的占用和公众的授权,其必然要把服务于社会公众作为重要职责。《北京青年报》一直把服务社会作为一项重要的责任,以优质、原创内容服务大众、回馈社会,满足人民群众日常信息需求和生活需要。

1. 公益事业与报道双向发力,以实际行动回馈社会

大力参与社会公益事业,以实际行动回馈社会。2021年3月31日,北青联合北京团市委、朝阳团区委以及我爱我家集团,共同举办冬奥志愿服务行动启动会,20多家媒体宣传,奥运冠军现场参与,200位居民现场互动体验冰雪

项目，引导全民参与健身运动助力冬奥。12月，由北京青年报社主办、北京文化艺术基金资助的项目"青山绿水乐课堂"邀请到了歌唱家邓容，为平谷区靠山集中心小学的同学们带来一场音乐课，并通过"青山绿水乐课堂"向靠山集中心小学捐赠了一架钢琴。打造了纯公益的国学书香驿站，每周每个驿站保证在3场活动以上，公益活动已达5,000多场，辐射超过38个社区，受益的孩子和家长累计达到1,865人，培养社区志愿者超过75人。

积极参与公益活动报道。北京青年报社持续加强公益报道，引导舆论，积极弘扬互助、友爱、奉献的公益精神。8月24日，对冬奥会志愿者进行了典型人物报道。报纸还报道了湖南两名医生同时捐献造血干细胞、大连海洋大学志愿者在大雪中运送防疫物资、通州城管执法局为云南留守儿童捐赠冬衣等新闻，刊发《真正好的公益无需拷问人性》《让隐形慈善顺其自然是最好的尊重》等评论。北京青年报官方微博积极转发公益筹款新闻助力筹款进度，北青网网站发布公益项目、慈善主题活动的消息，积极扩大公益活动的知名度和影响力。

2. 以人民为中心，认真履行社会服务功能

关注民生，及时发布民生信息。2021年，北京青年报通过"纸媒+新媒体+地面服务+垂直行业"的多渠道整合传播手段，向市民及时传递交通状况、人才政策、健康科普、官员任免调动、突发事件等涵盖衣食住行各大民生内容的新闻信息，满足公众日常信息需求。

完善民生服务保障平台，提升生活服务水平。北青社区传媒还推出电商服务，举办线上线下活动，在实践中不断提高电商活动策划与组织能力，深度挖掘探索新的合作项目，深得社区居民、各层级政府、合作商家的认可和赞赏。以"北青社区报+社区传媒微信矩阵+多家社区驿站"为模式的创新传播和服务平台，涵盖全北京市城区，拥有21家分社，运营微信公众号共82个。各分社在抖音、快手、头条、微博等主流新媒体平台开设账号，为居民提供亲子、社交、体育、旅游、家居等方面的服务，搭建起了直接联通小区的信息传播平台和服务平台。

三、繁荣发展文化责任履行情况

1. 举办多项文化活动，丰富文化服务资源

2021年，北京青年继续大力推动文化宣传，履行繁荣发展文化的责任。北

京青年报通过青睐云课堂，邀请大学书法教育与研究中心研究员方建勋与会员们探讨当下时代"观书法"和"练书法"的意义；邀请著名晚清研究学者贾英华带领青睐会员一起开启寻访晚清民国历史的文化之旅；由北京青年报特邀嘉宾鉴藏家、文史学者方继孝先生带领会员参观他的"主题收藏展览"，导览、梳理、讲述所有展品背后的故事，以及这些珍贵的手稿、书札背后那些鲜为人知的往事。

2. 线上线下协同，丰富群众文化生活

报社依托"天天副刊"版面，开展"青睐"系列线下文化活动。目前已形成了"一大三小"的运营和传播模式，即以"人文讲座"为主，以"艺术愿线""闲情雅集"和"人文寻访"为辅，聚焦非遗传承、文化古迹、戏剧雅乐、艺术展览等内容开展活动。同时，微博账号"北京青年报之青睐有约"发挥在线互动优势，在"青睐·晚安"栏目推荐各类书籍，与广大阅读爱好者开展互动活动，并在双十一发起转发抽奖送书活动，对促进全民阅读，丰富文化服务资源起到了显著作用。

四、责任管理情况

2020年，北京青年报坚持稳中求进的工作总基调，积极履行安全播出责任，严格遵循安全刊播制度，坚守职业规范和法律法规，认真做好内容安全管理和风险防范工作，筑牢安全防线，净化舆论环境和不良内容，确保网络内容与技术安全，坚决维护国家意识形态完全和文化安全，营造良好的媒介生态环境。

1. 采编与经营分开，规范发布流程

《北京青年报》历来坚持采编经营分开，不向采编人员下达经营创收任务，2021年更加强化采编工作和经营工作的界限，做到业务不混合，人员不混岗，实现经济效益与社会效益的统一。

一方面，《北京青年报》的广告内容创作团队与新闻采编团队在工作上互不干涉、独立自主。另一方面，严格规范审查发布流程，传播过程中无论是新闻还是广告都需要经过严格的把关环节才能公开刊发和推送。本着对消费者负责的精神，北青传媒集团落实三级审查机制，坚决不刊播违法违规广告，依据广告法律法规对广告主资格和广告内容进行审查。

2. 严明职业道德，抵制新闻违法

《北京青年报》持续加强采编人员的职业精神培育，组织学习相关法律法规和《中国新闻工作者职业道德准则》，严格执行报社关于杜绝虚假新闻、规范刊发新闻图片和视频的相关规定，坚决抵制新闻违法违规行为，致力于维护清朗的网络空间以及网上网下舆论环境。此外，该报按照规定严格管理新闻记者证，鼓励帮助符合条件的采编人员申领新闻记者证，确保持证人员的年检顺利完成，及时收回不在岗人员的证件。

3. 强化把关环节，保证安全刊播

《北京青年报》从报刊到微信公众号、客户端等各端口都严格执行所属北京日报集团融媒体把关方案、落实新闻宣传精神的工作规范、稿件发布流程规范等，坚持网上网下"一个标准、一条底线"，坚决落实"三审三校"规章制度，严格改撤稿程序，安排专职人员开展发布内容动态监看，将把关责任落实到每一层级和环节，筑牢全员全时全程全域的把关体系，履行好安全刊播责任。[①]

4. 优化考核考评，落实报道责任

2021年北青传媒采取企业化的经营考核体系，在规范绩效考核的基础上实现对人才的有效激励。按照所属集团的部署，《北京青年报》认真组织对员工和部门的考评，通过一系列奖惩激励机制为工作注入活力，落实责任。进行月度质评数据分析之外，还参与完成了"融合之星""优秀部门公号"和集团新闻奖、总编辑奖评选工作，优秀报道得到鼓励和肯定，同时宣传报道中出现的问题以零容忍的态度追责问责，严格执行稿件差错处罚规定，以此来切实提高报道质量。

5. 接受各方监督，勇于正视批评

北青网设立网上有害信息举报专区，包括违法和不良信息举报电话、举报邮箱、"打假治敲"举报邮箱、涉未成年人举报邮箱、涉网络暴力有害信息举报邮箱，以端正积极的态度面对工作中可能出现的失误，公开透明地接受群众和监管部门的监督。

[①] 参见《京报集团社会责任报告（2021年度）》，京报网，2022年6月9日，网络版：https://baijiahao.baidu.com/s?id=1735119163939180840&wfr=spider&for=pc

第三节 《北京青年报》执行社会责任不足及建议

一、履行社会责任方面存在的不足

1. 舆论引导和舆论监督力度有待提高

舆论引导方面，马克思主义新闻观要求新闻生产要在尊重新闻规律的同时做到党性与人民性的统一，从而提高报道的传播力、影响力、引导力、公信力。北京青年报通过一系列重大主题报道正确引导了舆论，但对新媒体时代的传播规律和受众的信息获取习惯把握有待提升，引导方式仍以宣传说教为主，信息可视化、图表化已不能够满足新时代网络用户的需求，需要探索更丰富、更有趣、更形象、沉浸感更强的传播方式，在潜移默化中引导受众思考。

舆论监督方面，新时代我国舆论监督出现新的特点，当前的舆论监督应是建设性舆论监督，不仅在于揭露问题，更在于引导受众理性思考，推动实际问题得到解决。随着移动互联技术的迅速发展，公众越来越方便地利用网络工具行使自己的公共表达权，但公共空间的匿名性特点，表达大多缺乏理性，情绪化表达居多。主流媒体应重视采用建设性新闻的方式对公众情绪加以引导，促进其回归理性。

2. 各平台资源需进一步整合优化

北京青年报在 2021 年充分发挥了深度报道、重大主题报道、时政评论等传统媒体优势，生产出众多广受好评的新闻作品，但媒体矩阵未能对精品内容进行再编辑、再传播、再整合、再分发。报纸、客户端、公众号、微博以及短视频平台应加强内容的流转，一体策划、一次采集、多元生产、多渠道发布。同时，新媒体技术开发和应用还存在不足，出镜记者的挖掘培养力度还不够，要进一步加强人才队伍建设，加大新技术投入使用力度，制作更多数据新闻、vlog 新闻、VR 新闻甚至是新闻游戏。

3. 社会服务功能还未开发到位

2020 年 9 月，中共中央办公厅、国务院办公厅印发的《关于加快推进媒体深度融合发展的意见》中明确提出，要发挥市场机制作用，增强主流媒体的市场竞争意识和能力，探索建立"新闻＋政务服务＋商务"的运营模式，创新媒体投融资政策,增强自我造血机能。[①] 面对社会效益和经济效益发展中存在的问题,北青传媒应在实践中逐渐摸索出适合自己的发展方向。可以与政府部门合作深耕政务板块,满足群众多元化的服务需求,反映群众的呼声并为群众困难的解决提供更便捷的渠道,从而构建新型智慧城市。也可以与各大企业合作,顺应网红经济潮流尝试公益直播带货。

4. 与用户需求的连接不够紧密

《北京青年报》作为以青年读者为主要受众的综合性日报,无论是在内容制作、报道语态还是呈现方式上都需要更加年轻化。在提供权威、深度信息的同时,加强和用户的互动,吸引更多受众参与内容的制作和再传播中,在用户鲜明、创造性、时代性、代表性的评论和见解中挖掘社会痛点,采用顺应时代潮流的表达方式,为下一轮的新闻生产提供更符合受众需求和阅读习惯的优质内容,增强传播者和受众之间的契合度。

同时,在新闻产品的分发上,目前客户端存在不能根据用户的搜索和点击推送更多相关信息,浏览页面的停留时间短等问题,需要对算法进行优化。北青传媒可与掌握算法技术的互联网企业进行合作,在保留精品内容、热点新闻的同时,为客户端用户打造"个人日报",在提高传播力的同时增加用户的忠诚度和黏性。

二、北京青年报提升社会责任执行力的建议

1. 创新报道语态,提升重大主题报道的四力

互联网时代,新闻报道真实、客观与全面的要求没有改变,主流媒体在新闻生产中依旧要选择具有新闻价值的事实进行报道,但应持续增强内容的生产力和创新力,创新报道语态,让内容表达更加年轻化、个性化。主流媒体的新闻舆论工作需要适应新媒体时代的表达习惯,用平民化、大众化的方式进行评论,这种"接地气"的语态更有利于获取民众的认同。

2. 及时回应关切,抓住舆论引导的第一落点

《北京青年报》在具体的新闻生产中要抓"第一落点",在事实核查的基

---

① 参见《关于加快推进媒体深度融合发展的意见》,中国政府网,2020年9月26日,网络版:http://www.gov.cn/zhengce/2020-09/26/content_5547310.htm

础上及时发布信息。根据舆论的特点及其形成规律，先发布的信息容易因为首因效应给受众更深刻的印象，并对之后接触到的信息可信度产生影响，因而先发布的信息舆论引导力最强。"第一声音"形成"第一印象"，在受众接触各类谣言、凭空猜忌之前尽早发声，发布权威信息，对抓住舆论第一落点，正确引导舆论有着至关重要的意义。互联网背景下，主流媒体应当顺应全员媒体的应用场景，注重与受众的互动交流，对人民所关切的议题及时回应。

3. 挖掘平台优势，打好报网微端组合拳

媒介环境的变化，要求记者要适应越来越快的信息更迭节奏，必须对所有能够快速有效采集、呈现信息的技术有所了解与掌握，并以良好的机动性，在各种新闻现场及时准确地进行报道。《北京青年报》在发挥好报刊传统传播阵地功能的同时，应利用微博裂变式传播优势、客户端服务功能以及短视频平台沉浸式传播特点，在进行重大主题报道时采用一体式策划，多形式制作，全平台发送，实现立体传播态势。同一新闻题材可以依据短视频与传统新闻生产的不同，进行针对性的新闻制作生产，以满足不同时空特征下不同受众的个性化需求，还可借助可穿戴设备、直播流、音频互动等技术进行新的报道形式尝试。

4. 秉承责任理念，做好社会公共服务

媒体深度融合发展至今，不仅要求媒体在履行提供信息职能时将自己打造成"四全"媒体，也要求媒体能成为"信息+服务+商务"的新型主流媒体。北京青年报应充分发挥新媒体即时、快速、准确和多平台、全形态优势，做好权威政务信息、抗疫信息发布，还可以依托《北京青年报》客户端开发上线一些有奖答题小程序或是科普、历史小游戏，春运防疫政策查询工具，疫情信息更新查询通道，甚至是基于当地服务上线景点预约参观系统等，为读者精准传递第一手交通出行、文化资讯及疾病预防信息等，更好满足市民多元化需求。

5. 强化用户思维，在青年群体中形成品牌效应

重点打造鲜明的青年特色，在青年群体中形成品牌效应，是《北京青年报》持续努力的目标。客户端由"北京头条"更名为"北京青年报"，相比以前更应充分发挥引领青少年思想重要舆论阵地的作用，唱响主旋律。应在保持传统媒体采编优势、深度报道优势的基础上，强化对青年群体、青春主题的采访报道，为青年提供更多便捷服务。

在具体的新闻实践中，青年新闻部应坚持以青年视角报道热点新闻，关注

青年、研究青年，更加积极地寻找青年人关注的话题或青年人物的选题。内容聚焦"面孔""潮流""职场""理财""艺荐"等方向，进一步呈现青年的流行文化、生活方式、消费方式等，让青年的新思想、新状况、新潮流、新困惑被主流社会看见，进而引领当代青年。[①]

[①] 本文关键数据和部分内容参考自《京报集团社会责任报告（2021年度）》，京报网,2022年6月9日，网络版: https://baijiahao.baidu.com/s?id=1735119163939180840&wfr=spider&for=pc

第十一章 《瞭望》杂志社会责任研究报告

李 玲[①]

第一节 《瞭望》杂志基本概况

《瞭望》新闻周刊是由新华通讯社主办的大型时事政经新闻周刊，为新中国最早的新闻周刊。1981年初，新华社决定创办《瞭望》月刊并得到邓小平的批准。1984年1月，《瞭望》正式出版周刊。当前，《瞭望》新闻周刊的主要栏目设有第一学习、治国理政纪要、权威访谈、决策背景、善治策论、深观察、中国策、新格局、政策解码、创新驱动、新青年、热点解析等；读者群主要是中央政治局常委、委员、中央委员、中央及国务院各部委领导和干部，各省、自治区、直辖市、地区和地级市、县和县级市及部分乡镇领导和干部，大中型企事业的中高层管理者，科研机构、高等院校等中高层知识分子、专家学者，跨国公司、使领馆等驻华机构的高管人员，媒体从业人士，国际政界、经济界著名人士和研究机构的研究人员。按照内容，目标受众的不同，《瞭望》还创办了《瞭望东方周刊》《环球》《财经国家周刊》三本杂志。

一、三大发展阶段

自创办以来，《瞭望》新闻周刊发展至今历经了三个发展阶段。第一个发

[①] 李玲，暨南大学新闻与传播学院新闻与传播学硕士，研究方向为政治传播学、新媒体、舆情管理。

展阶段为初创期，时间跨度为 1981 年至 1983 年底，此时《瞭望》定位为新型社会性综合刊物，力图打造为一本具有权威性的时政性新闻刊物，及时传递党和国家的改革动态和社会动向，在党和人民之间架起一座沟通的桥梁。

1984 年至 2003 年是《瞭望》新闻周刊发展的第二个阶段，即发展期。经过初创期的力量积蓄和经验积累，《瞭望》逐渐走向成熟，并于 1984 年 1 月由月刊改为周刊。1984 年 1 月 2 日，《瞭望》新闻周刊第 1 期正式出版。改版后的《瞭望》周刊较月刊时期更加突出了刊物的新闻性，刊物定位也由原来的社会性综合刊物转变成大型政治时事性新闻周刊，以新闻报道为主要内容，融政治性、思想性、时事性和知识性于一体。这一阶段，《瞭望》周刊海外版在美国纽约创刊，《瞭望选刊（日文版）》于 1992 年在日本出版发行。

自 2003 年起，《瞭望》新闻周刊进入了变革期，这一阶段《瞭望》新闻周刊开始进行市场化探索。为适应新的市场变化和新兴阶层的需求，《瞭望》编辑部创办了《瞭望东方周刊》。此外，根据传播内容及目标受众的不同，《瞭望》还创办了《环球》《国家财经周刊》，构成了杂志传播矩阵，杂志内容更加丰富多样，拓宽了读者覆盖面，扩大了市场。

二、办刊理念

《瞭望》新闻周刊由新华社主办，是我国最具权威的新闻周刊，也是我国新闻期刊的一面旗帜。创刊以来，《瞭望》新闻周刊始终坚持社会效益至上，努力用自己的新闻作品为促成社会的改革和进步作出贡献，做到"为人民鼓与呼"。

《瞭望》新闻周刊以主流媒体担当主流责任作为发展思路，始终以维护党和人民利益为新闻出发点，尤其在党和政府政策受到质疑或曲解时，更是做到及时肃清、正确解读、悉心引导。从创刊至今，《瞭望》始终为党和人民服务，在关系国家和民生的问题上，总是从党和人民的立场提出见解和观点，勇当党和人民的"新闻喉舌"。①

一直以来，《瞭望》新闻周刊为争取中国媒体"世界话语权"而持续努力。早在 1999 年，中共中央宣传部就提出：要把《瞭望》周刊真正办成能够与国

---

① 刘密.《瞭望》新闻周刊研究 [D]. 长沙：湖南师范大学，2015

际著名周刊竞争的世界性新闻周刊。在稳固国内权威的同时,《瞭望》新闻周刊一直努力拓展海外市场,增强世界影响力,立志发展为世界性新闻周刊,争取国际话语权、建立舆论阵地。通过打造独家精品内容,《瞭望》新闻周刊所刊发的很多文章被海内外各类媒体广泛转载,形成了一定的影响力。2008年,《瞭望》入选《亚洲品牌500强》排行榜,表明《瞭望》在国际上得到了认可。

此外,《瞭望》新闻周刊定位高端读者,力图"影响有影响力"的人,致力于引导高端读者的权威公信力,打造深入政府层面的品牌影响力,力求成为决策人群的政经参考工具。《瞭望》新闻周刊受众定位为"高精尖"社会群体,其中,男性读者占主体,受教育程度高,收入水平较高,企事业单位管理人员和政府官员占据读者大多数。

第二节 《瞭望》杂志执行社会责任现状

一、舆论引导与社会监督

作为时政类新闻周刊,《瞭望》新闻周刊始终坚持"新闻性、权威性、思想性、可读性高度统一"的内容特色,坚持正确导向,深度解析重大时事内情,纵深观察国内外重大新闻事件,权威剖析经济、政治和社会现象并预测其发展趋势。因此,就舆论引导层面而言,《瞭望》新闻周刊在内容打造上尤其注重舆论引导,与《瞭望》新闻周刊定位于建立舆论阵地理念一致。总体而言,《瞭望》新闻周刊坚持正面报道,较少关注负面新闻报道。

1. 有效引导舆论

《瞭望》新闻周刊在思想政策宣传,重大会议报道,经济社会发展及公共事件报道上均有较多关注,展示了其在舆论引导上的社会责任履行情况。

(1) 注重思想政策宣传

《瞭望》新闻周刊自身定位为要承担为党和政府宣传方针政策、引导社会舆论的重任。在思想政策宣传方面,较为全面地宣传大政方针。就《瞭望》新闻周刊思想政策相关主题报道而言,以国家层面的大政方针为主,主题范围广,就报道内容而言，2022年《瞭望》新闻周刊内容包括政治、经济、文化、社会、生态多方面政策内容。政治方面，《瞭望》新闻周刊关注并解读了《中共中央 国务院关于做好2022年全面推进乡村振兴重点工作的意见》即2022年中央一号文件，《台湾问题与新时代中国统一事业》白皮书等重要政策。经济方面，则对《关于推动平台经济规范健康持续发展的若干意见》，《中共中央 国务院关于加快建设全国统一大市场的意见》等政策进行了报道解读。社会方面，《瞭望》新闻周刊对《关于进一步推进医养结合发展的指导意见》《关于健全完善新时代技能人才职业技能等级制度的意见（试行）》等进行报道分析。生态方面政策也持续关注，2022年5月出台的《生态环境损害赔偿管理规定》。此外，《瞭望》新闻周刊也开设了文化谈栏目对文化相关主题进行报道。

（2）及时报道重大会议

《瞭望》新闻周刊作为党刊，带有鲜明的政治色彩。重大会议也是《瞭望》新闻周刊关注的重点之一，在相关主题的报道中，《瞭望》新闻周刊注重对会议内容的报道及会议精神的解读。

就2022年而言，《瞭望》新闻周刊报道了"省部级主要领导干部'学习习近平总书记重要讲话精神，迎接党的二十大'专题研讨班"相关内容，对研讨班中习近平总书记的讲话重点进行了详细的报道分析。7月，《瞭望》新闻周刊也报道了庆祝香港回归祖国25周年大会暨香港特别行政区第六届政府就职典礼相关内容，其中主要报道了习近平主席的讲话内容。

同时，《瞭望》新闻周刊也对国家领导人出席参与的重要会议进行了报道，就金砖国家领导人第十四次会晤，《瞭望》新闻周刊刊发了《金砖国家领导人第十四次会晤举行 习近平主持会晤并发表重要讲话》一文。

总体而言，《瞭望》新闻周刊对重大会议的关注主要体现在国家层面的大型会议，尤其是国家领导人在会上做出重要指示的会议，报道内容也主要以国家领导人在会上的讲话指示为主。

（3）关注经济社会发展

《瞭望》新闻周刊作为大型时事政经新闻周刊，经济及重大社会议题都是其关注的重点领域。就经济领域而言，2022年《瞭望》新闻周刊刊发了《为平台经济发展"中国方案"提供施工蓝图》《全国统一大市场：怎么看？怎么建？》《如何破解数字经济市场良性运行的堵点塞点淤点？》等经济类文章。这三篇文章从宏观角度分析了平台经济的发展现状，促进平台经济规范健康持续发展的措施及推动各项任务落地生效的举措；解读了《关于加快建设全国统一大市场的意见》，介绍了全国统一大市场的科学内涵及建立全国统一大市场的方法；对数字经济公平竞争的有利点，及如何促进数字经济公平竞争进行了深入分析。

2022年，社会领域相关议题，《瞭望》新闻周刊刊发了多篇文章。《完善社会支持系统，建设高质量居家社区医养结合体系》一文，对居家社区医养结合的阶段性特征，如何加快完善居家社区医养结合的社会支持体系及完善居家社区医养结合社会体系建设的路径进行了探讨分析。《建立25年，这项制度步入全国统筹时代》则对职工基本养老保险制度全国统筹运行进行了分析探讨。

总体而言，对于重大经济社会议题，《瞭望》新闻周刊均给予了关注，并刊发相关文章。

（4）探讨重大公共事件

作为新闻周刊《瞭望》也对公共事件给予了一定关注。2022年6月，《瞭望》刊发《在虚拟世界遭遇"性侵"怎么办？》一文，讨论分析了热点事件：一名女性玩家称在一款以元宇宙概念创作的VR游戏中，疑似遭陌生人"性侵"，甚至被围观、起哄，同时对该事件引发的虚拟世界"性侵"问题进行了分析讨论。针对广西壮族自治区南宁市兴宁区检察院支持起诉，将一名事实无人监护儿童的监护权，由其丧失监护能力的外婆变更为兴宁区民政局这一事件，《瞭望》刊发《困境儿童监护权转移难在哪儿？》一文。总体而言，《瞭望》新闻周刊对于社会关注的、影响面广的公共事件关注较多。

2. 注重社会监督

《瞭望》新闻周刊、《瞭望东方周刊》自创刊以来内容一直以正面报道为主，在社会监督层面，更多的是通过《环球》《财经国家周刊》中的负面新闻报道得以体现。

《瞭望》旗下杂志中，《财经国家周刊》对负面新闻有较多关注。在《发黑床单、盗版影片、摄像头偷窥无遮拦：这样的私人影院难持久》一文中，《财经国家周刊》对当前正在各地蓬勃发展的私人影院所隐藏的乱象进行了报道，直指相关乱象亟待整顿。《36名公职人员被查，挽回损失7亿余元……深挖圈海占地背后腐败》则对海南省临高县委县政府多名前任"一把手"自身不正、任性用权、带头贪腐、拉帮结派，严重破坏当地营商环境和政治生态的问题进行了报道。

《环球》杂志较多关注国际层面的负面新闻,如对英国经济衰退的报道,对科索沃冲突的关注等。同时,就国内新闻而言,《环球》杂志也给予了关注。在《暑假青少年"整容热"的背后 究竟是谁在贩卖"容貌焦虑"》一文,对当前存在的整容乱象进行了报道。《只需简单改装,充电宝就可变身"窃听器""定位器"?!》则对当前在一些电商平台销售的严重侵犯个人隐私的"间谍充电宝"进行了报道。

总体而言,《瞭望》旗下杂志在履行社会监督职责上各有侧重。其中,各杂志关注重点有所区别,《财经国家周刊》对财经类负面新闻关注较多,《环球》则在主要关注国际重要新闻的同时兼顾国内新闻报道。

二、社会责任

1.关注公益慈善

《瞭望》《瞭望东方周刊》《环球》《财经国家周刊》整体对公益慈善关注较少,其中,《瞭望东方周刊》关注报道了部分公益慈善类话题。

2022年5月,《瞭望》刊发了《公益是一场爱的双向奔赴》,报道了公益慈善对人的帮助;《用好共同富裕的"社会之手"》则对第九届中国公益慈善项目交流展示会进行了报道。《瞭望东方周刊》刊发《关于三次分配,清华刚刚搞了个大活动》一文,对第五届世界公益慈善论坛进行了报道,在《这些媒体将共建"乡村中小学爱心图书馆"》《他人屋檐下,是家政阿姨们的特殊职场》等文章中均对公益相关话题进行了讨论。《环球》杂志刊发的《人心齐,泰山移!中国援助物资抵达非洲,54个国家都有》一文对马云公益基金会对非洲的捐赠做了报道。《财经国家周刊》在《十问中国经济》《富人"消费",穷人"买单"?》等文章中均对慈善相关话题进行了讨论分析。

总体而言,《瞭望》旗下期刊对公益慈善类话题均有较多关注及报道,但就《瞭望》旗下杂志自身的慈善捐款而言,并没有公开资料显示相关情况。

2.合规多样化经营

《瞭望》新闻周刊作为党和政府重点发展的党刊,在职业道德、安全合法经营上严格遵守媒体经营规范。就经营方式而言,《瞭望》新闻周刊因其独特的创刊背景,历经了从传统的体制内经营到向市场化经营转变的两个阶段。目前，《瞭望》的市场化转型还在探索中，由此形成了两种经营模式共存的特殊形式。《瞭望》新闻周刊充分利用体制保护提供的独有优势开展经营的同时，探索主流新闻周刊向市场化转制的有效途径。

《瞭望》利用传统经营保持生存优势。尽管大多数纸质媒体在互联网等市场变化因素影响下，面临着较大的经营压力，但《瞭望》因其自身属性，市场化因素对《瞭望》以公费订阅为主的发行方式的冲击并不大。同时，中央和各地党政机关都发布指示，明确规定把《瞭望》新闻周刊列为部门或地区重点订阅或推荐的期刊。这样的发行方式，一方面，避免了《瞭望》因零售市场的竞争而承受压力；另一方面，订阅发行能够保证《瞭望》新闻周刊在全国范围内的发行覆盖面。同时，《瞭望》也积极做市场化经营拓展发展空间。为适应市场化需求，《瞭望》以新兴社会阶层为目标受众，努力办好完全市场化的新闻周刊《瞭望东方周刊》，并以《环球》《财经国家周刊》作为补充，对国际新闻及财经类新闻进行报道。

公费订阅的传统经营方式与市场化经营两种方式相结合，以体制内公职人员为目标受众的《瞭望》与以体制外新兴阶层为目标受众的《瞭望东方周刊》形成互补，同时多样化开展经营，尽可能扩大受众覆盖面，提升影响力及市场价值。

三、责任管理

《瞭望》定位为党和政府宣传方针政策的重要舆论阵地，传达了党中央对国内外重大问题的立场、观点，自觉发挥了正向的舆论引导的积极作用。在责任战略上，《瞭望》积极履行党刊的政治使命任务，将正能量报道，构建舆论导向作为自身责任，切实落实党中央和政府的相关宣传工作部署，紧跟主旋律，坚持正确的价值观，科学引领，有效引导，力求成为既能发布高层权威信息，传达中央精神，又能关切人民群众的需求，报道广大读者关心的重大新闻的刊物。

就以《瞭望》为引领，《瞭望东方周刊》《环球》《财经国家周刊》组合形成的杂志群看来，《瞭望》在责任战略及治理上积极探索，并取得了较好成效。《瞭望》新闻周刊是党政机关、公务员阶层和企事业单位的必备刊物，以发布高层权威信息和传达中央精神为主要内容；《瞭望东方周刊》着力于关注新兴社会阶层，努力用新的表达方式和新闻视角报道新兴阶层读者关注的重大事件和重大问题；《环球》注重以全球化的视野，关注当今时代的时政、经济、科技、文化等领域的发展变化，为读者提供了一个全球化观察的权威平台；《财经国家周刊》是财经类期刊，以海内外政府管理部门负责人、企业高层管理者、研究机构专家学者和关注财经趋势的各界人士为目标读者，在经济全球化的大格局和中国社会大转型的情势下，为大国崛起和社会转型提供更权威客观更可信的信息解读、观点梳理、思想支撑、价值建构。[1]既实现了刊物集群发展，又形成了品牌效应。

就责任管理来看，《瞭望》通过杂志集群的方式，制定了科学的责任战略，并进行了有效的责任治理，有效落实了其作为党刊的使命职责。同时，各杂志新闻报道质量、舆论引导成效，综合其经营情况的市场表现，就责任绩效而言，《瞭望》旗下杂志集群也显示了较好的责任绩效。

第三节 《瞭望》杂志执行社会责任存在的问题

一、社会责任信息披露不足

就《瞭望》新闻周刊履行社会责任情况而言，在舆论引导与社会监督、公益慈善报道上的职责履行较好，而市场责任、员工关爱、合规经营及环境责任上公开渠道信息披露较少，难以向外界展示有关社会责任的履行情况。

市场责任信息未披露。因《瞭望》新闻周刊所属机构新华社非上市公司，因而不具有对外披露经营信息的义务。《瞭望》新闻周刊总资产、营业收入、股东权益等信息均无法从公开渠道查询获取。就市场责任而言，《瞭望》新闻周刊并未在经营信息披露上履行相应职责。

社会责任相关信息未全面披露。《瞭望》新闻周刊在员工关爱、依法经营、环境责任上缺少公开信息披露，难以向外界展示其在这些方面的社会责任履行情况。

---

[1] 刘密.《瞭望》新闻周刊研究[D].长沙：湖南师范大学，2015

员工关爱方面,《瞭望》新闻周刊并未披露保障从业人员合法权益以及人文关怀责任履行方面的社会责任。《瞭望》新闻周刊合规经营,但公开信息却较少披露其依法经营,如遵守职业道德、安全责任的落实等相关信息。此外,当前我国各界正积极探索碳达峰与碳中和目标实现路径,作为传统纸媒,在减少纸张消耗、数字化转型等绿色节能生产相关信息上,《瞭望》新闻周刊也并未公开对外披露。

因其自身属性等多方面原因,《瞭望》新闻周刊社会责任履行情况并未对外全面披露。其中,因《瞭望》官方网站关闭而缺乏外界了解《瞭望》社会责任信息窗口成为重要原因。此外,《瞭望》新闻周刊也并未通过其他渠道对其社会责任履行情况做官方说明。

二、市场责任履行不足

《瞭望》期刊的市场化程度较低,其发行也主要是依靠红头文件,以公费订阅为主,自主发行能力较低,市场化能力仍显不足。国内外新闻周刊的发行,一般刊物基本都有一定比例的订阅,但这一比例通常占到20%左右,而《瞭望》的刊物订阅率达到96.5%,零售率非常低,相应期刊零售网点也较少。《瞭望》期刊对政策具有较大依赖性,一旦政策改变,离开体制保护,《瞭望》期刊在市场立足的能力较弱。

总体看来,《瞭望》期刊市场化程度不足,这将影响其长足发展。因此,《瞭望》市场责任有待提升。

第四节 《瞭望》杂志社会责任执行力提升路径与方法

《瞭望》新闻周刊社会责任执行力主要可以从四个方面提升,及时披露社会责任相关信息,提高市场化程度、加快数字化转型及开展慈善公益活动提升。

一、及时披露社会责任相关信息

当前，《瞭望》在社会责任信息披露上并不全面，其中经营信息、员工关爱及环境责任信息缺失较多。社会责任信息的公开披露，有利于企业有效传播其社会责任的履行情况。

《瞭望》在社会责任信息披露上可主要通过以下方式提升。一是开通官方网站，通过官方网站发布社会责任相关信息。其中，因《瞭望》新闻周刊不是上市公司，经营信息不具有全部公开的义务，因此市场责任相关的经营信息可以概况的形式做出描述供外界了解。二是以《瞭望》新闻周刊作为信息发布主体，发布相关信息。通过权威信息发布，让外界了解《瞭望》社会责任履行情况。

二、提升市场化程度

《瞭望》新闻周刊在市场化转型上做了较多探索，如创办面向新兴社会阶层读者的《瞭望东方周刊》等，但总体而言，市场化程度有待进一步提高。当前《瞭望》主要收入来源是期刊订阅收入，除此之外，《瞭望》应充分发挥自身资源优势，开展多样化经营活动，以此提升《瞭望》的总体收益。

首先，《瞭望》作为品牌媒体，可以利用其品牌影响力，展开活动营销。一是打造品牌活动，并将活动进行商业化运作，利用活动品牌影响力提升商业产品知名度和附加值。二是制作精装版刊物，通过精装版刊物，实现衍生产品的价值增值，拓展刊物的盈利渠道。

其次，就相关经营信息看来，《瞭望》并未建立起现代企业管理制度。建立现代化企业管理制度是迈向市场化经营的必经之路，《瞭望》进行市场化转型，可以从自身实际出发，借鉴同类新闻周刊的成功经验，完善内部经营管理模式，突破现有体制束缚，引入外部资金，加强与外部资本融合，提高管理效率，实现与市场接轨，增强刊物市场化生存能力。

三、加快数字化转型

在数字经济迅速发展的当下，各传统行业均在探索数字化发展道路。就传统媒体尤其是纸媒而言，充分利用互联网、自媒体，扩大影响力，形成品牌效应，已成为各纸媒均在尝试发展的路径。

《瞭望》旗下各杂志均开通了微信公众号，通过公众号推送最新文章，形成了微信公众号传播矩阵，提高了《瞭望》的影响力。同时相较于每周更新的杂志而言，微信公众号每日更新，维持了传播节奏，保持了更新频率，使《瞭望》对读者的影响力得以提升。此外，《瞭望》也开通了微信视频号、抖音号、"瞭望善治" App 等，以多样化方式提升其影响力。

但《瞭望》的数字化平台主要用于内容传播，商业化程度有待加强。如何将内容与商业化有效结合，通过数字化方式提升《瞭望》经营能力成为有待探索的方向。

四、开展公益慈善活动

作为媒体，自身有较强的社会影响力，举办公益慈善活动通常能带来较好的活动效果。《瞭望》通过公益慈善活动的开展，能带动社会对公益慈善的关注度，有效提升自身公益慈善方面的社会责任履行情况。《瞭望》可自己举办公益慈善类品牌活动，也可与其他机构合作，共同举办相关活动。通过其媒体影响力，带动活动效果提升，有效提高社会对公益慈善的关注度。

第四部分　广播、影视传媒篇

第十二章　湖南卫视社会责任研究报告

肖晓帆　陈柏福[①]

第一节　湖南卫视基本概况

湖南卫视是湖南广播电视台和芒果传媒有限公司旗下的一套综合性电视频道。1997年1月1日，湖南电视台第一套节目正式通过亚洲2号卫星传输，频道呼号"湖南卫视"，国际互联网域名为www.hunantv.com。湖南卫视上星播出之后，推出了《快乐大本营》《玫瑰之约》《晚间新闻》《音乐不断》等一系列品牌栏目，在国内外产生了广泛影响，"湖南电视现象"一时间风靡大江南北。为打造"中国最具活力的电视娱乐品牌"，2004年湖南卫视提出"快乐中国"频道宣传口号，成为第一家具有清晰品牌定位和形象区隔的电视媒体。同年大众歌手选秀赛《超级女声》的举办开启了中国选秀元年，在国内综艺史上画下了浓墨重彩的一笔。2005年湖南卫视"快乐中国2005—2006跨年演唱会"的推出，标志着跨年晚会进入新时期。湖南卫视人不忘初心，砥砺前行，追求极致，不断创新，为湖南卫视赋予强大生命力，为中国电视的发展打造了《天天向上》《爸爸去哪儿》《我是歌手》《乘风破浪的姐姐》《向往的生活》等一个个现象级篇章。拥有清晰品牌定位、拥有融合传播能力、拥有持续创新能力的湖南卫视显示出强大的媒介影响力和稀缺性。2011年湖南卫视被评为中国最具广告影响力卫视。2012年，获得中国电视发展年会年度最具网络传播影响

[①] 肖晓帆（第一作者），硕士，湖南人文科技学院商学院教师，研究方向为文化产业管理、文化经济学；陈柏福（通讯作者），经济学博士（后），广东金融学院经济贸易学院教授、文化经济研究中心主任，研究方向为文化经济与贸易、产业经济学、文化产业管理。

力上星频道。2016年，获得"TV地标"年度最具影响力省级卫视称号。2021年，湖南卫视启用了"青春中国"全新口号，在主流价值的传播场域中，树立起更鲜明的青年文化旗帜。品牌焕新之后，湖南卫视一系列上新作品全面升级，揽获诸多重量级行业大奖。媒体大奖"TV地标（2021）中国电视媒体综合实力大型调研"发布，湖南卫视获得年度最具品牌影响力省级卫视、《百年正青春》获得省级卫视年度品牌影响力节目、湖南卫视任洋团队获得年度优秀电视制作团队、湖南卫视频道总监宋点获得年度广电人物。当前，面对激烈的竞争环境，站在行业风口浪尖的湖南卫视，通过理念创新大胆改革，展现青年文化主流价值表达，拓展品牌格局和视野，构建媒体融合矩阵新形态，推动节目内容升级，彰显了省级卫视领军者的实力与风采。

第二节　湖南卫视执行社会责任现状

湖南卫视作为新时代主流媒体和省级卫视的排头兵，以党媒的高度自觉筑牢传播阵地，坚持把社会效益放在首位，不断增强自主创新能力，探索文化产品创作新路径，为满足新时代广大人民群众的精神文化需求积极贡献力量。

一、舆论引导与社会监督

湖南卫视坚守党媒国企使命担当的责任，坚守社会效益第一，主要体现在发挥舆论引导与社会监督作用，通过思想政策宣传、重大会议报道、经济社会发展和公共事件报道多个方面构建和完善社会责任体系。

1. 高举旗帜，全方位构建新闻宣传矩阵

湖南卫视认真学习贯彻落实习近平总书记重要讲话精神，新闻栏目开设常态化专栏，用心用情做好习近平新时代中国特色社会主义思想宣传。2021年湖南卫视推出学习总书记"七一"重要讲话特别节目《学"讲话"·六堂课》，首创每集8分钟的"微理论片"模式，围绕习近平总书记"七一"讲话的核心要义、精神实质，用年轻人习惯的小篇幅来阐释大理论；精心策划习近平总书记考察湖南一周年系列报道，连续6天在《湖南新闻联播》晚间黄金时段，推出特别报道《牢记殷殷嘱托　奋力谱写湖南新篇章》。

围绕庆祝建党100周年的重大主题，2021年湖南卫视重点加强了宣传报道产品门类研发——湖南卫视从2021年元旦开始，在晚间730黄金档播出365集建党百年微专题片《百炼成钢——党史上的今天》，每天一集，聚焦回顾党史上发生在今天的关键节点和重要事件。通过《湖南新闻联播》等主新闻栏目挂牌推出"奋斗百年路 启航新征程""学党史　悟思想　办实事　开新局"等新闻专栏。新闻大片《为有牺牲》，集中讴歌湖湘革命先烈奋斗、奉献精神。通过纪录片形式，重点策划《中国出了个毛泽东（第三季）·换了人间》《风华正茂百年青》《燃烧》《闪耀的平凡（第二季）》等节目，致敬党史上的座座丰碑。在做好新闻策划的同时，湖南卫视还精心打造推出如下两个重点宣传项目：建党百年晚会《百年正青春——湖南省庆祝建党一百周年文艺晚会》、主题节目《闪光的记忆》。前者聚焦潇湘红土地上一代代共产党人用热血青春践行初心使命、改变山河面貌的典型故事和动人场景，综合运用歌舞、戏剧、诗歌等舞台艺术形式，在湖湘大地上高品质演绎一曲中国共产党的百年青春赞歌；而主题节目《闪光的记忆》邀请各地红色博物馆的年轻讲解员和各行各业青年代表作为"志愿讲解员"，讲述一件件红色文物背后的历史故事。

为深入宣传中国梦，湖南卫视推出事件型人文关怀节目《今天你也辛苦了》，音乐致敬榜样公益类节目《向你致敬》，聚焦中国新兴行业青年共产党员奋斗历程系列短视频节目《闪耀的平凡：青春接力》等节目，《我在他乡挺好的》《江照黎明》等电视剧，展现新时代安居乐业的美好生活，弘扬向上向善的核心价值观，引领社会正能量。

为落实习近平新时代中国特色社会主义思想这个首要任务，湖南卫视在内容上感悟思想伟力，传承红色基因，讴歌精神谱系；在创意策划上着力做好面向年轻人的传播，及早动手、精心谋划，准确把握、创新表达，整合资源、广泛参与，创作推出许多精彩厚重的文艺作品。

2.浓墨重彩，形成重大会议报道声势

在全国、全省"两会"和省党代会宣传报道中，湖南卫视推出一批重点新闻宣传项目，形成强大宣传声势。

2021年3月4日、5日，全国政协十三届四次会议、十三届全国人大四次会议开幕,湖南卫视紧扣"奔向新征程"的总呼号,启动全国两会宣传报道工作。湖南卫视通过开设"我从人民中来"专栏,展示驻湘全国人大代表、政协委员风采和履职情况,展现湖南省人大、政协过去一年的工作亮点成就,营造浓厚两会氛围。《湖南新闻联播》聚焦政协会议开幕、人大湖南代表团举行第一次全体会议,推出两会云访谈第一期《乘风破浪"十四五"》,就"十四五"规划重点、年轻人求职创业、民营企业发展等话题,通过云连线的方式搭建起代表委员和普通群众的对话桥梁。《湖南新闻联播》"胡湘平"评论板块,播发"中国之力"系列评论的开篇之作——《凝心聚力 奔向新征程》,对政协委员"心怀国之大者,担当谋政之责,坚持为国履职、为民尽责的情怀"点赞。

2021年11月25日,在中国共产党湖南省第十二次代表大会开幕之际,湖南卫视推出直播特别节目《前进!向着现代化新湖南》。省第十二次党代会的直播现场,3小时超长大直播,湖南卫视与全省所有媒体、村村响大喇叭联动,推及受众超5,000万,真正将党代会精神送到了田间地头。

2022年1月16日、17日湖南省两会开幕之际,湖南卫视精心制作推出七集特别报道《人民的代表》,于1月9日至15日播出,报道聚焦湖南贯彻落实习近平总书记对人大工作的重要指示精神,生动展示了人大代表们与老百姓血肉相连,体现了中国特色全过程民主的制度优势。

3. 紧扣使命任务,服务经济社会发展

湖南卫视围绕"三高四新"、乡村振兴等重大宣传进行一系列有声势、高质量的报道。就如何落实"三高四新"战略,湖南卫视《湖南新闻联播》栏目推出了系列报道《"三高四新"访谈录》,陆续对部分市州、部分省直部门主要负责人进行了专访。聚焦新时代的"乡村振兴"战略,湖南卫视走进益阳,《新春走基层 新山乡巨变》节目2022年1月31日(除夕)起连续六天在湖南卫视《湖南新闻联播》播出。同时,围绕中非经贸博览会、北斗峰会、世界计算大会、中国民企500强峰会等重点会议,湖南卫视推出系列报道,解读观点,展示形象。

4. 聚焦热点事件,突出正面舆论引导

湖南卫视高度关注疫情,牢牢掌握舆论的主导权、话语权。作为省级头部卫视,湖南卫视面对疫情第一个调整综艺节目编排、第一个在黄金时段开辟疫情防控新闻专栏、第一个创制公益宣传片和主题MV、第一个举办抗疫主题晚会,充分展现出党媒国企的责任担当。湖南卫视持续关注疫情防控动态,及时发布湖南"零新增"等方面权威信息，强化疫情防控科普宣传，筑牢全民免疫屏障，特别报道《荣耀时刻》《脱贫攻坚群英谱——最美是你》《湖南打赢脱贫攻坚战纪实》，记录抗击疫情、脱贫攻坚一线无私奉献的模范。

在"致敬袁隆平院士"主题宣传中，湖南卫视创新优化报道形式，整合全台媒体资源，打出组合宣传模式，达到党心民心同频共振、凝心聚力的效果。2021年5月22日"杂交水稻之父"、中国工程院院士、"共和国勋章"获得者袁隆平于长沙逝世，湖南卫视作出特别编排：《湖南卫视新闻联播》用15分钟超长篇幅深切缅怀袁隆平，向这位"国之脊梁"致敬。晚7点半湖南卫视重播《理想照耀中国》之《雪国的篝火》，8点10分播出电影《袁隆平》，而原定上线的《快乐大本营》暂停播出。5月24日袁隆平送别仪式举行当天，湖南卫视再次调整节目编排，在晚上的黄金时间段播出《理想照耀中国》之特别节目《融入大地闪耀星空——致敬袁隆平》。

湖南卫视还重点关注教育、医疗、住房等民生热点。针对高考改革，推出《新高考来了》等专栏报道，发挥权威媒体优势进行宣传阐释。围绕发展保障性租赁住房工作宣传，播放与解读《住建部：扩大保障性租赁住房供给》等政策。

二、市场责任

2014年，湖南卫视旗下两个新媒体平台"金鹰网""芒果TV"进行改版融合，形成全新的互联网视频平台芒果TV，成为湖南广电"双核驱动"战略主体之一。湖南卫视正式实行"芒果TV"独播战略，开启了以传统媒体自制版权内容带动互联网平台超常规发展模式。芒果TV网络平台以视听互动为核心，融网络特色与电视特色于一体，实现"多屏合一"新媒体视听综合传播服务；双渠道扩展受众，合作内容生产以及网络互动模式增强了湖南卫视在行业中的竞争力，湖南卫视在台网融合战略的推动下成功实现跨越式的发展。

2021年湖南卫视继续引领省级卫视营收第一，芒果超媒牢牢站稳国有视频企业第一，电广传媒创下8年以来最好业绩。2021年芒果TV连续5年实现盈利，湖南卫视累计观众规模达9.7亿，芒果TV有效会员过5,000万。如图1所示：湖南卫视与芒果TV建立双平台共创共享机制，团队、项目、资金彼此开放，湖南卫视全年40个文艺节目在芒果TV播出，芒果TV 7个节目反向输出卫视。

双平台共同打造首个台网联动的周播剧场"芒果季风",6 部剧集上屏播出,保持同时段六网省级卫视第一,探索树立行业新标杆,守正创新建设主流新媒体集团,书写高质量发展芒果新答卷。

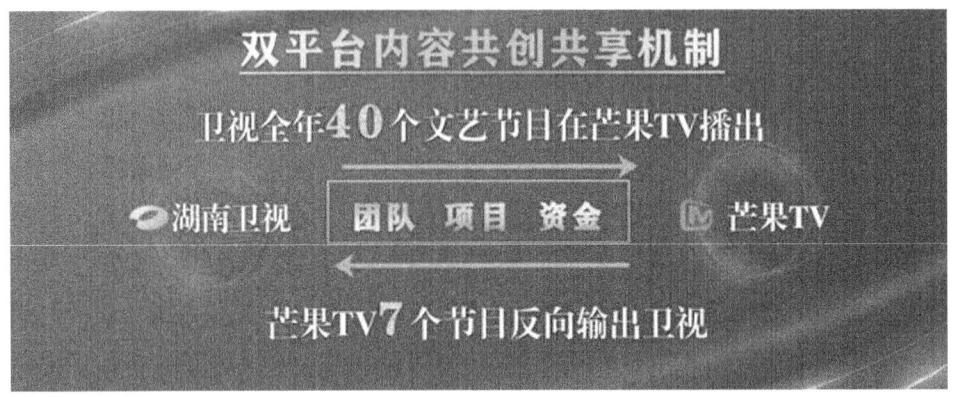

图 1　双平台内容共创共享机制

三、社会责任

1.公益慈善

湖南卫视多年来始终致力于投身公益事业,并大力弘扬主流价值、积极推进正能量,推出了一系列颇具传播力和影响力的作品和活动,在取得良好社会反响的同时,也不断地拓展了主流媒体的价值影响,引领青年风尚,为行业树立了行业典范。

2021 年湖南卫视等频道一线团队创意制作的"青春扬'益'"系列公益广告在湖南卫视陆续重磅推出。围绕着"共产党执政为了谁""亲子教育""全民阅读""绿色发展绿色生活""一带一路""社会文明""工匠精神"等 7 个主题,14 支电视公益广告短片从不同角度选取创意、生动呈现,这批公益广告片是湖南卫视为迎接党的十九大,开启新一季"讲文化重公益"节目内容的具体体现,也是湖南卫视持续勇担社会责任的又一具体实践。2021 年湖南卫视公益广告播出时长约 4,661 分钟,占商业广告播出量比例约为 11.5%,远超国家广电总局规定 3% 的标准。

2021 年十一假期到来之际,湖南卫视以媒体责任扬公益典范,联合张家界市武陵源区政府共创"亲朋踏歌来,重逢张家界"旅游推荐活动,助力张家界武陵源疫后旅游复苏。

2021年国庆期间，湖南卫视创新打造助力乡村振兴特别节目《稻花香里说丰年》，并在芒果TV与"芒果振兴云超市"同步直播。节目以大屏引领小屏，形成线上线下立体融合传播矩阵。2小时直播过程中，芒果振兴云超市8大湘米品牌"尝鲜秒购"全部秒空，销售总量达322,185吨，充分彰显主流新媒体集团公益助农的强大号召力。

2021年3月12日湖南卫视的近百名志愿者们来到洋湖湿地湖南卫视创建林开展公益植树活动，这是湖南卫视为创建省级文明标兵单位开展的系列活动之一。2021年11月19日起，《湖南新闻联播》上线同步手语播报，方便听障人士了解时事。

2. 员工关爱

注重保障从业人员合法权益。保障正常采编行为，做好从业人员服务保障。为记者和相关人员配备应急采访包，对突发事件事故，抗灾救灾采访进行相应安全保护防备。坚决维护采编人员在外的正常采编活动权益，近年来未发生记者采编行为受阻，或受到打击报复需要维权的事件。

通过建立多层次的保障体系，切实保障从业人员薪酬福利。依法与员工签署劳动合同；按时支付薪酬、缴纳"五险一金"，加强商业保障；完善芒果ERP系统，确保员工的休假、休息权利和薪酬知情权；优化"芒果智慧家园"支付系统的各项基础功能。

积极开展员工教育培训推进常态化学习教育，提升从业人员思想素质、业务能力、职业素养。通过专题学习、宣讲会、主题党日活动、线上知识竞赛等方式，多渠道开展教育学习，用党的先进理论武装全体员工。举办"传统文化创享会""国际模式展播及趋势分析"等主题培训和讲座，夯实工作根基，增强队伍实力。

通过激励的管理手段，充分挖掘和调动员工的积极性和创造性。从2018年起湖南卫视实行工作室制度，目前工作室有12个。工作室管理方法强化对头部人才的保护，每个工作室7名核心成员可分享全工作室70%的项目价值奖，并鼓励制作人优先指派35岁以下优秀导演担任项目总导演，激发年轻人的创新能力和生产力。

3. 依法经营

安全播出无事故。2021年，湖南广电旗下电视频道安全播出11.4万小时，未发生重大安全播出事故、事件。严格执行"三审制"和重播重审制，落实前置把关机制；在重要时间节点，实施提级审片工作机制。建立应急预案，使用自主研发的《信号报警系统》，建设湖南卫视频道备播平台，增加 BDS 北斗卫星时钟接收装置，高分完成国家广电总局网络安全测评。

认真履行合法经营责任。严格执行经营管理相关制度流程，确保经营合法合规。紧紧围绕《广告法》及相关法律法规，组织开展系列学习、培训；强化广告三级审查制度和广告审查员责任，加强对广告主资质检查，规范广告用语，从源头上杜绝违法违规广告。同时，从管理规定到机构设置严格做到采编与经营两分开。

4. 责任管理

规范新闻记者证管理。结合新闻采编人员岗位资格培训、广播电视编辑记者资格考试等情况，及时为在新闻采编岗位工作且符合办证条件的人员办理新闻记者证申领手续。集团公司（台）2021 年共有 852 人持有新闻记者证，对转岗、离职等 26 人新闻记者证进行注销。

注重落实意识形态工作责任制，以政治建设为统领，深入开展党史学习教育，持续深化文娱领域综合治理，重视并发挥好主持人、艺人群体的作用。2022 年 5 月 20 日，湖南卫视、芒果 TV 举行双平台主持人、艺人、经纪人专题学习研讨会，集中学习《中国共产党宣传工作简史》，党媒国企的主持人、艺人了解宣传工作历史、承担重要使命、建立更严的标准和言行规范，正确认识形势，敢于担当作为。

第三节　湖南卫视执行社会责任存在的问题

湖南卫视在执行社会责任过程中主要存在以下几个方面的问题。

一是员工负面舆论影响媒介公信力。2020 年，湖南卫视主持人收艺人粉丝应援礼事件引发舆论持续发酵。尽管湖南卫视发布声明，称坚决反对主持人、演员、嘉宾收受粉丝礼物等不正当行为，针对网友反映情况正在进行全面调查，如查实有不当收受礼物行为的，将依纪依规进行严肃处理，但其品牌形象难免已经受损。2004年12月7日，国家广播电影电视总局发布的《中国广播电视播音员主持人职业道德准则》中，对主持人、播音员的廉洁就有明确的规定，其中第二十七条指出，"广播电视播音员主持人应该清正廉洁，自觉抵制拜金主义、享乐主义、个人主义的侵蚀，反对任何形式的'有偿新闻'；第二十九条指出，"不以任何名义索要、接受和借用采访对象的任何钱物，采访活动中不提出与工作无关的个人要求"。主持人、播音员所作所为都与湖南卫视联系在一起，收受礼品再小，也难逃利用职务之便的嫌疑。还有部分主持人代言虚假商业广告，甚至涉嫌性侵，导致湖南卫视口碑一度下滑。

二是节目内容难以平衡公益属性和娱乐属性。2021年国家广播电视总局网站9月2日发布《国家广播电视总局办公厅关于进一步加强文艺节目及其人员管理的通知》，该通知表示，广播电视机构和网络视听平台不得播出偶像养成类节目，不得播出明星子女参加的综艺娱乐及真人秀节目。要坚定文化自信，大力弘扬中华优秀传统文化、革命文化、社会主义先进文化。湖南卫视精品节目从《快乐大本营》《超级女声》，再到《我是歌手》《爸爸去哪儿》《乘风破浪的姐姐》，不但塑造了湖南卫视的品牌，同时也塑造了湖南卫视娱乐化的方向。尽管这些节目不乏其积极的社会影响，然而过度宣传娱乐明星会使青少年群体丧失对社会主义核心价值观的判断，甚至会从根本上威胁到我国的国家文化安全。当娱乐明星充斥着青少年的头脑，会对青少年的社会认知和行为方式产生不良影响，不仅降低青少年对高雅健康文化艺术的追求，同时不利于核心价值观的传播与厚植，助长了浮躁的社会风气。从"快乐中国"到"青春中国"，从娱乐化转型为文化主题建设，湖南卫视已经开始做出改变，在"坚持守正创新，引领青年文化，塑造国民精神"的原则下进行内容创新，但受众对其形成的刻板印象很难在短时间内转变。

三是竞争加剧削弱媒介影响力。首先短视频的快速爆发对长视频平台形成巨大的冲击，不仅受众的闲暇时间分配格局发生变化，受众心理层面的转变使视频行业的精英性、专业性等特征被逐渐解构；其次腾讯、爱奇艺和优酷等互联网视频网站使得电视媒体受众部分流失，同时也在吞噬着有限的广告市场。最后浙江卫视、江苏卫视等各省级卫视产业的崛起不断威胁着湖南卫视的省级头部卫视地位。在各个视频网站和各级卫视的激烈竞争下，湖南卫视的领先空间逐渐缩小，市场份额逐渐萎缩，给湖南卫视未来的发展带来巨大挑战。

第四节　湖南卫视社会责任执行力提升路径与方法

湖南卫视在执行社会责任过程中主要有两个方面的提升路径。

一是加强政治生态建设。站在"两个一百年"奋斗目标的历史交汇点，湖南卫视要强化和拓展自身的宣传功能，以内容建设为根本，坚持"以人民为中心"的创作理念不动摇，进一步打造反映新时代发展面貌、与人民心意相通的精品栏目，更好地发挥文艺引领风尚、培根铸魂作用，实现主流媒介的社会价值；培养党员干部的使命担当，以"计利当计天下利"的精神，勇挑主流媒体社会责任的大梁，并且持续加强党风廉政建设，严格日常监督，防微杜渐，让清廉生态为品牌发展保驾护航。

二是科技赋能产业。从网络视听行业的市场格局来看，2021年，我国网民规模首次突破10亿，超10类互联网应用的用户规模在5亿以上，市场进入存量发展阶段。2021年被称为元宇宙元年。人类全面走进数字世界，创造、生活、娱乐，乃至工作的数字时空，是为元宇宙。科技赋能文化产业，将是未来10年数智化时代的主题。科技迭代越来越快，视听行业迫切需要寻找新的增长点。依托"IP化、云化、智能化"建设理念，以节目生产基地为技术中台，湖南广电正全力建设全国第一个真正的全媒体融合技术系统。同时聚合5G重点实验室、芒果TV的研发能力，推出"小漾""YAOYAO"等虚拟人，上线首场虚拟演唱会。一年来，湖南广电集团获得国际技术大奖3项，国家级技术奖励51个，技术专利38项，参与制定技术标准11项。2022年，湖南广电正全力打造芒果元宇宙新业态。5G高新视频多场景应用国家广电总局重点实验室正聚合芒果系所有团队的研发能力，积极推动节目生产基地数字化建设，凭借湖南广电"闯"的精神、"创"的劲头、"干"的作风，湖南卫视已经在新的征途中扬帆起航。

第十三章 云南广播电视台社会责任研究报告

刘 敏[①]

第一节 云南广播电视台基本情况

一、媒体概况

云南广播电视台的前身是云南人民广播电台（成立于1950年3月4日）和云南电视台（成立于1969年10月1日）。2012年8月29日，在全国率先进行体制改革，把广播和电视融合组建了云南广播电视台。

云南广播电视台是党的喉舌，是中共云南省委宣传主阵地，现有9套广播（新闻广播、经济广播、交通广播、音乐广播、教育广播、少儿广播、民族广播、旅游广播、国际广播）、10套电视节目（云南卫视、云南澜湄国际卫视、都市频道、娱乐频道、生活资讯频道、影视频道、公共频道、少儿频道、七彩公交频道、云视机场频道）、3个网络广播电视台（云视网、云广网、吉祥网）、1份报纸（云南广播电视报）和1座广播电视博物馆（云南广播博物馆）。目前，国内覆盖人口达到11.88亿，在老挝、柬埔寨覆盖人口100多万。云南澜湄国际卫视在泰国、老挝、柬埔寨和缅甸北部覆盖人口3,000多万[②]。按照党中央、国务院和省委、省政府推进媒体深度融合发展的总要求，云南广播电视台聚焦

[①] 刘敏，女，博士研究生，云南警官学院学报编辑部副编审，研究方向为公安舆情和思想政治教育。
[②] 云南广播电视台简介，云南广播电视台网址，2022年5月22日，http://ymg.yntv.cn/ymg/companyIntroduce.html

覆盖家庭大屏、网站、客户端、社交媒体、全网分发为一体的融媒体矩阵平台。2021年，云南广播电视台融媒体传播点击突破60亿人次，云南广播电视台官方抖音号、微博号占据云南网媒第一的位置，云南广播电视台都市频道收视率在昆明位列第一。

二、社会责任理念

云南广播电视台坚持党性原则，宣传贯彻习近平新时代中国特色社会主义思想和习近平总书记考察云南重要讲话精神的排头兵，创作推广大量优秀原创作品，积极营造了党史学习教育、生态文明建设的浓厚氛围。2021年，在互联网深度融合的背景下，云南广播电视台加快资源优化整合，把优质内容、最新技术、全能人才、项目投资转向融媒体端倾斜，实现了主力军全面挺进主战场，提升整体发展效能。

三、获奖情况

2021年2月，都市频道荣获"全国新闻出版广播影视系统先进集体"称号。2021年4月，全媒体新闻中心、新闻频率被授予"云南省脱贫攻坚先进集体"称号。2021年9月，云南广播电视台老年人文体协会荣获国家体育总局"2017—2020年度全国群众体育先进单位"的殊荣。2022年1月，公共频道荣获2016—2020年全国普法工作先进单位。2021年5月，《多样星球》荣获国家2020年度优秀短视频。2022年5月，少儿频道和民族频率共同策划制作的特别节目《我唱新歌给党听》荣获第十五届全国小康电视节目工程推选活动"庆祝建党百年主题对农专题节目好作品"。

第二节　云南广播电视台执行社会责任现状

一、舆论引导与社会监督责任

1. 舆论引导

（1）思想政策宣传

云南广播电视台紧紧围绕国家广播电视总局、省委省政府中心工作，精心做好主题节目的播出编排，创作推广了大量优秀原创作品，积极营造了生态文明建设、党史学习教育的浓厚氛围。

讲好党史故事，传承红色基因。为庆祝中国共产党成立100周年，2021年6月21日—6月30日，由云南广播电视台都市频道、公共频道精心制作了"红色记忆"系列节目在《都市条形码》《民生关注》栏目中播出。节目通过对重点党史档案素材原物拍摄、主持串讲、情景再现，讲述文物、档案的背景、事件、意义，用党史档案讲述云南党史上的重要节点和烈士人物故事。2021年7月5日，新闻频率联合云南省社会科学界联合会，推出大型党史音频节目《党旗飘扬映云岭》，用声音讲述中国共产党在云南的百年光辉历程，用故事描绘党员先锋可歌可泣的事迹。2021年11月8日—12月22日，为推动党史学习教育不断深入，由中共云南省委党史学习教育领导小组办公室中共云南省委网信办、云南省广播电视局指导云南广播电视台出品的系列短视频《建党百年·口述云南》，阐释中国共产党领导和中国特色社会主义制度的显著优势在云南的生动实践。2022年5月，少儿频道和民族频率共同策划制作的特别节目《我唱新歌给党听》荣获第十五届全国小康电视节目工程推选活动"庆祝建党百年主题对农专题节目好作品"。节目关注直过民族的区域特点、文化保护传承、生态文明建设等特色，成为庆祝中国共产党成立100周年的亮点之一。

创作云南"好声音"，传播正能量。2021年4月，云视网22件作品入选《2021年云南网络正能量爆款作品合辑》，全网阅读量突破34.36亿，有力地传播了云南好声音。7月2日，音乐微电影《聂耳和国歌的故事》一经推出引发强烈反响，短短十天，点击即突破一亿，成为正能量传播的主流样本。9月1日，"云岭楷模发布厅"在云南广播电视台专场发布脱贫攻坚先进集体和先进个人感人事迹，省委常委、省委宣传部部长赵金对云南广播电视台弘扬社会主义核心价值观、宣传先进典型给予了充分肯定。

加强疫情防控和经济发展宣传统筹。云南广播电视台始终聚焦瑞丽疫情防控，并于4月30日、5月8日通过微博视频第一时间发布了《云南瑞丽复工复产复商复市有序进行时》《云南瑞丽电影院有序恢复放映》的新闻报道。"沪滇一家亲，山海情谊深"，为了助力上海抗击疫情，云南多地或自发组织生产，或筹备急需生活物资，源源不断地送往上海。以5月份云南广播电视台微博视频为例，6天共推出《6岁萌娃为战"疫"父母种下平安树》《云南援沪医疗队血透小队展现青春担当》《又一个夜以继日！云南援沪"大白"忙碌中迎来五一劳动节》等7篇关于云南援沪医疗队的故事。

展现时代风采，回应变革张力。按照2022年国家广播电视总局发布的广播电视重点节目创作播出的要求，云南广播电视台聚焦"领航新时代""奋进新征程""赓续中华魂""创新向未来"四个主题，以新策划、新表达、新传播，满怀深情展现创新理论的真理力量，生动展现新时代党的创新理论扎根中国大地、引领时代变革的思想伟力。《自信中国说》《同心筑梦》《云岭工匠（第五季）》三档节目入选。

普法宣传新亮点，民语解读民法典。2021年，为了云南各族群众学习了解民法典知识，制作百集短视频《民语亮"典"》，成为普法宣传的新亮点。短视频采用西双版纳傣语、德宏傣语、傈僳语、景颇语、拉祜语五种民语采编译播，案例选取、文案撰写、法务审核等环节确保民法典解读的准确性和实效性。截至9月22日，在省网络新媒体平台的播放量超千万，达到1,081.35万，点赞量30万+。

（2）重大会议报道

服务国际大会，展现云南之美。云南广播电视台制作的有关生态文明的作品屡次获得国内大奖，既宣传了云南的生态文明建设，又较好服务了COP15大会。2021年5月24日，云南广播电视台制作的《多样星球》获国家2020年度优秀短视频称号。2022年3月24日，云南广播电视台两部作品《滇南本草》《生命之歌》入选全国2021年第四季度优秀国产纪录片。《滇南本草》是首部聚焦云南民族医药的纪录片，讲述本草背后的生命故事，传递"人与自然和谐相处"的生态观和生命观。《生命之歌》是COP15的宣传片，被网友誉为"210分钟的云南形象宣传片",传播"天人合一"的中国哲学,凸显了人与自然的和谐共处。

聚焦省"两会",做好专班宣传。2022年1月,为了完成云南省"两会"宣传任务,云南广播电视台围绕中心、服务大局、统筹联动、融合发力,组建专班,深挖细读《政府工作报告》,做实选题。一方面坚持部门协同,统筹采访、通联、技术、播音等资源;另一方面组建扁平化融媒体采编团队,电视端与手机端同步开设"聚焦云南省两会"专栏,增强了大小屏之间内容的"流动性"和传播效率。截至1月25日,"七彩云端"省两会专题报道浏览量已近900万次。

（3）经济社会发展

高质量巩固脱贫成果,全面推进乡村振兴。从2015年至今,云南广播电视台向对口帮扶的大姚县三台乡提供帮扶资金900多万元,选派扶贫工作队员近40名。2021年,脱贫攻坚目标任务已经如期完成,现今处于高质量抓好巩固拓展脱贫攻坚成果与乡村振兴有效衔接阶段。9月8日至9日,台领导到三台乡进行调研,对打造康养小镇以及生态旅游等规划给予肯定,并鼓励乡村干部要一张蓝图绘到底,全力巩固拓展脱贫攻坚成果。

助农带货直播,振兴乡村农业。云南广播电视台以媒体责任为己任,发挥融媒体优势,以直播宣传和公益性带货等形式共同为乡村振兴出力。2021年2月,都市频道荣获西双版纳州勐海县委县政府授予的"勐海茶勐 海味"文化传播大使称号。2021年11月,音乐频率联合东川区碧谷街道李子沟村共同组织开展了"2021年东川大洋芋·李子沟开花洋芋云直播"活动。音乐频率连续3年派出多名主持人、编辑记者,以脱贫攻坚、乡村振兴为主题进行了一系列的新闻报道和音视频节目。

（4）公共事件报道

迅速启动灾情预警机制,融媒体联动滚动直播。2021年5月21日晚,大理州漾濞县先后发生5.6级、6.4级地震。22日早上7时,都市频道、公共频道、新闻频率、交通频率迅速组织记者23人抵达震中开展工作。9时许,通过卫星直播,前方广播、电视记者在县城、震中等地发布了多轮连线报道。交通频率积极发挥应急广播的作用,同步联动应急救援、交通、地震、气象等相关职能部门,共同推出云南应急广播漾濞地震融媒体特别直播。21点,直播《晚间新闻》特别节目时长1小时9分,形成以《云南新闻联播》《晚间新闻》特别节目组合的大密度播出,并以最快速度编辑制作了4集抗震救灾科普专题节目——《防震减灾 科学应对》。

融媒体抗"疫","七彩云端"架桥。2022年4月,瑞丽新一轮疫情突发,云南广播电视台迅速反应,记者摄像主动请缨前往疫区采访。新闻频率、全媒体新闻中心、都市频道派出14名记者编辑深入一线采访。为瑞丽打赢疫情防控阻击战营造良好舆论氛围,彰显了主流媒体的责任担当。云南广播电视台主要新闻栏目持续不间断关注瑞丽疫情防控进展,做到画面声音天天有、天天新。截至4月14日,新闻频率播发相关稿件65条,《云南新闻联播》播发新闻稿件51条,占同期节目总时长近三分之一;都市频道《都市条形码》播发新闻稿件近30条。

2. 社会监督

倾听百姓呼声,科学开展舆论监督。云南广播电视台旗帜鲜明讲政治、激浊扬清敢斗争,用真理的力量说服人,用生动的事实教育人。[①] 公共频道《金色热线》是云南省级媒体中第一个政风行风民主评议和监督栏目,着力解决群众关注的热点问题,并推动纠风工作全面深入开展。2021年3月17日至4月21日,节目通过话题预设,搭建政府与百姓之间桥梁共有95次,"连线"对象为省、地州、市各级人民政府、各大国有企业,涉及电网、金融监管、消防、公安、社会生态、教育、药品、媒体、医疗、住房等多个与百姓生活息息相关的领域。公共频道是一个以法制、新闻为特色的综合性频道,目前有《民生关注》《以案释法》《金色热线追踪》等各具特色的栏目群,发挥着不同栏目普法的集群效应。

推动纪检监察工作,助力政治生态修复。云南广播电视台积极推动建立纪检监察与新闻宣传贯通,把反腐倡廉宣传工作放到全省党风廉政建设工作全局中去谋划和践行。《清风云南》栏目紧扣云南党风廉政建设和反腐败中心工作任务,从选题到策划,从拍摄到撰稿,从制作到包装,做到环环相扣、层层把关。栏目先后制作并播出违法违纪警示教育片7部;反映纪检监察机关维护群众利益诉求好经验、好做法纪录片4部;弘扬正气、宣传纪检精神宣传片4部等任务。

[①] 【原创】和亚宁:忠实履行党的新闻舆论工作职责使命,云南网,2022年2月19日,https://baijiahao.baidu.com/s?id=1725150622509012739&wfr=spider&for=pc

二、市场责任

1. 总资产

截至 2021 年 12 月 31 日，云南广播电视台部门资产总额 222,239.09 万元，其中，流动资产 27,915.12 万元，固定资产 140,744.28 万元，对外投资及有价证券 40,579.27 万元，在建工程 8,105.75 万元，无形资产 4,320.23 万元，其他资产 574.44 万元。与上年相比，本年资产总额减少 16,275.24 万元，其中固定资产减少 7,121.75 万元。[①]

2. 营业收入

2022 年部门财务总收入 219,168.73 万元，其中：一般公共预算 13,057.65 万元，事业收入 80,336.60 万元，其他收入 125,774.48 万元。与 2021 年对比，财务总收入减少 5,203.51 万元，主要原因：一是一般公共预算减少 1,102.72 万元，主要是落实过紧日子的要求，进一步压实项目资金，同时结转资金减少；二是政府性基金不再纳入年初预算编制；三是事业收入增加 7,741.68 万元，主要是新媒体业务板块收入增加及活动项目收入增加；四是其他收入增加 2,903.53 万元，主要是借款收入增加。2022 年部门财政拨款收入 13,057.65 万元，其中本年收入 12,705.49 万元，上年结转收入 352.16 万元。[②]

三、社会责任

1. 公益慈善

（1）公益报道

传承红色基因，描绘民族新貌。2021 年以来，为庆祝中国共产党成立 100 周年，全国各卫视频道相继播出公益广告 3 万余条次，累计时长 600 余小时。云南广播电视台卫视频道《党的光辉照边疆 边疆人民心向党》唱响红色主旋律，讲好党的故事、传承红色基因，尤其是民族特色鲜明，紧扣"党的光辉照边疆 边疆人民心向党"主题，展现了易地扶贫搬迁群众搬进新楼房、边疆村民生活翻天覆地的发展变化，描绘出在党的领导下国家发展取得的辉煌成就，以

---

① 云南广播电视，云南广播电视台 2022 年度预算公开说明，2022 年 2 月 10 日，http://www.yntv.cn/news/20220210/1644475815174183.html

② 云南广播电视，云南广播电视台 2022 年度预算公开说明，2022 年 2 月 10 日，http://www.yntv.cn/news/20220210/1644475815174183.html

及人民群众的获得感、幸福感、安全感。①

网络交响乐敬先辈，公益直播贺新春。2021年春节期间，音乐频率联合昆明聂耳交响乐团进行的四场"交响音乐贺新春"网络公益直播活动取得圆满成功。此次活动紧紧围绕春节重要时间节点，认真贯彻落实中宣部、省委宣传部《关于开展2022年"我们的中国梦"——文化进万家活动的通知》精神，在常态化疫情防控的背景下，用音乐的力量和新媒体的传播手段，丰富了春节期间云南各族群众的文化生活，营造了喜庆祥和的春节氛围。

捍卫民族共同体，谱写民族团结故事。2021年3月，云南省民族宗教委联合云南广播电视台，在《云南新闻联播》前准点播出《筑牢中华民族共同体意识》公益广告，展现了云南各族人民相互依存、休戚与共、手足相亲、守望相助的生动场景。4月22日，云南广播电视台协助云南省自然资源厅，推出"鲜红党旗下，为山川立言"暨"点亮云岭山河"公益活动，联合制作主题宣传片，用民族语言讲述人与自然和谐共生的美丽故事。

（2）慈善公益

融媒体宣传抗疫，"送蔬菜"助力公益。2022年初，云南广播电视台音乐频率联合昆明刘鹏果蔬进出口有限公司等社会爱心企业，共同倡议发起了"爱心捐赠 共同抗疫 我为群众办实事"的大型主题公益活动。活动期间共为昆明市、大理州、文山州、红河州的80多个小区、多所学校，200多万人发放蔬菜。此次活动增强了"全心全意为人民服务"的公仆意识，也彰显了主流媒体的宣传主体责任和社会责任。

"我为群众办实事"，助老年人跨越"数字鸿沟"。都市频道、公共频道开展多项公益活动帮助老年人享受智能化生活。2020年末，展开关于老年人使用智能手机面临困境的调查，并推出《智能时代帮老人越过"数字鸿沟"》系列报道。与此同时，都市频道、公共频道与支付宝共同发起"阿里数字生活大学进社区公益计划"第一期活动，近1,000位老年人亲身参与，累计有350万人次通过各网络平台观看学习。通过数字讲师面对面的授课、手把手的操作，让老人们现场学会使用填写健康码、扫码乘公交地铁、手机预约挂号等常用功能。

---

① 云南卫视，云南广播电视台卫视频道公益广告为庆祝建党百年营造良好氛围，2021年7月15日，https://baijiahao.baidu.com/s?id=1705355412535403952&wfr=spider&for=pc

志愿服务不分年龄，环保意识就在身边。云南广播电视台电视传媒泰和园视听银发志愿服务队被省委老干部局命名为2021年度最美银发志愿服务团队。2021年5月28日，云南广播电视台等三家单位团委联合开展了绿色环保主题志愿者服务暨党史学习教育主题活动，既增强了环保意识，又践行生态文明理念。

2. 员工关爱

薪火相传，荣退有为。2021年9月14日下午，云南广播电视台首次举办干部职工荣誉退休仪式，这是台党委落实党内激励关怀帮扶的重要举措，充分体现了对退休干部职工的崇高敬意和关心厚爱。2022年1月20日至29日，云南广播电视台领导班子成员分别走访慰问了离退休老党员、困难老干部，向老同志发放慰问金，送去关怀和温暖。

实施职工素质提升，丰富精神文化生活。2021年10月22日，云南广播电视台举行"有声职工书屋"揭牌仪式。职工书屋是为保障广大职工的基本文化权益，丰富基层职工精神文化生活而开展的一项重要文化工程、公益工程，也是实现国家"推动全民阅读建设书香社会"文化发展战略目标的有利抓手。

3. 依法经营

筑牢依法经营思想，培育清风生态。2022年2月25日，云南广播电视台、云南广电传媒集团有限公司召开2022年度党风廉政建设工作会议。在省纪委省监委驻省委宣传部纪检监察组的大力支持下，以永远在路上的赶考之心、赶考之志、赶考之行，坚定不移推进全面从严治党和党风廉政建设，各项工作取得新的明显成效，推动台、集团政治生态更加清明、更加清朗，为"十四五"开好局、起好步提供了有力政治保障。

不忘初心，遵守职业道德。2021年9月17日，台党委书记、台长和亚宁以普通党员身份参加了所在的办公室党支部主题党日活动。他强调，全台中青年干部要立足本职，不忘初心、胸怀民心、坚守本心、坚定信心、守牢戒心，在为民服务中展现担当作为。

第三节　云南广播电视台执行社会责任存在的问题

云南广播电视台还未形成完善的媒体深度融合体制机制，新闻产品单一、广告收入下滑、运营模式不健全等问题突出。2021年度，新冠肺炎疫情给新闻媒体带来机遇和挑战。一方面，党媒对疫情的报道通过专业性重获人民群众的信任感，打破了长期以来的新媒体、自媒体对舆论生态的冲击。另一方面，后疫情时代，网络视频社交、短视频新闻成为更快速、易理解以及更具真实性的有力手段。

一、产业拓展改革力度不够，尚未形成媒体融合发展合力

近年来，云南广播电视台在融媒体探索方面，先后实施了"中央厨房"、县级融媒体等重大改革步骤，通过内容集约化制作，实现新闻信息的多级开发，以提高传播效果、节约传播成本。打通信息传递"最后一公里"，媒介资源、政务资源、科教资源的有效整合，有效连接了国家与公众。目前，在总体架构上，云南广播电视台的新闻生产资源整合、运营架构、工作格局还需要进一步明确和细化，生产、传播、运营、管理各环节需要进一步统筹协调。在融合深度上，需要不断完善融媒体云服务平台的用户体验数据的获取和研判，加强与各省各地的融媒体中心和广播电视台沟通合作，进一步加强资源和内容共享。

二、内容缺乏"用户思维"，无法满足新要求的创新能力

在媒介融合发展过程中，传统媒体长期受到给予式、单向式文化的影响下，缺乏"用户思维"。云南广播电视台的产品制作、传播、运营，仍然存在简单地将信息产品移植到各类新媒体平台的问题，重形式轻内容，忽略了与受众的互动和用户感受，无法满足新时代受众的新要求。

三、全能型人才稀缺，缺乏培育高素质队伍的激励机制

人才是媒体融合的重要推动力。在目前媒介融合的进程中，技术体制高于

人才能动发展，这会造成在"一体化"模式架构之下，编辑部的扁平式结构渐为"编辑中心制"所取代，记者沦为KPI的"采集工"，缺乏人才激励机制，难以发挥主动性和创造力。这种困境会造成无法形成浓厚的担当作为、比学赶超工作氛围，从而难以打造出适应媒体深度融合发展的高素质队伍。

四、提高法律站位，规范媒体的社会责任

互联网情境下，新闻媒体涉诉最多的案由是侵害信息网络传播纠纷引起的。据爱企查数据表明[①]，云南广播电视台客观存在司法、经营、监管等风险。2021年4月至2022年5月，由于侵害作品信息网络传播权纠纷，13次成为被告；由于合同纠纷，2次成为原告。2022年3月22日，该企业曾因未按时履行法律义务而被法院强制执行，执行标的约236万元。为此，要学习《民法典》《中华人民共和国侵权责任法》《中华人民共和国著作权法》等相关法律规定，增强媒体工作者学法守法用法的意识，拓宽法律知识边界，提高综合素质和业务能力。

第四节 云南广播电视台社会责任执行力提升路径与方法

云南广播电视台始终坚持党的全面领导，坚定不移守好意识形态阵地；始终坚持人民至上，坚定不移践行初心使命；始终坚持守正创新，探索"新闻+政务+服务"模式，拓展主流媒体融合的发展路径。努力推动新闻宣传、媒体融合、内容生产、深化改革、产业经营、对外传播、人才培养、党的建设等各个方面迈上新台阶。

一、坚守党媒的责任，以政务新媒体推动媒体融合与转型

2022年，云南广播电视台将在"二十大"精神的引领下，围绕省委、省政

---

① https://aiqicha.baidu.com/detail/openNoticeDetail?pid=11250623792315&dataId=238691dba7bc6516d36b13b1b023eaa0

府中心工作，做好主题宣传，全力以赴做好学习宣传和阐释各项工作，统一思想、凝聚共识、坚定信心、增强斗志，推动广播电视事业高质量发展。与此同时，在完成各项宣传任务数量的基础上，促进内容建设新突破、增强作品表现形式、提高宣传效果是未来更需要关注的。一是要坚守党媒的责任。面对突发事件，及时、准确、全面做好新闻报道，发挥舆论引导作用，积极传播正能量。牢记职责使命，及时传播党和政府的声音，准备发布权威信息，巩固壮大主流舆论阵地。二是从差异化中寻求优势。要从自身特点、区位优势、资源禀赋特点出发，充分展示云南省的地理、文化、民族、生态等多方面的风采。深化强边固防和民族团结进步宣传，铸牢中华民族共同体意识，全力服务全省改革、发展、稳定大局，对内凝聚"云南力量"，对外塑造云南形象。三是以政务新媒体为抓手，做好新媒体政务平台，促进事业产业高质量发展，推动云南广播电视台媒体融合与转型。

二、建立全媒体生产传播运营架构，加深加快媒体融合发展

2022年5月，云南广播电视台对全台新闻生产资源进行整合，进一步构建集约高效的新型采编制作播发流程，建立适应全媒体生产传播运营的一体化运行架构，形成协同高效的工作格局。《方案》明确，设置融媒体指挥中心，作为融媒体内容生产、传播和运营指挥体系，负责指导、管理媒体融合执行实体部门，统一协调调动频率、频道、部门资源支持媒体融合工作。在指挥中心下先期组建融媒体传播部和新的全媒体新闻中心。融媒体传播部负责对融媒体内容生产、运营、传播进行统筹协调。原全媒体新闻中心、新闻频率、民族频率整合为全新的全媒体新闻中心，负责全台新闻类融媒体内容的生产。

三、研判受众体验和习惯，提供用户需要的产品内容

主流媒体除了履行好政治担当，坚持以人民为中心，服务群众，积极搭建与人民群众的良性互动也是重要职责。一是注重平台内涵和审美情趣。集中力量打造内容丰富、形式多样、制作精良的品牌节目、特色节目和亮点节目。二是不断满足人民对新闻产品的新期待和文化才能，加强产品的创意、策划。三是培育"受众在哪里，战场就在哪里"的融媒体思维。在互联网传播情境下，

融合媒体平台是用户对媒介产品的偏好、习惯、体验的空间场，用户的注意力决定着传播效果。因此，一方面，在政务领域通过匹配度高的平台数据提供精准的电子政务信息服务，以提高信息、服务的触达率与接收度，真正为群众办实事。另一方面，要逐步建立全省新媒体用户的大数据库，研判用户类型，获得受众媒体使用习惯和体验数据，并制作相应的节目内容。

四、着重全能人才培育，打造新型意见领袖

互联网时代下的传媒行业应注重培养新闻工作者的互联网思维和技术素养，提高其数据分析、利用能力，在新兴传播格局下培育具有引导力的全能人才。新闻工作者应该跻身"意见领袖"行列，为普通受众提供具有专业水准的信息、信息解释以及其他服务，这对于媒介融合而言具有重要意义。借鉴国内其他主流省级媒体经验，建立核心团队，尤其是重视技术团队的建设和发展，为应对传播格局的变化提供技术保障和智力支持。

第十四章　峨眉电影集团有限责任公司社会责任研究报告

陈伟德[①]

2021年，峨影集团坚持以习近平新时代中国特色社会主义思想为指导，深入贯彻落实习近平总书记对四川工作系列重要指示精神，深刻领会"两个确立"重要意义，增强"四个意识"、坚定"四个自信"、做到"两个维护"，紧紧围绕全国全省大局，坚持把社会效益放在首位、社会效益和经济效益相统一，切实担当举旗帜、聚民心、育新人、兴文化、展形象的使命任务，积极履行阵地建设、繁荣文化、合法经营、服务社会等社会责任，为更好服务电影强国、文化强省战略、全面建设社会主义现代化四川贡献力量。

第一节　峨影集团基本情况

峨影集团是国家六大国有电影集团之一、西南地区最大的影视产业集团，是以峨眉电影制片厂、四川省电影有限责任公司、峨眉电影频道、四川峨影投资有限公司、四川峨影股权投资基金管理有限公司、一九五八电影公园管理有限公司等国有资产为纽带，以影视产品的创作、拍摄、发行、放映、播出业务为依托组建而成。

面对中国电影由大国向强国迈进的历史机遇，峨影集团紧紧围绕建设文化强省目标和振兴影视工程部署，回顾总结60余年的辉煌历程，面向未来，按照"创

[①] 陈伟德，峨眉电影集团有限责任公司党委副书记。

作为本、产业为基"的发展思路，深入实施峨影再出发战略。确定了"建设影视全产业链旗舰集团、搭建影视要素聚合平台、构建影视生态创新引擎"的战略目标，"作品强、产业强、竞争力强、驱动力强、领导力强"的战略思路，"强峨影、惠员工"的基本定位，构建"创作拍摄、发行放映、影视技术、资产资本、峨影文化"五大业务体系，加强党的建设和人才队伍建设两个战略保障，力争通过"十四五"转型发展，成为文化强国、电影强国的排头兵。

第二节　峨影集团履行社会责任现状

一、坚持创作为本，充分发挥宣传思想工作重要阵地作用

坚持以人民为中心的创作导向，大力弘扬社会主义核心价值观，自觉承担起新时代宣传思想工作重要阵地的使命任务，深入实施电影创作"金顶计划"，落实"主旋律＋多类型"创作思路，用心用情讲好红色故事和四川故事。2021年，峨影主创主投取得公映许可证影片5部，制作或筹备影片16部。峨影集团时隔14年再次站上金鸡领奖台，电影《随风飘散》获得金鸡奖最佳导演处女作奖，并获得最佳中小成本故事片、最佳编剧、最佳女配角三项提名；电影《我的父亲焦裕禄》获得金鸡奖最佳编剧、最佳音乐、最佳男主角、最佳女配角四项大奖提名，并入选2021年度脱贫攻坚主题电影推荐片单。纪录片《万山红遍——川陕苏区革命斗争纪实》被列为四川省建党100周年重点献礼片、入选国家广电总局"庆祝建党100周年重点纪录片"。反映"大三线"建设的电视剧《火红年华》在央一黄金时段热播。电影《漫长的告白》入围塔林黑夜电影节，成为四川立项电影史上首部入围国际A级电影节主竞赛单元的影片。电影《日夜江河》获第五届平遥国际电影展费穆荣誉最佳男演员奖。书写文化自信的电影《吾爱敦煌》正在申请公映许可证。反映西南油气事业发展的纪录电影《青春红》已报审、电视系列片已播出。向党的"二十大"献礼电影《伟大的战线》被列为省文艺精品扶持重点项目。反映政治协商建国的电影《风向北》申报立项。反映彝区脱贫奔康、乡村振兴的电影《五彩云霞》完成前期拍摄。

二、坚持产业为基，持续推动全产业链高质量发展

围绕建设全产业链旗舰企业发展战略，积极稳妥处理好疫情常态化防控和经营发展关系，以重点项目建设为抓手，着力延链补链强链，持续推动产业高质量发展，不断提升围绕中心、服务大局、服务社会能力。积极筹建影视基金，对话资本、耦合资源，孵化、发行、放映一批具有中国风格、四川元素、巴蜀特色的影视佳作，提高优质内容供给能力。推动峨影频道转型升级，优化调整栏目设置，建成全国第三家4K超高清播出平台，搭建电影胶片转换修复管理平台，推动媒体融合向纵深发展，实现从单一广告创收业态向"一主多元"经营模式转变。抓好发行放映终端建设，聚焦纾困解难和降本增效，提升管理效能，保持太平洋院线市场占有率和品牌美誉度。着力乡镇影院开发，加快推进电影进高校的输出模式，积极推进院线品牌的跨界合作。拓展"电影+"产业新思维，"峨影·1958"国际影视创意孵化园项目加强与成都市峨影片区有机改造规划的对接，项目建设方案进一步完善。与成都文旅集团、青羊区兴光华公司合资组建成都峨影文旅发展有限公司，建设运营"沉浸式电影博物馆"。加快推进"8K影视实验室多功能摄影棚"项目，力争打造成为全国具有一流领先水平的超高清、沉浸式、多功能综合运营空间。

三、坚持服务社会，深化国有电影企业责任担当

紧扣主题主线，凝聚社会力量。联合主办庆祝中国共产党成立100周年优秀影片展映展播暨"电影中的党史"主题活动，通过线上线下互动形式，用红色光影庆祝党的百年华诞。其配套子活动中，"行走的电影院"暨"党史故事会"大赛走进全省100个社区和村镇，放映公益电影3,000余场、服务20余万人次。开展"百店百厅庆百年电影党课"活动，打造100个"红色影厅"，开展党课2,100余场，10万多名党员职工在红色光影中接受教育。依托峨眉电影频道，策划推出"百年初心路——庆祝中国共产党成立100周年电影展播"活动，展播系列优秀红色电影；制作播放20集短视频节目《百年丰碑·步入辉煌》、8集短视频节目《奉献的青春》，讴歌优秀共产党人。旗下影城、频道播放公益广告50余万条，组织113个公益电影放映队走进社区、农村、学校、工厂等场所放映优秀影片、科普知识、安全知识短片等一系列影片17,000余场，切实

增强公益放映实效。

做好定点帮扶，服务乡村振兴。以强烈的责任感和使命感做好定点帮扶工作，支持柏垭观村及所在县乡，全力做好巩固拓展脱贫攻坚成果和乡村振兴有效衔接工作。着眼扶智扶志，组织柏垭观村党员干部和致富带头人到邓小平故居开展主题党日活动、到西充县双凤镇跳蹬河村开展产业调研，邀请柏垭观村"两委"及致富带头人一行13人到峨影集团开展党建共建活动，前往成都市郫都区唐昌镇战旗村参观学习。持续发展经济，协助抓好奔康产业园和光伏发电站运营；助力"亲港湾"项目提质增效，挖掘文旅新价值，打通网络新渠道；对村撂荒土地流转协助招商及管护，通过争取新一轮"东西部协作"对口帮扶，协调申请种植、加工、配套建设等帮扶项目。建好人居环境，深入推进"厕所革命"，全村400户村民改造了网格式化粪池，新建阳光堆肥房1处、生活污水一体式设施20处；继续实施"光亮计划"，为6个社区安装太阳能路灯6盏，累计安装36盏。抓好教育培训，定期在村文化广场放映爱国题材电影和科教电影；邀请县、镇、村相关同志在南部县太平洋影城集体观看由集团出品的电影《我的父亲焦裕禄》，助力党史学习教育；持续抓好南部县太平洋影城阵地建设，自影城开业以来，已解决就业39人、完成纳税225.9万元；采用上挂学习方式为南部县融媒体中心培养人才。抓好健康帮扶，协调专家团队到柏垭观村为留守老人问诊治病，协调开展免费体检；开展"送清凉·送健康""送温暖·送健康"活动，为373户送健康送慰问到家。

四、坚持以人为本，助力员工成长

高度重视人文关怀，切实关心关爱员工工作、生活和成长。保障员工权益。严格遵守《劳动法》《劳动合同法》等相关劳动法律法规，坚持依法依规聘用员工，禁止就业歧视和强迫劳动；尊重员工及工会意见，明确与员工切身利益相关的事项，最大限度地保障员工的合法权益；不断完善和优化用工政策、薪酬福利体系，为员工提供养老、医疗、失业、工伤、生育等保险以及住房公积金、补充医疗等保障。关爱员工生活。高度重视人文关怀，关心员工工作与生活，积极主动为员工解决实际困难；开展"讴歌百年辉煌 奋进崭新征程"七一文艺汇演、电影展演、快闪活动、"奋斗百年路 启航新征程"职工运动会、"颂歌献给党"歌咏活动等10余项独具特色的职工活动，丰富员工精神文化生活。

全力做好离退休老同志工作，关心帮助生活困难职工，看望慰问老党员、老同志27人。助力员工发展。围绕人才强企目标，加强人才队伍能力建设。不断建立完善人才培养体系，持续完善员工发展通道，充分尊重员工的学习成长意愿，鼓励和支持自我能力提升和职业发展；采取内训与外训相结合，依托网络学习、知识竞赛等多元化方式，持续加强员工能力素质培训，内容涵盖理论学习、行业研究、政策分析、岗位技能、文化素养等诸多方面，切实提升各级员工的职业技能、专业素养。全年组织开展线上、线下各类培训共600余期，13,000余人次参加培训。

五、坚持安全发展，筑牢安全防线

始终把安全发展贯穿集团工作的方方面面，切实保障职工群众生命财产安全，维护稳定和谐的生产经营环境。统筹疫情防控。始终坚持政治站位、强化底线思维，严格落实省、市、区疫情防控要求，全力抓好疫情防控各项工作。建立健全应急机制，不断完善防控预案，全面掌握防疫信息，确保信息畅通、报告及时、响应到位；落实常态化防控措施，定期对办公大楼消杀，及时为员工配备体温探测仪、医用口罩、消毒液、洗手液、医用酒精等保障物资，提升疫情防控能力；做好防疫教育，做到不信谣、不传谣、不造谣，科学理性应对疫情。全年未发生一起疑似或确诊感染病例，有力保障了员工和观众的身体健康和生命安全。守牢安全红线。全面落实意识形态工作责任制和网络意识形态工作责任制，在制片生产、院线放映、频道节目采购和安全播出、信息发布等重点环节，牢牢把握正确的政治方向和舆论导向，有效杜绝意识形态安全隐患。严格遵循"安全第一、预防为主、综合治理"指导原则，全面贯彻落实党中央、国务院和省委、省政府关于安全生产的决策部署，安全责任目标全面完成，没有出现重大责任事故，为集团全面深化改革、生产经营创造了稳定和谐的工作条件。强化廉政建设。严格落实全面从严治党主体责任，强化监督执纪，抓好警示教育。分批次开展警示教育、廉政谈话；发挥资源优势，将廉洁教育扩展到广大观影群众，在67家太平洋影城映前广告及大堂电视屏播放省纪委监委形象宣传片《一路有我》，受众达590余万人次。利用100家红色影厅，播放红色电影，强化党性教育，提升廉洁教育的针对性和现场感，提升廉洁教育实效，筑牢防腐拒变思想防线。峨影集团全年未发生重大损失及影响的违纪违法案件。

第三节　峨影集团履行社会责任存在的问题

2021年，面对新冠肺炎疫情对电影产业的持续性影响，以及不断严峻的市场环境和行业下行压力。峨影集团紧紧围绕履行社会责任这篇文章，在逆境中持续自我加压、攻坚克难，凝心聚力抓发展破难题，较好服从服务了文化强国、电影强国战略和振兴四川影视重大工程任务。但与此同时，峨影集团在履行社会责任方面还存在以下不足。

一、履行社会责任的配套考核与激励机制有待进一步完善

完善的社会责任配套考核与激励机制，是企业履行社会责任的制度性保障。峨影集团高度重视履行社会责任，但对集团各部门和下属子公司履行社会责任的配套考核与激励机制还不够完善。

二、履行社会责任后的信息公开有待进一步增强

峨影集团坚持多渠道、多形式积极践行社会责任，但在履行社会责任后信息公开、披露还不够及时、充分。

第四节　峨影集团社会责任执行力提升路径与方法

一、将履行社会责任进一步融入企业文化建设

企业文化是企业的灵魂，也是企业发展的不竭动力。完善企业履行社会责任机制，核心在于加强企业文化建设，让履行社会责任的意识植根于员工心中，成为企业文化的重要组成部分，并在履行社会责任的实践中不断丰富、发展企业文化，实现履行社会责任与企业文化建设相辅相成、相互促进、协调推进。

二、完善履行社会责任的配套考核与激励机制

企业履行社会责任，既要遵循行业和相关部门的要求与规范，又要在内部建立相应的考核与激励机制，通过制度保障形成与各方的联动关系，进一步增强企业相关部门和员工履行社会责任的积极性和主动性。

三、健全履行社会责任的信息发布机制

向公众公开透明展示企业履行社会责任的做法、经验和成效，既有利于社会和公众充分了解企业，也有利于增强企业的知名度、公信力和影响力。因此，要进一步健全履行社会责任的信息发布机制，形成更有利于履行社会责任的良好舆论环境。

第十五章　光线传媒社会责任研究报告

蔡海龙　张　悦[1]

第一节　光线传媒基本概况

光线传媒有限公司（ENLIGHT MEDIA）成立于1998年并于2011年上市，是一家民营传媒娱乐公司。公司业务覆盖领域广泛，主要包括电影、电视剧和艺人经纪等业务。在其核心业务电影投资领域，2021年推出了《人潮汹涌》《你的婚礼》《误杀2》等多部现象级影片，均取得了华语电影票房佳绩。光线传媒凭借稳健的经营，一步步发展成为华语娱乐圈的龙头企业，是中国领先的民营传媒娱乐集团。

光线传媒旗下拥有光线影业、彩条屋影业、青春光线影业、五光十色影业、迷彩光线影业和小森林影业等多个影视厂牌，每年提供20部以上风格各异、类型多样的优质电影产品。光线在不断夯实公司主营业务的同时，投资包括猫眼娱乐、橙子映像、十月文化、彼岸天、成都可可豆等50多家以内容产业为主的公司，重点布局电影、电视剧、动画等影视业务，同时通过投资、并购拓展互联网泛娱乐平台、版权、音乐、艺人经纪、视频科技、实景娱乐等领域，构建了国内极具竞争力和影响力的影视产业生态链。

2021年，疫情的反复对国内影视行业造成了较大的影响，在此冲击之下，行业整体情况不乐观，光线传媒也不可避免地受到影响。但是在整体大环境发展不容乐观的背景之下，光线传媒仍稳中求胜，始终注重对主营业务的开拓与

---

[1] 蔡海龙，北京工商大学传媒与设计学院副教授、博士、硕士生导师，研究方向为经济新闻、视听传播。张悦，北京工商大学传媒与设计学院硕士研究生，研究方向为经济新闻、视听传播。

升级，增加净现金流入 8.95 亿元；2021 年末货币资金与交易性金融资产合计为 29.21 亿元；经营活动产生的现金流量金额大幅增加 3,856.32%；除去合伙企业公允价值变动影响外，归属于上市公司股东的净利润为 6.73 亿元（不含减值准备），呈现了同行业最优秀的经营业绩之一，再次体现出光线传媒稳固的行业地位与雄厚扎实的业务实力。[①]

整体来看，2021 年度光线传媒所从事的主要业务、主要产品和用途、盈利模式、市场地位以及主要业绩驱动因素都没有发生明显的改变。公司从事的主要业务仍然集中在影视剧项目投资、制作和发行上。其参与生产和投资的主要作品是符合广大人民群众精神文化需要的，横向坚持"内容为王"的定律，纵向对产业链进行延伸，纵横双线两大维度同时发力，业务范畴除了传统的电影、电视剧和艺人经纪等业务，对新兴的网剧以及实景娱乐等领域也有涉及，已成为目前我国涵盖内容领域最全、产业链纵向延伸最为充分的综合性内容集团。

影视文化产业作为彰显国家文化软实力的重要媒介，可以通过产业联动带动经济增长，在后疫情时代的经济复苏中具有重要作用。作为国内领先的民营传媒娱乐集团，光线传媒不断努力在电影、电视剧、动画、实景娱乐及互联网视频等多个方面持续推进、综合发展，加大各个业务板块之间的协同作用，推行"跨平台、全娱乐、全产业链的内容投资、生产和销售"策略，旨在打造一个具有国际竞争力的传媒影视集团。

第二节　光线传媒执行社会责任现状

光线传媒作为一家影视文化产业上市公司，坚持正确舆论导向，发挥文化引领功能，履行社会监督责任，是其在发展过程中应时刻谨记的使命。本报告主要从舆论引导与社会监督责任、市场责任、社会责任与责任管理四个方面对光线传媒的社会责任现状进行相应的归结。

---

① 《北京光线传媒股份有限公司 2021 年年度报告》，新浪财经，2022 年 4 月 28 日，http://vip.stock.finance.sina.com.cn/corp/view/vCB_AllBulletinDetail.php?stockid=300251&id=8124800&qq-pf-to=pcqq.c2c

一、舆论引导与社会监督

作为国内影视文化产业头部上市公司,光线传媒的舆论引导与社会监督责任重大,应该履行相应的社会责任。2021年度,光线传媒践行的社会责任内容体现在以下几个方面。

1. 坚持正确政治导向,贯彻落实国家政策方针

2021年11月9日,国家电影局发布《"十四五"中国电影发展规划》的通知,指出"电影是宣传思想工作的重要阵地,发展和繁荣电影事业,对于推进社会主义文化强国建设具有重要意义"[①]。在国家政策方针的贯彻上,光线传媒始终紧贴国家方针政策并力求落实。按照国家的规划,2035年,我国将建成电影强国,实现高质量发展。在这一规划之下,光线传媒提出"质、量齐抓,促进电影产能提升及释放"的发展战略,将继续把一贯坚持的"内容为王"战略坚持到底,强化精品意识,狠抓作品质量。

随着互联网与传统媒体的深度融合,互联网、大数据、人工智能等催生了文艺形式创新,拓宽了文艺空间。[②] 因此在技术方面,光线传媒也不断进行升级和创新,将当下业内炙手可热的技术概念引入影视作品创作,如将VR、AR、AI等高新技术应用于影视作品当中。例如动画电影《姜子牙》就将三维动画技艺运用到影片创作中,为内容的呈现提供了技术条件。目前光线传媒已凭借51%的控股比例掌握VR先进公司七维科技的技术,在4K融媒体演播室建设、互动沉浸式演播室建设上具有领先经验。光线传媒还在不断探索将"融媒体+4K""VR+AR"等广电新技术通过各种形式呈现出来的渠道,力求使相应的技术尽快得到普及和落实,使受众在实景影院中感受到真实的场景,增强企业美誉度。

2. 以内容建设为根本,推出更多体现社会主义核心价值观的优质作品

光线传媒作为电影作品的内容创作公司之一,坚持守正创新,把社会主义核心价值观体现在文艺作品中。近年来,光线传媒持续加大对精品力作的扶持力度,其推出的影视作品注重塑造具有鲜明个性的人物形象,设计吸引人眼球

---

① 国家电影局:《"十四五"中国电影发展规划》,2021年11月9日,https://www.chinafilm.gov.cn/chinafilm/upload/files/2021/11/4402a6c977fcd146.pdf

② 习近平:《在中国文联十一大、中国作协十大开幕式上的讲话》,新华网,2021年12月14日,http://www.news.cn/2021-12/14/c_1128163690.htm

的故事情节，打造精美的视听盛宴并制作出能引起受众情感共鸣的佳作。

2021年适逢建党百年，围绕"庆祝中国共产党成立100周年"重大主题，光线传媒推出《革命者》《金刚川》等一系列主旋律电影。以《革命者》为例，该影片以1912至1927年的波澜壮阔历史为背景，使用多个视角并联的结构，讲述了革命先驱李大钊上下求索带来革命火种，感召毛泽东等仁人志士投身于马克思主义伟大事业的故事。以上影片均取得了较高的口碑和良好的传播效果。除此之外，光线传媒同样聚焦社会现实题材的优秀作品，例如由其主投、发行的电影项目《人潮汹涌》，成为2021年春节档口碑黑马，影片好评如潮，取得了超过7亿元的票房成绩。

3. 传承并弘扬中华优秀传统文化，讲好中国故事

习近平主席在中国文联十一大、中国作协十大开幕式上的讲话中指出"要挖掘中华优秀传统文化的思想观念、人文精神、道德规范，把艺术创造力和中华文化价值融合起来，把中华美学精神和当代审美追求结合起来，激活中华文化生命力"[①]。在国产动画电影票房榜中，由光线传媒出品、发行的《哪吒之魔童降世》《姜子牙》分别以超过50亿元、16亿元的票房成绩排名第一、第二位，在动画电影赛道优势明显。同时，其重新梳理了中国有史以来的神话传说、故事、人物、事件等等，已经初步形成了中国神话宇宙的世界观和人物谱系，涉及成百上千的神话人物。

动画电影创作需要对传统文化中具有代表性的象征符号进行创新，从一个更加新颖且符合当今时代背景的全新角度向世界讲好中国故事。同时还要将时代背景与审美观念相结合，以一种更加直观清晰的视听影像来传递出能满足大众需求的文化观念，创作出满足当代人审美感受的动画作品。电影《姜子牙》的主人公姜子牙以寻找真相为己任，他拨开重重迷雾，重树信念，进而履行自我救赎与救赎他者的双重职责。影片中这些对角色的设置既与现代精神相契合，同时又融入了中华民族民间艺术元素，实现了传统文化元素的创新性叙事。

4. 艺人经济业务协同发展，充分发挥公众人物正向舆论引导作用

目前，光线传媒艺人经纪及其他业务继续保持良好的发展势头，旗下众多潜力艺人知名度与商业价值不断上升，给企业在影视业务和商务合作方面带来

---

① 习近平：《在中国文联十一大、中国作协十大开幕式上的讲话》，新华网，2021年12月14日，http://www.news.cn/2021-12/14/c_1128163690.htm

更多资源与机遇。公司艺人作为公众人物，一举一动均会引起受众的广泛关注，与公司形象也有着密不可分的联系。光线传媒严格要求艺人注重自身形象管理，充分发挥作为公众人物的正向舆论引导作用。如 2021 年河南暴雨洪灾中，公司组织旗下艺人在第一时间进行捐款，还利用自身的正能量承担社会责任，带动他人进行抗洪救灾，帮助河南渡过难关。

另外，在实景娱乐方面，2020 年底光线传媒打造的扬州影视基地入选江苏省广播电视和网络视听产业基地，并被列入江苏省"十四五"规划和 2035 远景目标；2021 年 3 月，该项目被列入扬州"十四五"规划和 2035 远景目标，9 月被纳入江苏电影"十四五"行动计划中。

二、市场责任

2020 年 8 月 14 日，由胡润研究院发布的《2020 胡润中国 10 强民营影视企业》中，光线传媒位列第 1 位。2020 年 11 月 28 日，中国企业评价协会发布《2020 中国新经济企业 500 强榜单》，北京光线传媒股份有限公司排名第 139 位。2021 年 9 月 23 日，入选第十三届"全国文化企业 30 强"提名企业名单。根据公开公布的北京光线传媒股份有限公司 2021 年年度报告，光线传媒资产总额、营收收入及股东收益等情况如下。

1. 资产总额情况

截至 2021 年末，光线传媒的资产总额为 10,479,429,853.83 元，比 2020 年末增长 6.66%。其中归属于上市公司股东的净资产为 9,554,479,726.62 元，比 2020 年末增长了 6.07%。[1]

表 1 光线传媒 2021 年度财务数据和指南

单位：元 币种：人民币

	2021 年	2020 年	比上年增减
营业收入（元）	1,167,681,832.20	1,159,072,835.12	0.74%
资产总额（元）	10,479,429,853.83	9,825,394,730.14	6.66%
归属于上市公司股东的净利润（元）	-311,682,598.95	291,054,770.39	-207.09%
归属于上市公司股东的净资产（元）	9,554,479,726.62	9,008,122,483.34	6.07%
归属于上市公司股东的扣除非经常性损益的净利润（元）	-444,970,074.42	234,936,190.12	-289.40%

---

[1] 数据来源于《北京光线传媒股份有限公司 2021 年年度报告》第 8 页。

续表

	2021年	2020年	比上年增减
经营活动产生的现金流量净额（元）	535,848,787.13	-14,265,256.28	3,856.32%
加权平均净资产收益率	-3.23%	3.24%	-6.47%
	2021年末	2020年末	本年末比上年末增减
基本每股收益（元/股）	-0.11	0.10	-210.00%
稀释每股收益（元/股）	-0.11	0.10	-210.00%

（资料来源：北京光线传媒股份有限公司2021年年度报告第8页）

2. 营业收入

截至2021年末，光线传媒的资产总额为10,479,429,853.83元，比2020年年末增加6.66%。[①] 公司营业收入构成情况如下。

表3 光线传媒2021年营业收入情况

单位：元

	2021年 金额	2021年 占营业收入比重	2020年 金额	2020年 占营业收入比重	同比增减
营业收入合计	1,167,681,832.20	100%	1,159,072,835.12	100%	0.74%
分行业					
传媒	1,167,681,832.20	100.00%	1,159,072,835.12	100.00%	0.74%
分产品					
电影及衍生业务	914,300,725.72	78.30%	941,200,956.38	81.20%	-2.86%
电视剧	106,878,178.27	9.15%	154,106,650.89	13.30%	-30.65%
经纪业务及其他	146,502,928.21	12.55%	63,765,227.85	5.50%	129.75%
分地区					
国内	1,160,262,842.26	99.36%	1,143,817,818.98	98.68%	1.44%
海外	7,418,989.94	0.64%	15,255,016.14	1.32%	-51.37%
分销售模式					
直销	1,167,681,832.20	100.00%	1,159,072,835.12	100.00%	0.74%

（资料来源：北京光线传媒股份有限公司2021年年度报告，第8、16页）

从上表显示的情况来看，光线传媒主要营业收入来自国内的电影及衍生业务，截至2021年末，该业务营业收入的比例占78.30%。该业务是光线传媒的核心竞争力所在，也是扩展并拉动其他业务板块的核心驱动力所在。其盈利项目主要包括影视剧项目的投资、制作、发行收益，也包括相关衍生或者关联领

---

① 数据来源于《北京光线传媒股份有限公司2021年年度报告》第8页。

域所带来的回报,同时辅以股权投资收益这一重要补充。

三、社会责任

作为传媒企业、文化企业,社会责任是其他业务工作的基础,应放在经济效益之前。光线传媒对公司社会责任的注重,主要体现在维护其他合法利益相关者合法权益、依法从事经营活动、对员工的全面培训以及坚持低碳循环发展等方面。

1. 坚决维护利益相关者合法权益

一是维护公司股东和债权人的合法权益。光线传媒严格遵守《公司法》《证券法》等相关法律法规的要求,在进行相关信息披露时做到时间上及时快速、内容上准确完整。通过投资者电话、电子邮箱、投资者关系互动平台以及其他各种形式与投资者交流,构建良好互动,增强企业透明度及诚信度。公司目前实施股东大会网络投票制度,为中小投资者提供参与公司治理的便利渠道与途径。在投资者回报方面,公司也是高度看重。光线传媒严格按照《公司章程》中利润分配相关政策等规定积极实施和落实现金分红政策,回报公司的所有股东和投资者,[①] 近年来公司现金分红总额在传媒影视行业内居于领先地位。在经营决策方面,光线传媒讲求"稳中求胜"的经营策略。影视行业不可避免地充满各种风险因素,光线传媒的投资业务强调控制经营风险,在保证公司财务资金安全的情况下稳健发展,进而实现股东利益的最大化。与此同时,对于公司发行的债券全部按期兑现,充分考虑到了债权人的合法权益。

二是维护公司职工的合法权益。公司严格按照《劳动法》规定,依法维护员工合法权益,相关用工制度和程序符合法律、行政法规规定,尽最大努力让公司的职工在一个宽松良好的办公环境中工作。同时建立健全培训制度及职业规划辅导,让即便已经入职的员工也能不断学习和进步,从而促进员工能力的提升。日常生活中,补充员工的医疗保险、在遵守防疫规定前提下召开员工生日会、时常发放各种福利、疫情期间主动向员工发放口罩及消毒用品等举措,彰显公司的人文价值,体现公司的人文关怀。

---

① 《北京光线传媒股份有限公司 2021 年年度报告》,新浪财经,2022 年 4 月 28 日,http://vip.stock.finance.sina.com.cn/corp/view/vCB_AllBulletinDetail.php?stockid=300251&id=8124800&qq-pf-to=pcqq.c2c

三是维护公司供应商及消费者的合法权益。首先是对于供应商权益的维护。公司制定的供应商管理制度，讲求公平公正、合理合法，从而以此来实现与供应商保持良好且稳定合作关系的目的。其次是对于公司客户合法权益的维护。传媒影视行业的消费者即为其影视作品的广大受众，因此公司持续致力于打造优质作品，力求最大程度上实现受众精神需求上的满足与提升，并不断向受众提供更多富含文化内涵的影视剧作品。另外，公司积极开拓艺人经纪业务和实景娱乐业务，通过产业链的延长和开拓，以更加生动的形式，使得消费者更好地实现了文化娱乐上的需求。公司坚持诚信经营、互惠互利的经营理念，无论是与供应商还是消费者，均致力于保障其合法权益，在行业内获得了较好的声誉和口碑。

2. 依法从事经营活动，严格遵守法律规定

报告期内，光线传媒严格按照《公司法》《证券法》《上市公司治理准则》《深圳证券交易所创业板股票上市规则》等法律、行政法规、部门规章、规范性文件及《公司章程》的要求，如实地向政府及社会公众进行汇报，主动加强信息披露管理工作，合理规范地运作，提升公司的治理水平。

一是公司认真贯彻落实监管部门对于上市公司治理的要求。对《公司章程》《公司董事会议事规则》《公司股东大会议事规则》《公司独立董事工作制度》《公司关联交易管理制度》等章程重新进行了修订，不断改善公司治理机制，完善内部控制体系。同时公司会结合自身实际运营情况，对公司各项制度的具体实施情况进行定期考察和评估。公司股东大会、董事会、监事会及其他机构权责明确且相互制衡，以此来实现光线传媒作为一家上市公司治理的要求。

二是光线传媒高度重视知识产权的工作。报告期内，光线传媒包括子公司在内新通过注册的商标有164件，包括针对企业字号进行注册的商标，以及《哪吒之魔童降世》等的电影名称及其中涉及的主要人物形象、特有名称等具有独创性的电影元素。[①]

3. 全面培训员工，施行宽带薪酬制度

光线传媒对公司员工实行培训管理制度，力求提升员工整体综合能力与素质。主要包括员工个人能力素养、办公技能等基本技能和电影业务知识、等专

[①] 姬政鹏. 营收利润同比增长 项目储备体现行业信心 [N]. 中国电影报，2021-09-08(006).DOI:10.28064/n.cnki.ncdyb.2021.000853.

业能力两个方面的培训，尤其是在专业技能培训方面，作为一家影视传媒公司，员工均需要具备一定的影视素质。公司会定期或者不定期地举办内部培训课程，同时会邀请外部院校的专业教师进行授课学习各项理论基础，同时请外部专业讲师提供技能学习与训练，全面提升员工素质与改善知识结构，做到知识层面和技术层面的双层提升。在不偏离公司发展总目标的基础上，以此来提高公司的创新能力。

在员工薪酬制度方面，光线传媒本着以"公平、竞争、激励和淘汰"为核心的原则，实行宽带薪酬制。职工薪酬由基本工资加绩效工资加补贴加个人有关扣款等部分组成，如此一来便适当地拉开了档次和差距。薪资调整有总体调整与单个调整之分。总体调整是根据包括国家政策和物价水平等宏观因素在内、并结合整个影视传媒行业与不同地区的竞争状况、以及公司发展战略和整体效益上的变化而做出的。而单个调整则以薪酬级别调整为主，有定期调整与不定期调整之分。今后，光线传媒还将继续完善薪酬考核标准、运用更加合理高效的激励机制、充分发挥公司员工的积极性。

4. 坚持绿色环保理念，实现低碳持续发展

作为传媒影视行业，光线传媒进行的文化产业生产属于低碳经济发展范畴。因此，光线传媒非常重视环境保护与低碳循环发展，并将节能减排的工作落实到日常细小的事情当中。例如主张全体员工节约每一度电、每一纸张以及每一滴水；尽可能地节约能源，降低空调、电脑及其他用电设备待机能耗、减少废弃物和废水排放、提高纸张二次利用率、积极推广办公自动化、对办公环境进行垃圾分类、利用清洁能源、倡导公共交通出行，促进节约型社会建设并注重履行环保社会责任。光线传媒一直以来都是在可持续发展的道路上，在"高企"的理念引导下获得社会效益和经济效益的最大化。

四、责任管理

自 2014 年实施媒体社会责任报告制度试点以来，多家媒体和企业已经开始定期主动发布社会责任报告，以强化自身的社会责任意识。光线传媒积极履行和承担社会责任，从 2015 年开始至今已连续七年主动发布社会责任报告，是其进行责任管理方面的重要体现。

光线传媒作为传媒影视行业的头部公司，其社会责任意识不断提升。与此

同时，伴随着社会责任报告连续发布，其社会责任管理意识也得到强化，制度化履责制度得以形成，年度责任报告也会定期公布。光线传媒社会责任这一概念是公司企业文化中的一个重要构成，其中公司的任务与策略，就深深地扎根在社会责任之中。

除此之外，光线传媒十分注重社会责任沟通方式的建立，强调与利益相关方之间的责任交流。首先是与股东的沟通，主要体现在及时准确披露公司公告、召开股东大会等方面。其次是与员工的沟通，主要方式体现为对员工实行各项培训、对员工日常生活的关怀以及员工心理辅导等方面。最后是与政府的沟通，则体现在自觉遵守政策方针、主动进行工作汇报等方面。

第三节　光线传媒未来社会责任执行改进目标及提升路径与方法

社会责任的执行力是一个文化传媒企业发展的重要组成部分，光线传媒在此方面已经做了很多的工作。但是目前在社会责任的执行力上还存在一些不足，如现有资源转化率有待提升，需更好地实现资源最大化利用。同时作为影视传媒企业来说，对于社会公益方面的相关工作参与形式和传播力度还有待加强。因此，本部分在前文梳理的基础上，提出未来光线传媒社会责任执行力改进的目标及相应的提升路径和方法。

一、坚持"内容为王"战略，满足受众精神需求

作品质量依然是影响文艺作品创作的核心因素，光线传媒应以抓住观众共鸣、体现时代脉搏、契合人物背景、结合观众审美为导向，致力于创作制作精良、立意深刻的精品影视作品。未来继续进一步坚持并贯彻"内容为王"的创作理念，专注产业链条上游内容创作。

根据光线传媒电影业务目前三个主要内容板块相对应的达到以下要求：一是与国家大势紧密配合的重点项目、重点题材影片在创作时要进行创新，让主

旋律影片更有吸引力；二是进行真人商业影片创作时做到内容丰富多样，不断探索更多题材和类型，不断提高影片的品质；三是动画电影的创作，应始终以中华优秀传统文化内容为导向，深度挖掘其中的内涵，激发中华传统文化的生机与活力，最终打造中国的神话宇宙。

在新媒体平台建设不断完善，播放渠道日益扩大，网络付费群体数量增加，受众时间碎片化，外部环境日趋规范的背景下，光线传媒未来在进行内容创作时，应继续主动推动上游内容制作，充分发挥所拥有的要素优势，推出高质量的中国影视作品以满足受众日益增长的精神需求。

二、完善公司战略布局，扩大品牌影响力

对处在行业领先位置的光线传媒而言，想要稳定行业领先地位，首先要考虑夯实既有优势，继续提升行业竞争力。在此基础上，可以考虑在传媒领域多元化布局，以扩大公司在推动文化产业发展、促进就业、创造利税等方面的社会贡献。

此外，光线传媒应继续维持其之前打造的精品企业形象，在此基础上扩大品牌营销力度，增加自身影响力和知名度。光线传媒可以借助影视作品中优质火爆的IP形象来增加IP培植投资，从而进一步让光线传媒这一品牌本身潜移默化地走到受众群体当中去，最终让受众留下"光线传媒出品即为精品"的良好印象，在持续刷新光线传媒存在感之后进一步增加受众好感度。因此，在做好电影核心业务的同时，通过整合优质资源，实现产业链上下游联动发展，多元布局拓宽盈利渠道，最终实现社会效益和经济价值的有机协调应成为光线传媒未来努力的大方向。

三、提升风险应对能力，走稳长久盈利之路

电影、电视剧属于文化体验的范畴，在一定程度上满足了受众的精神需求，尤其是在当下受众注意力极为稀缺以及市场竞争更为激烈的背景下，相关影视文化企业更要注重做到不断推陈出新。因为新产品的市场需求是无法做到准确预测和判断的，影视企业只能够根据经验、凭前瞻性地去创造出满足广大受众需求的文化产品。另外，伴随着新冠肺炎疫情在国际上的不断延续和反复出现，

影视行业仍然面临着冲击。如果疫情持续，企业可能会面临电影项目不能按期公映，项目拍摄过程减缓，回款周期延长等操作风险。

因此，光线传媒今后还应继续提高项目风险认知和把控能力、切实发挥业已成型的产业布局立体优势、推动各个业务板块共同互动、增强盈利能力。在充分考虑政策的引导与支持的情况下，光线传媒要注重业务发展与政策方向的协调，适时调整经营方向，持续创新升级。在新的传播生态下，光线传媒还需要不断探索新型发行渠道、拓展影视剧项目盈利模式、坚持成绩和质量两手抓、保持经营业绩稳定和良好的发展，走稳盈利之路。

四、以更大力度投入公益事业

光线传媒在实践过程中坚持正确导向、传递社会正能量方面成绩斐然，但其在社会责任履行层面仍可以有更大作为。光线传媒目前披露的相关信息中，缺少对社会责任特别是社会公益的总体谋划、系统安排和整体推动，这也制约了光线传媒在公益事业方面的发展。

就社会公益活动而言，光线传媒在未来发展中应加大对社会公益活动投入的力度，不断丰富企业组织参与社会公益活动的方式，提高企业履行社会责任的能力。除此之外，还要以更大力度鼓励企业员工更多地参与到社会公益活动中去，更好地以公益方式回馈社会。

第十六章　上海电影社会责任研究报告

胡沈明　胡怡萌 [①]

上海电影股份有限公司（股票简称：上海电影，证券代码：601595）主营业务包括"电影发行及放映、版权运营销售、院线和影院经营等，以及影院、文化设施的投资、开发和经营"[②]。在国际环境复杂和国内疫情反复的背景下，上海电影坚持"为广大城市消费者提供高品质的电影娱乐生活方式"[③]，铭记"电影强国建设"使命，扎实践行社会责任，弘扬"上影精神"，为提高国家文化软实力不懈奋斗。

第一节　上海电影基本情况

上海电影股份有限公司（股票简称：上海电影，证券代码：601595）于2012年7月31日由上海电影（集团）有限公司和上海精文投资有限公司共同发起设立，是行业内少数具有"专业化发行公司+综合型院线+高端影院经营"完整电影发行放映产业链的影视文化上市公司。公司共有六大主营业务，包括"电影发行、影视经营、电影院线、营销传媒、影院投资、技术服务"，在行业内率先进行产业转型，努力构建"文化创意+科技赋能+空间运营"的核心能力，致力于打造"主业突出、跨界融合、科技引领、文化创新"的国有电影

---

① 胡沈明，江西师范大学新闻传播学院副院长、教授、博士生导师，研究方向：新闻评论，新媒体与社会变迁。胡怡萌，江西师范大学新闻与传播学院2021级硕士研究生，研究方向：新媒体。
② 上海电影股份有限公司，关于我们，http://www.sh-sfc.com/about.php
③ 上海电影股份有限公司，上海电影2021年度企业社会责任报告，董事长致辞，http://static.sse.com.cn/disclosure/listedinfo/announcement/c/new/2022-04-27/601595_20220427_10_kA8uChpP.pdf

企业①。

公司自 2016 年成功登陆 A 股市场，秉持以"诚实、务实、创新，卓越"为文化基石，不断探索创新，夯实主业，积极应对行业和社会环境变化，将产业经营和资本运作迈入更高的平台。"上市后的首个完整财年，上海电影实现营业收入 112,244.68 万元，同比增长 7.34%；归属于母公司的净利润 25,712.26 万元，同比增长 8.82%"②。上海电影先后斩获 2016 "中国创新力影城榜"、2018 "上海市五一劳动奖状"、2020 "上海 5 星影院"、2021 "第二十届上海市文明单位"等殊荣。母公司上海电影（集团）有限公司九次获得"全国文化企业 30 强"荣誉称号，不仅形成"中国动画学派"，翻译制作数千部外国电影，也在电影市场打造了"新主流、上影红"的独特风景。③

一、筑牢根基，坚持优先发行业务

公司旗下影视发行分公司的前身为 1994 年中国电影产业改革初期成立的上海东方影视发行有限责任公司，也是全国第一家由制片厂经营的影视发行公司。分公司不仅进行发行代理、发行权预购和批片独立运作等发行业务，也开展全案营销、全版权运营等整合营销业务。与此同时，影视发行分公司的实力雄厚，努力向现代发行转型，不仅拥有近百人的发行团队，建立了上影云发行网络体系，而且完整辐射全国，覆盖了排名前 50 位的票仓城市。作为业界重要的发行力量，影视发行分公司坚持走高质量发展之路，其发行或营销推广的作品包括：《悬崖之上》《攀登者》《流浪地球》《北京遇到西雅图》等，这些作品实现了同档期票房口碑双丰收。④

二、改善管理，发展影院运营新模式

上海电影股份有限公司影院管理分公司以影院运营管理为核心业务，着重

---

① 上海电影股份有限公司，上海电影 2021 年度企业社会责任报告，企业简介，http://static.sse.com.cn/disclosure/listedinfo/announcement/c/new/2022-04-27/601595_20220427_10_kA8uChpP.pdf
② 上海电影股份有限公司，上海电影 2017 年度企业社会责任报告，总体经营情况，http://static.sse.com.cn/disclosure/listedinfo/announcement/c/2018-04-25/601595_20180425_15.pdf
③ 上海电影（集团）有限公司，关于我们，http://www.sfs-cn.com/node3/node1835/node1836/u1a3370.html
④ 上海电影股份有限公司，业务板块，电影发行，http://www.sh-sfc.com/businessabout.php?cid=19

培养连锁经营、创新营销、服务品牌等能力。①一方面，公司多措并举、因地制宜，不断改进直营影院区域的管理模式。"SFC上影影城"不仅完善了会员增值服务、延长双向营业时间，还实施了分区定价政策。这些措施着力增强会员黏性、有效提升了影院产出效能，也合理提升平均票价，进一步提升市场竞争力，使得经营坪效居于行业领先。另一方面，由于疫情影响，大众娱乐方式有所变化，公司采用"影院+"多业态融合模式，不断优化影院的收入结构。公司将剧本杀、脱口秀等业态与影院结合，实现场景化运营。同时，公司拓展销售渠道，在抖音、自营App和上影宝等网络平台推广卖品和衍生产品，提供面向企业的特色定制化电影和文化消费服务，助力会员拉新和权益销售。②

三、谋求创新，提高电影院线质量

作为行业内最早建立且最优质的院线品牌之一，上海联和电影院线有限责任公司致力于为直营和加盟影院提供全方位的服务，在多元化加盟方案的基础上，精准投放院线资源并协同发展衍生业务，努力发展新影院，持续性开发相关存量市场。截至2021年，公司已成功申办点播院线筹建证，通过持续的市场调研、沟通商议、检测调试，共拥有已开业资产的联结影院94家，签订加盟意向协议的点播影院57家。此外，联和院线开发点播影院业务，举办"学党史庆百年——2021我的电影党课"活动、打造影片观摩与上海中心红色研学参观联动套票，并推出创新融合产品《大城大楼》等。这些活动实现了经济效益和社会效益的双丰收。③

四、公正营销，坚决落实双赢理念

上海电影在与客户的各项经济活动中，秉承着公开合理的原则，力求与合作伙伴形成稳固长期的供求关系，确保双方利益的共同实现和满足。在完成既定的业绩目标时，公司严格遵守国家和行业内部的相关规定，进行合法公平的

---

① 上海电影股份有限公司，业务板块，影院经营，http://www.sh-sfc.com/cinemasabout.php?cid=38&id=40
② 上海电影股份有限公司2021年年度报告摘要，影院管理业务，http://static.sse.com.cn/disclosure/listedinfo/announcement/c/new/2022-04-27/601595_20220427_3_yBA0jfmq.pdf
③ 上海电影股份有限公司2021年年度报告摘要，电影院线业务，http://static.sse.com.cn/disclosure/listedinfo/announcement/c/new/2022-04-27/601595_20220427_3_yBA0jfmq.pdf

营销行为，并及时公布真实的企业信息以及相关的合同条约。一方面，面对消费者，公司积极采取措施保证其防疫安全、健康安全、人身安全和消防安全。譬如，公司严格控制供货渠道并展开资质的审核工作，保证涉及儿童电影的衍生产品的销售卫生和安全；定期在影院进行消防演习，严格购买配套的消防器具和服装。为保证顾客的隐私安全，公司将摄像头置于天花板并成立专门客诉处理中心和相应的消费者热线，以便当日即时处理各方建议[1]，另一方面，上海电影严格按照上市公司要求进行公司治理和信息披露。2021年，上海电影在上海证券交易所网站和相关媒体平台共计披露公告37则，由于优秀的年度信息披露工作，再次被上海证券交易所授予A级（最高级）。[2]

五、共克时艰，着力打造温暖职场

上海电影坚持保护员工利益，切实维护上影人的各项权益，并为构建"上海品文化牌"培养着优秀人才。一方面，应对疫情，公司复工复产的同时照顾员工的身心健康。2019年，公司建立了"光影初心——上影股份员工EAP心理咨询"系统，帮助员工进行心理疏导。[3]2020年，针对家里有困难的员工，公司工会制定了《疫情期间职工帮困办法》。[4]2021年，公司举办了家庭日、摄影比赛和微景观插花活动等活动。[5]这些活动不仅温暖了每一位上影人的心，也使得公司上下更加团结，工作氛围更加和谐。另一方面，公司为员工提供多种技能和职称类培训，并针对青年干部进行业务和政治的双指导。[6]这些行动为公司打造有深度、有温度的文化企业提供能量，也使得公司更具凝聚力。

未来，上海电影会依据疫情情况、人民和市场需求，在做好常态化防控工

---

[1] 上海电影股份有限公司，上海电影2020年度企业社会责任报告，公平营销，保护消费者健康安全和正当权益，http://static.sse.com.cn/disclosure/listedinfo/announcement/c/new/2021-04-24/601595_20210424_9.pdf

[2] 上海电影股份有限公司，上海电影2021年度企业社会责任报告，社会责任战略，http://static.sse.com.cn/disclosure/listedinfo/announcement/c/new/2022-04-27/601595_20220427_10_kA8uChpP.pdf

[3] 上海电影股份有限公司，上海电影2019年度社会责任报告，以人为本，保障员工利益，http://static.sse.com.cn/disclosure/listedinfo/announcement/c/2020-04-25/601595_20200425_9.pdf

[4] 上海电影股份有限公司，上海电影2020年度企业社会责任报告，关爱职工，提升核心凝聚力，http://static.sse.com.cn/disclosure/listedinfo/announcement/c/new/2021-04-24/601595_20210424_9.pdf

[5] 上海电影股份有限公司，上海电影2021年度社会责任报告，大爱无形，工会携手员工成长，http://static.sse.com.cn/disclosure/listedinfo/announcement/c/new/2022-04-27/601595_20220427_10_kA8uChpP.pdf

[6] 上海电影股份有限公司，上海电影2020年度企业社会责任报告，应对疫情冲击，共克时艰，全力保障员工利益，http://static.sse.com.cn/disclosure/listedinfo/announcement/c/new/2021-04-24/601595_20210424_9.pdf

作的基础上，各方面积极创新，进行产业转型，继续产出优秀文化，并达到良好业绩。在影院管理上，为提升影院的抗风险能力、提高品牌影响力，公司会加强影院的降租工作，拓宽衍生卖品工作并进行"影院+"创新业务。在联和院线上，公司将为加盟影院提供各项增值服务，包括广告营销、片方和异业合作、非票业务等资源，以此形成更加紧密良好的合作关系。同时，公司将创新相关业务，并开发更多产品和项目，提高联和院线的知名度。在电影发行上，公司将着力进行线上业务的创新，提高线上宣发的能力并尝试打造网生内容IP，利用已有资源，以共创、授权、联名等多方式进行IP综合开发。[①]

第二节　上海电影执行社会责任现状

上海电影股份公司的实际控制人是上海市国有资产监督管理委员会，公司积极接受党和政府的领导，接受社会各界的监督，产出优质文化内容，以满足人民日益增长的美好生活的精神需求，努力实现"双效统一"，创造优秀业绩。本报告从利益相关方角度出发，结合上市传媒企业特殊性，从以下四方面总结上海电影的社会责任履行情况。

一、舆论引导与社会监督责任

作为国内首批实现A股主板上市的国有电影企业之一，必须在错综复杂的社会舆论环境下，开展好社会责任实践工作，彰显企业价值。要高举旗帜，确保电影发行工作始终坚持正确的政治方向，牢牢守住舆论宣传主阵地。这就要求企业进一步建立起与企业发展相适应的责任战略规划，融入上海地区的红色基因，打造"上海电影"品牌，以品牌影响的软实力和发展的硬实力来影响社会、引导舆论，发挥出媒体"团结人民，鼓舞士气"的功能，充分做好舆论宣传，为时代写歌，围绕"抗美援朝""新冠肺炎"主题，创作推进相关电影，体现

[①] 上海电影股份有限公司2021年年度报告摘要，公司业务经营情况分析，http://static.sse.com.cn/disclosure/listedinfo/announcement/c/new/2022-04-27/601595_20220427_3_yBA0jfmq.pdf

人民大众的勇敢无畏精神，弘扬国家主旋律。同时，进一步加强对电影选题的筛选和质量的把握，严把电影内容关，不给错误、有害的东西提供传播渠道；进一步推动电影党课入社区和校园，将电影形式和党的文化结合起来，给予大众更多的精神食粮，使得民众对中国共产党有更加深刻的了解。注重发掘电影和群众需求之间的关系，发行更多符合群众内心需要和满足群众向往的电影并传递时代的温度。

1. 重大活动和事件中，通过及时正面发声引导舆论

当前进入到"百年未有之大变局"，站在这一时间节点上，电影企业更需要发挥自己的责任担当，通过电影文化，影响人民、引导舆论。上海电影紧扣时代主题，线上线下同步运营，加快文创科创，努力建设电影强国，积极服务国家发展大局。面对中国共产党成立100周年、全面建成小康社会、"十四五"规划新征程等重大主题，上海电影作为红土地的电影企业责无旁贷。公司超前谋划，精心组织策划了一批重大电影工程，包括参与宣传发行《大城大楼》《悬崖之上》等重点献礼影片，第二十四届上海国际电影节中，公司旗下的7家影院作为展映影院，"于电影节期间放映共计308场次，接待影迷8.31万人次"，为弘扬主旋律、传播正能量、提高国家文化软实力不遗余力。

2. 坚持举办"我的电影党课"活动，积极进行宣传教育

上海电影遵循习近平总书记"在党史学习教育中要充分运用红色资源"的指示，将电影主业与党员学习教育深度融合，"我的电影党课"活动规模自2017年始不断升级、扩大，策划了多次重点献礼影片专项展映活动，线上线下为广大党员提供观影学习。[①] 而在2021年，"我的电影党课"走进学校和社区，成为青少年政治理论学习的又一有效途径，为群众性主题宣传教育提供活动平台，得到较大的认可和赞誉。同时，为了提供更丰富和优质的观影选择和党建学习，活动首次推出创新融合产品，在推出相关文创用品的同时，为全市党组织以及党员，打造上海中心红色研学参观与影片观摩的联动套票。2021"我的电影党课"主题活动"历时240多天，参展影院130多家，党课书签场排映

---

① 上海电影股份有限公司，上海电影2017年度企业社会责任报告，深入学习 主动创新，切实履行公司的社会责任，http://static.sse.com.cn/disclosure/listedinfo/announcement/c/2018-04-25/601595_20180425_15.pdf

15,000余场，媒体报道逾100次，活动参与的总人次突破57万"①，使得党课教育更加深入人心，不仅体现了企业的文化担当，也取得了良好的社会效益，为中国共产党建党100周年也营造了热烈的氛围。

3. 把好内容导向关，传播优秀电影文化

上海电影将以习近平新时代中国特色社会主义思想为指引，将传承电影文化，大力弘扬推广高品质优秀电影为己任，唱响主旋律，以多项目传播电影文化，努力繁荣中国电影，为中国建设电影强国作出更大的贡献。2017年，公司推出"阳光卡"项目，选出品质高、限价低的进口影片，并积极与出品方沟通，为弱势群体推出"专场专价"政策，使之能够感受电影文化魅力。②2018年，公司举办多种电影放映志愿活动。③2019年，公司自主开发销售的特色衍生品热销，其中电影《攀登者》系列产品泰迪熊盲盒、光明冷饮联名款"熊小白也是攀登者"、SFC品牌新春红包等得到大众喜爱，助力电影产业的复苏。④2020年，上海电影承担国有企业的担当，开展复工初期免分账影片业务，提供上影经典IP动漫《大闹天宫》与《阿凡提之奇缘历险》。⑤在打造上海文化品牌的进程中，这些活动不仅丰富了人民的精神世界，也使得电影文化更能深入人心，为疫情期间的群众提供精神力量。

二、上海电影的市场责任

关于上海电影总资产、营业收入及股东权益等数据根据其公布的2021年年报和2022年半年度业绩预亏公告整理。由于2022年半年报部分数据是报告期内数值，如营业收入等，因此下文数据部分是2021年末数据，部分是2022年8月数据。

---

① 上海电影股份有限公司，上海电影2021年度企业社会责任报告，"学党史 庆百年"2021我的电影党课，http://static.sse.com.cn/disclosure/listedinfo/announcement/c/new/2022-04-27/601595_20220427_10_kA8uChpP.pdf

② 上海电影股份有限公司，上海电影2017年度企业社会责任报告，电影阳光卡活动，http://static.sse.com.cn/disclosure/listedinfo/announcement/c/2018-04-25/601595_20180425_15.pdf

③ 上海电影股份有限公司，上海电影2018年度企业社会责任报告，电影放映志愿活动，http://static.sse.com.cn/disclosure/listedinfo/announcement/c/2019-04-25/601595_20190425_9.pdf

④ 上海电影股份有限公司，上海电影2019年度企业社会责任报告，满足消费者可持续消费需求，http://static.sse.com.cn/disclosure/listedinfo/announcement/c/2020-04-25/601595_20200425_9.pdf

⑤ 上海电影股份有限公司，上海电影2020年度企业社会责任报告，董事长致词，http://static.sse.com.cn/disclosure/listedinfo/announcement/c/new/2021-04-24/601595_20210424_9.pdf

1. 总资产情况

截至2021年末，上海电影总资产情况如下：总资产为346,067.76万元，较期初增加21.92%；实现营业收入73,108.35万元，同比上升136.37%；归属于上市公司股东的净资产为193,085.49万元，较上年度末减少4.38%；实现归属于上市公司股东净利润2,187.15万元，同比上升105.07%。[①]

为更直观地显示上海电影在行业中的地位和发展情况，本报告统计了传媒类以影视为主营业务的10家上市公司的资产情况，见表1。

表1 2021年10家影视传媒类上市公司资产情况

（单位：亿元）

序号	公司名称	总资产	营业收入	归属上市公司股东净利润	归属上市公司股东净资产
1	万达电影[②]	291.59	124.90	1.06	89.28
2	中国电影[③]	192.48	58.16	2.36	110.98
3	博纳影业	156.9	31.24	3.63	56.41
4	阿里影业	156.47	28.59	0.96	138.06
5	光线传媒[④]	104.79	11.68	−3.12	95.54
6	华策影视[⑤]	87.50	38.07	4.00	66.36
7	华谊兄弟[⑥]	70.94	13.99	−2.46	23.31
8	华录百纳[⑦]	43.57	8.03	0.66	37.03
9	北京文化[⑧]	37.50	2.98	−1.33	15.97
10	上海电影	34.61	7.31	0.22	19.31

---

① 上海电影股份有限公司，上海电影2021年年度报告，主要会计数据，http://static.sse.com.cn/disclosure/listedinfo/announcement/c/new/2022-04-27/601595_20220427_4_IGZr2YuE.pdf

② 万达电影，002739 万达电影2021年年度报告摘要，深圳证券交易所，http://www.szse.cn/disclosure/listed/bulletinDetail/index.html?c9787747-8242-4792-b608-062fe997e25f

③ 中国电影，中国电影股份有限公司2021年年度报告摘要，上海证券交易所，http://static.sse.com.cn/disclosure/listedinfo/announcement/c/new/2022-04-27/600977_20220427_8_UYhHoSzT.pdf

④ 光线传媒，300251 光线传媒2021年年度报告摘要，深圳证券交易所，http://www.szse.cn/disclosure/listed/bulletinDetail/index.html?82c7edd0-ec6e-42a1-bf75-67a899f9f24c

⑤ 华策影视，300133 华策影视2021年年度报告摘要，深圳证券交易所，http://www.szse.cn/disclosure/listed/bulletinDetail/index.html?75969b79-89da-4a12-b51e-e01dc35342ad

⑥ 华谊兄弟，300027 华谊兄弟2021年年度报告摘要，深圳证券交易所，http://www.szse.cn/disclosure/listed/bulletinDetail/index.html?a36454cf-5648-4a02-8436-d9133e4ced36

⑦ 华录百纳，300291 华录百纳2021年年度报告摘要，深圳证券交易所，http://www.szse.cn/disclosure/listed/bulletinDetail/index.html?46aca2c7-8326-49be-a527-7501ed88fce2

⑧ 北京文化，000802 ST北文2021年年度报告摘要，深圳证券交易所，http://www.szse.cn/disclosure/listed/bulletinDetail/index.html?589963de-fba8-4633-a7be-6942e8670241

从表1可以看出，按照总资产、营业收入、净利润和归属上市公司股东净利润排名，上海电影在行业中并不算前列，但是较之亏损公司而言，表现稳定向好。而公司的总资产、营业收入规模与净利润、归属上市公司股东净利润数据相比较为均衡，发展现状和趋势总体而言比较健康。

2. 营业收入情况

2021年上海电影的营业收入为73,108.35万元，比2020年增长136.37%。业务收入分产品情况见表2[①]。

表2 2021年上海电影分产品营业收入情况

分产品	营业收入（元）	毛利率（%）	营业收入比2020年增减（%）
电影放映收入	506,368,917.94	−18.08	127.57
广告收入	89,736,934.94	92.18	237.39
电影发行收入（含版权代理及销售）	47,790,639.20	28.87	200.67
卖品收入	31,098,951.20	73.64	160.74
其他收入	56,088,075.68	82.32	73.30

从表2显示的情况来看，公司主要营业收入来自电影放映、广告、电影发行、卖品。其中，电影放映业务、广告业务、电影发行业务是上海电影于2016年在上交所上市以来的主营业务，而新型业态指在疫情期间依旧保持良好的卖品销售，包括销售额、人均消费同比、客单价同比都有上涨。从中可以看出，公司的电影放映业虽然受到疫情影响，营业成本较高于营业收入，但与上年相比已有较大的提升，向着健康发展前进。而在广告、电影发行业务和卖品中营业收入与上年相比也有数倍提升，呈现出向上发展的态势。在疫情状态下，公司的营业收入和净利润仍保持着稳健增长。

3. 股东收益情况

受疫情影响，截止2022年6月30日，上海电影总资产为325,655.04万元，较上年度末减少5.9%；其中归属于上市公司股东的净资产为176,088.20万元，较上年度末减少8.80%；实现营业收入18,940.00万元，同比减少51.53%；实

[①] 上海电影股份有限公司，上海电影2021年年度报告，主营业务分行业、分产品、分地区、分销售模式情况，https://static.sse.com.cn/disclosure/listedinfo/announcement/c/new/2022-04-27/601595_20220427_4_IGZr2YuE.pdf

现归属于上市公司股东净利润 –16,818.42 万元，同比减少 538.92%。①

从上海电影的总资产、营业收入、净利润及所有者权益等数据来看，2021 到 2022 上半年的情况有所起伏，在升级探索中，尽可能降低疫情冲击的影响，及时公布自身状况，积极与股东交流，切实为保障国有资产和股东包括中小股东在内的权益做努力。

目前上海电影的发展战略是：由于新冠肺炎疫情依旧影响着社会的诸多方面，电影行业也需要进一步的恢复，上海电影决定继续围绕"3+1"发展方略，深化改革并展开线上线下进行多方创新和产融结合，逐步实现转型升级。具体来看，在业务板块方面，治理中心充当服务中心的管理角色，相关部门下沉去支持一线的经营；业务中心将院线、发行、影管进行综合性经营，用项目的形式推动业态创新和资产优化的工作；产融中心负责公司的各项规划、资本运营和创新项目的孵化。在创新产品方面，除了延续已有的优秀项目和品牌，公司将依托优势资源，打造更加丰富多样的电影党课活动。同时，公司将对外合作、拓展院线，做好"一站式全方位影院服务商"的角色，稳固在市场的占比规模。在"影院+"这一重点项目上，为实现文商旅融合的沉浸式多元生态圈，上海电影将升级已启动的影城，尝试打造电影艺术时尚街区，为高端影院提供模板。在产融结合上，公司决定设立"数字化产品"创新实验室，以产品 IP 化赋能项目基地的创新。②

三、上海电影的社会责任

上海电影作为国有控股的上市传媒公司，有着"双效益""双丰收"的要求，持续建设有社会责任的企业，在具有红色基因的上海，以习近平新时代中国特色社会主义思想为指引，积极为社会各界创造综合价值。

1. 公益慈善

上海电影利用文化资源，助力共同富裕，履行社会职责，支持社会建设。包括深入探索公益电影发展新模式；奉献先行，积极实践志愿服务；跨行业推

---

① 上海电影股份有限公司，上海电影 2022 年半年度报告摘要，公司基本情况，http://static.sse.com.cn/disclosure/listedinfo/announcement/c/new/2022-08-31/601595_20220831_6_MdcbCTkY.pdf

② 上海电影股份有限公司，上海电影 2021 年年度报告，经营计划，http://static.sse.com.cn/disclosure/listedinfo/announcement/c/new/2022-04-27/601595_20220427_4_IGZr2YuE.pdf

行多元共建活动。一方面，公司采用多种放映模式，开展具有特色的公益放映活动，采用露天放映的形式，为城市的夜经济做出贡献，给居民带去文化幸福感。同时，上海电影为全市行政村放映公益电影，挑选优秀高质量影片，"年放映公益电影 2.6 万余场，观众 100 万余人次"，极力保障群众的文化权益，满足群众的精神需求。[1]另一方面，公司内部有稳定的志愿者团队，长期进行志愿服务活动，从与主业相关的公益电影放映到交通协管，为公司营造了友善、助人、乐于奉献的良好氛围。[2]2021 年，河南由于极端强降雨而突发灾情，公司开展助力河南爱心义卖点的活动，并将所有善款通过官方渠道捐赠。而为了促进基层精神文明的发展，公司积极邀请社区民众参与各色电影活动，并免费提供文化设施和活动场所，给社区带去温暖和善意。[3]此外，公司探索与"好八连"特战三连、虹梅街道敬老院、中国航发商发等兄弟单位或跨行业共建资源，并开展共建活动，实现精神文明共享、共赢的良好局面。[4]

2. 员工关爱

在员工关爱上，包括以下三个方面，即重视员工需求，落实政策要求；组织开展形式多样的工会活动；提供员工培训，培育青年干部。一方面，自新冠肺炎疫情以来，国家和地方相关部门扶持企业、复苏行业的政策陆续出台，上海电影深入研究各项政策，并响应国家号召，得到社保减免和各类疫情扶持补贴，并将补贴用于要紧、关键之处。同时，工会积极购买相应的防疫物品，第一时间对员工发放，并慰问和帮助有困难的员工。[5]为了缓解员工压力，缓解不良情绪，公司举办了各色文化实践活动，比如职工乒乓球赛、拍摄微电影、"新创意"项目征集大赛等等。这些活动在愉悦身心、丰富员工业余生活、提升员工参与感与荣誉感的同时，也培养了企业文化、营造了积极向上的企业氛围。

---

[1] 上海电影股份有限公司，上海电影 2021 年度社会责任报告，流动放映，探索公益电影发展新模式、惠民放映，深耕公益之路，http://static.sse.com.cn/disclosure/listedinfo/announcement/c/new/2022-04-27/601595_20220427_10_kA8uChpP.pdf

[2] 上海电影股份有限公司，上海电影 2021 年度社会责任报告，奉献先行，志愿服务践初心，http://static.sse.com.cn/disclosure/listedinfo/announcement/c/new/2022-04-27/601595_20220427_10_kA8uChpP.pdf

[3] 上海电影股份有限公司，上海电影 2021 年度社会责任报告，社企互动，涵育基层精神文明，http://static.sse.com.cn/disclosure/listedinfo/announcement/c/new/2022-04-27/601595_20220427_10_kA8uChpP.pdf

[4] 上海电影股份有限公司，上海电影 2021 年度社会责任报告，勠力同心，同创共建齐进步，http://static.sse.com.cn/disclosure/listedinfo/announcement/c/new/2022-04-27/601595_20220427_10_kA8uChpP.pdf

[5] 上海电影股份有限公司，上海电影 2020 年度企业社会责任报告，关爱职工，提升核心凝聚力，http://static.sse.com.cn/disclosure/listedinfo/announcement/c/new/2021-04-24/601595_20210424_9.pdf

另一方面，上海电影组织员工参加各色文明修身拓展培训，提供包括初级会计师、商务日语、会计上岗证等各类职称、技能类培训，并组织专题讲座和聘请专业讲师上课，要求子公司专属定制业务专题培训。同时，为了培养优秀干部和调动员工的积极性，公司构建正向激励体系，将胆识、干劲、能力作为识别、评价和奖惩标准，并实行了轮岗锻炼管理制度，畅通了青年的晋升渠道，使得公司内部的实干、勇于担当、努力奋斗的风气逐步形成。①

3. 依法经营

上海电影严格按照《证券法》《上市规则》等规定依法进行各项业务经营，优化内控体系，提高公司治理能力，助力公司高质量发展。一方面，上海电影坚决遵守法律法规、上海证券交易所发布的相关规定以及其余规范性文件，制定各项内部的管理制度和办法，并根据实际，修订安全生产、疫情防控、员工出差住宿餐食等文件。另一方面，上海电影构建内部控制矩阵，并设置130个关键控制点，不断提供信息化管理水平。公司在整体风险防范的基础上，重点关注资金和投资风险，强化中后台部门的管控和服务，整改内控缺陷，保证公司健康发展。"2021年，公司共组织召开2次股东大会、9次董事会、5次监事会等等；合计披露各类定期以及临期报告37则。"②

四、责任管理

2008年上海证券交易所发布《关于加强上市公司社会责任承担工作暨发布〈上海证券交易所上市公司环境信息披露指引〉的通知》③（以下简称"指引"），2017年上海电影第一次发布了企业社会责任报告，初步阐释了企业的社会责任理念，并展示了2016年度社会责任履行情况，在规范运营行为，保护鼓动和债权人的权益；公平营销，保护消费者健康安全与权益；保护员工利益等方面编制了公司的社会责任报告，连续六年定期公布，做到了社会责任执行的情况

---

① 上海电影股份有限公司，上海电影2020年度企业社会责任报告，应对疫情冲击，共克时艰，全力保障员工利益，http://static.sse.com.cn/disclosure/listedinfo/announcement/c/new/2021-04-24/601595_20210424_9.pdf

② 上海电影股份有限公司，上海电影2021年度社会责任报告，深入构建、高效运行内控体系，切实维护股东权益，http://static.sse.com.cn/disclosure/listedinfo/announcement/c/new/2022-04-27/601595_20220427_10_kA8uChpP.pdf

③ 上海证券交易所，关于加强上市公司社会责任承担工作暨发布《上海证券交易所上市公司环境信息披露指引》的通知，2008，http://www.sse.com.cn/lawandrules/sserules/listing/stock/c/c_20150912_3985851.shtml

披露要求。表3所示，10家影视传媒类上市公司有6家公布了社会责任报告。

表3　10家影视传媒类上市公司2021年度社会责任报告公布情况

公司名称	万达电影	中国电影	光线传媒	华策影视	华谊兄弟	博纳影业	阿里影业	华录百纳	北京文化	上海电影
有无责报	未搜到	有	未搜到	有	有	未搜到	有	未搜到	有	有

然而，对于上交所"指引"要求的第二条"形成符合本公司实际的社会责任战略规划及工作机制"、第四条"公司可以在年度社会责任报告中披露每股社会贡献值"、第五条第二则"公司在促进环境及生态可持续发展方面的工作"等内容在公司六次的社会责任报告中并没有谈及。因此，上海电影虽然能够较好地体现自身发展状况、妥善保护好相关者的利益并回报社会，但是有关履行社会责任的相应计划不够全面，也没有保障计划落实的监督机制，无法知晓公司未来对于员工的培养方向、对社会的资助规划。另外，上海电影未公布每股社会贡献值，无法让大众直观地看到公司的社会价值，且避开对于环境的影响和保护，信息披露不够完善。

第三节　上海电影执行社会责任存在的问题

上海电影作为一家国有控股的影视传媒类上市公司，既要完成党和政府的要求，将社会效益放在首位，又要为公众提供优质的电影文化及周边产品，提升自身的市场竞争力，实现国有资产的保值增值等等，这些都是其履行社会责任的种种表现，但是研究还是发现其在履行社会责任方面存在一定不足。

一、社会责任战略规划和配套监督措施有待完善

上海电影虽将报告期内的公司社会责任实践情况进行归纳阐述，但是未能作出对未来的完整展望和落实计划的监督措施。整体来看，上海电影的社会责任报告局限于对于上一年对利益相关者、政府、消费者、员工等对象所作贡献的总结，对企业发展战略只有"3+1"宏观概述，并在年度报告中描述了下一

年的业务经营策略，未谈及公司的商业伦理准则、社会发展资助计划以及员工保障计划等等。同时，上海电影未将自身与行业整体情况做出对比，制定可衡量的责任指标，无法对自身社会责任贡献有清晰的认知，无法完善社会责任的相应举措。公司内部对于社会责任的监督制度也有缺失，在一定的计划下，易造成社会责任实践的疏漏，对股东和社会造成可能性利益损害。

二、环境资源保护和信息披露有待增强

环境是企业社会责任实践的关键对象之一，也是企业发展时赖以生存的要素，企业需要及时披露资源利用损耗情况以及保护环境的技术投入与研发情况。虽然上海电影的社会责任中落实了社会可持续发展方面的工作，例如员工健康及安全的保护、对所在社区的支持、对产品质量的把关等等，并谈及公司在促进经济可持续发展方面的工作，比如为股东带来高经济回报。但是，还是缺失了对促进环境生态的内容。虽然是一个影视类别的企业，但是上海电影除去文化、社区、公益放映等方面对社会的贡献，也应该从业务经营方面入手，从源头上节约资源、采用低碳保护材料，进行可持续发展。譬如说，电影开发、影院设施投资、文创产品等方面，公司在日常运转和项目实施时，对环境都有一定的影响，但在上海电影所出示的所有社会责任报告中均未有该领域展现。

三、执行社会责任的评价与激励机制有待优化

企业社会责任的评价和激励机制对于落实社会责任有着关键作用，外界的规则和企业内部规则共同助力，才能够提高社会责任的执行效率、促进企业的长效发展。一方面，上海电影组织架构较为繁杂，而在论及社会责任具体表现时，更多是从整体情况进行展示，没有分类具体阐述。且公司虽对自身社会责任执行做了年度总结，但是多是以描述性为主，没有对比信息和直观性数据，大众无法对其社会贡献做出断定，进而难以达到社会监督的作用。另一方面，公司内部没有有效的激励执行社会责任的决议，无法推动公司不同板块形成积极履行责任的意识，长此以往，员工的参与度和热情降低，社会责任执行难以达到预期效果。

四、对外传播和舆论引导能力有待提高

中国电影是海外大众了解中国的主要媒介,有助于国家形象传播。[①] 在国际形势复杂的当下,作为国有影视企业,上海电影承担着助力我国文化传播、争取舆论话语权的责任和使命。虽然上海电影的"我的电影党课"活动和其他公益放映活动,为国人带来了价值观引导和精神滋养,体现了电影艺术的魅力。但是,上海电影更需要开拓视野,望向全球,以电影文化作为载体,让"铁盒里的大使"讲好中国故事,凸显中国的精神文明。母公司上海电影集团有限公司具有优质的电影翻译资源和拍摄经验,获得众多国家级和全球重要奖项。上海电影更应该依托已有优势,打通传播渠道,筑造有民族精神又喜闻乐见的影片,以此宣传自身品牌,打开国外电影市场。

第四节 上海电影社会责任执行力提升路径与方法

为了使得更好服务大众和制作出更多优秀电影作品,提高社会效益,上海电影需要针对社会责任执行不足之处进行改良,具体在于建立公司在履行责任时系统的规划;加强对于环境资源的重视;在公司内部分板块进行社会责任的考核,并予以一定的奖励;提高对外传播能力,打开国外市场。

一、建立企业履责的系统规划和监督措施

企业制定规划不仅要根据国内国际大环境,也需要对自身有清晰的认知,以此做到规划的合理化。具体而言,上海电影公司的经营业务覆盖电影发行及放映、版权运营销售、院线与影院经营、线上票务与会员服务,及影院、文化设施的投资、开发与运营等。这些业务方向不同,或直接或间接传输着文化价值观,并且影响着人们的娱乐休闲生活。因此,在制订履行社会责任的规划时,不仅要学习前人和同行的先进经验,也需要考虑企业的主业实际和介质属性,

---

① 黄会林,孙子荀,王超,杨卓凡.中国电影与国家形象传播——2017年度中国电影北美地区传播调研报告[J].现代传播(中国传媒大学学报),2018,40(01):22-28.

具体制订可执行与细化的规划与标准，让上海电影更好地承担和履行自身的社会责任。同时，这些系统规划需要配套的监督措施，可以进行定期的内部自我批评会议，以及畅通匿名意见和建议渠道，如若有需要，也可以建立专门部门或者求助专业机构进行监督。

二、加强对环境资源的节约与保护

环境保护是企业社会责任的永恒话题，也是关键的一部分。上海电影不仅对电影放映和投资，也会对影院和文化设施进行投资并开发了相关的文创产品。因此，上海电影需要对环境资源的多个方面予以重视。电影拍摄时，需要给予场地和能源建议，尽可能减少不必要的浪费；设施动工时，可以利用环保材料并配备设施进行污染处理；文创产品制作时，采用可循环或者废弃物品进行再加工处理；兜售影院餐品时，积极回收相应垃圾。同时，上海电影也可以资助一些环境保护的公益机构，创作环境保护的公益宣传片，在影院粘贴环境保护的公益广告，等等。

三、完善相关配套评价与激励机制

企业履行社会责任，既要遵循国家与行业的标准与规范，又要主动建立自身的相应考核评价与激励机制，与各方形成联动关系，才能做到有章可循、事半功倍。一般来说，可以聘请专业机构从测量指数和模型进行社会责任的衡量，及时测验和公告，保证评估的公正合理。根据自身的属性，上海电影可以多找相关的参考指南，比如说《国有影视企业社会效益评价考核试行办法》。同时，上海电影要强化激励机制，提高员工执行社会责任的内生和外在动力。企业可以采取组织架构的分类方式，在治理中心、业务中心、产融中心，这三个板块进行分类考核管理，制定统一的激励标准，形成责任执行竞争态势，促进公司内部形成良好的社会责任氛围。

四、拓展国外电影市场

当下是中国电影对外传播话语体系构建的第三个阶段，即中国经济腾飞、国际地位飙升,急需找到中国文化如何走出的路径。[①]上海电影有着对外传播的基础,能够输送中国风格和特色的文化,助力在跨文化语境下的中国形象建设。一方面,上海电影可以通过寻找合作伙伴,积极与国际高水准的影视公司交流,融资制作中外合拍片,在符合国外受众认知习惯的基础上,打破文化壁垒、减少文化折扣、实现文化输出。另一方面,上海电影可以借助已有的影视文化符号,比如孔子、中国功夫、旗袍等,增加新的中国现代元素,构建熟悉也陌生的叙事场域,同时完善电影技术、拍摄技巧、剧本逻辑等,用宏大叙事引起观众共鸣,以此传达中国价值观。

---

① 张阿利,王璐."一带一路"电影样态生成与中国电影对外传播话语体系重构[J].艺术评论,2019(08):7-16.

第五部分　互联网、新媒体篇

第十七章　新华网社会责任研究报告

申玲玲　于　湖[①]

本报告依据新华网发布的2021年度报告和社会责任报告等公开资料,结合传媒业发展环境与新华网的实际发展状况,从舆论引导与社会监督责任、市场责任、社会责任、责任管理等四个维度,细致梳理归纳了新华网2021年社会责任的履行情况,并总结新华网在执行社会责任过程中存在的问题,给出了六个方面的具体建议。若无特别说明,本报告中的数据截止时间为2022年7月31日,除非特殊说明,文中相关数据均来自《新华网股份有限公司2021年年度报告》。

第一节　新华网基本情况

新华网,1997年11月7日上线,是新华社主办的综合新闻信息服务门户网站。2011年3月,新华网股份有限公司成立,并于2016年10月28日在上海证券交易所挂牌上市(股票代码:603888)。2021年1月1日,新华网改版上线,从新闻平台向"新闻+政务服务商务"平台转变,此次改版也标志着新华网从新闻网站向综合信息服务平台全面转型。

目前,该网拥有31个地方频道以及英、法、西、俄、阿、日、韩、德、葡、西里尔蒙古文等外文网站及客户端,日均多语种、多终端发稿1.2万条,用户遍及200多个国家和地区,PC端日均浏览量超过1.2亿,移动端日均覆盖人群

[①] 申玲玲,西北政法大学副教授、博士后,研究方向为新媒体;于湖,西北政法大学新闻传播学院硕士研究生。

超过4.1亿。新华网在微博、微信、抖音、快手等平台账号粉丝数量超过1.5亿。

新华网拥有"学习进行时""思客""新华网评""新华访谈"等品牌栏目，同时也是国内最大政务网站集群的运营者（承建中国政府网、中国文明网、中国应急信息网、中国雄安官网、中国互联网联合辟谣平台等20多家政务网站），在"2021年中国互联网综合实力前百家企业"中排名第57位。

第二节 新华网执行社会责任现状

一直以来，新华网都注重"让新闻离你更近"，并以"传播中国，报道世界"为己任，秉承"权威声音，亲切表达"的理念，充分发挥网络新闻舆论工作主力军主渠道主阵地作用，积极履行党媒党网的社会责任，积极创新新闻报道新形式，围绕增强传播力、引导力、影响力、公信力，及时、准确、全面地做好重大、重点、热点新闻报道，不断提升市场竞争力。

2021年，新华网圆满完成了全国两会重大报道任务、建党百年等重大报道，推出多个引发全网关注的专题报道和融媒体产品，取得了良好的社会效益。经济效益，年度营业收入17.24亿元，同比增长20.28%。在社会责任履行和责任管理方面，新华网全方位发力，也取得了优异成绩。

一、重大主题和会议报道成绩突出

1.权威解读习近平总书记系列重要讲话

新华网始终把习近平总书记报道和习近平新时代中国特色社会主义思想宣传作为首要政治任务，推出原创稿件超600条，其中近500条被全网置顶推送，60多条全渠道传播总量过亿，专题报道《〈习近平谈治国理政〉第三卷知识点》获评中国新闻奖特别奖。名牌栏目《学习进行时》围绕学习总书记"七一"重要讲话精神推出多篇报道和专题，在网上掀起学习总书记"七一"重要讲话精神的高潮。此外，新华网继续做强多语种融媒体专栏"习近平时间"，全方位传播总书记治国理政思想、展现世界级领袖风范。

2. 精心组织重大主题报道

2021年,新华网围绕建党百年、全国两会、脱贫攻坚总结大会、十九届六中全会等推出了一系列重磅重大主题报道和融媒体专题,在网络上产生热烈反响。其中"七一"庆祝大会直播及相关全媒体报道的总访问量超过55亿,创历史最高纪录。作品《改变你我命运的那些瞬间》《平凡的伟大》《舞动"十四五"》等引发全网关注。新华网在微博、抖音等平台设置的"建党百年倒计时100天","这些瞬间改变你我命运"等话题阅读量过亿。

两会期间推出的《两会日记》融媒体专题、《我看见·两会》系列专题海报等都受到网民的热烈关注。"我请代表委员捎句话"互动专题,短时间内就收获30多万条网民留言。代表委员入驻"新华号"专题的总访问量达1.98亿次,在两会期间约占新华网客户端总访问量的三分之一,矩阵效应明显。[①]

3. 提升国际传播能力,塑造可信、可爱、可敬中国形象

面对日益复杂的国际关系,新华网加强对外宣传,通过推出重磅作品、创新对外话语表达体系,在塑造可信、可爱、可敬的中国形象的同时提高舆论斗争能力。开展对美舆论斗争的作品《德堡疑云》等总传播量近5亿,在海外引发广泛关注。此外,新华网还建立强IP联动机制,精心打造外宣品牌栏目,深度参与《全球连线》栏目内容制作,通过抢占第一手新闻提高海内外媒体采用量:据统计2021年中文报道最高被954家境内外媒体采用,英文报道最高被342家境内外媒体采用[②],该栏目已成为新华社国际传播报道中最有影响力的融媒栏目之一。

4. 强化阵地建设责任

除了做好内容建设,新华网还通过网站升级改版进一步提升影响力,强化阵地建设责任。为了适应"四全媒体发展趋势",创建全媒体传播新格局,新华网在2021年加速转型:①将"新华号"升级为新华网内容生态的基础设施平台,并吸引2,000多家账号入驻;②加强直播报道,"新华云直播"月均播出超过600场,成为汇聚正能量、激发正能量的重要平台;③推动诸多平台账号的一体化运营,打造强势社交传播矩阵、提高分发效率;④加强总网与地方频道协同,拓展内容合作伙伴,丰富内容生态。

---

① 夏晓晨:《新华网融合创新两会报道分析》,《传媒》2021年第17期。
② 《全球连线》,http://www.zgjx.cn/2022-11/01/c_1310668139.htm。

5. 以网络评论推动舆论引导

在舆论监督方面，新华网建立了"1+N"式（品牌栏目"新华网评"+"新华锐评""100秒漫谈斯理""新华网三句话""牛弹琴"等）"大网评"矩阵，做到了在热点、敏感问题上早发声、敢发声、会发声，积极引导舆论。[①]评论《晚舟归航，曲折起伏，也浸润着温暖，彰显着力量》被外交部发言人在微博转发，并被近千家媒体转载；评论《如此敷衍，永辉超市如何"永辉"？》等直接推动事件有效解决；2021年初在"疫苗接种"事件中，新华网主持的微博话题"重点人群接种疫苗的22个问题"，阅读量超过6,500万，取得了良好的引导效果。

6. 以专业报道解决民生问题

新华网名专栏"民生直通车"，刊登大量与民生密切相关的新闻，服务公众；针对与民生有关的热点问题及时跟进调查，为民解困。2021年1月23日，该栏目播发专题报道，反映广西南丹县"百舜建材城"744户小区业主房本失效，无法进行交易、过户等问题，进而引发社会关注，推动有关部门将依法依规继续开展好相关工作，加快推进相关手续办理。2021年4月30日，该栏目播发专题报道《谁在侵占粮食生产的命根子？——追踪侵占耕地投诉》，稿件播发后，温岭市政府迅速组织整改并进行调解。

7. 以技术创新作品表现形式

除了在重大主题报道以融媒体、海报等形式提高作品吸引力外，作为常规栏目，新华网"富媒体"频道，还设有"卫星新闻""数理话""5G+AI""身临其境"等栏目，以创新的形式进行高质量的报道，充分体现了较好的选题策划能力和较高的内容制作能力。新华网运用3D动画、MR、卫星遥感等技术制作的《寻味房游记》《舞动百年芳华》等50余个作品，浏览量过亿。

冬奥会期间，新华网推出大型融媒体交互专题《北京冬奥会 一起向未来》。全新引入动态加载、视差效果等技术，并在报道中采用XR、VR绘景、三维扫描、MOCO拍摄等技术手段，实现细节与瞬间的完美捕捉，多角度、全方位、多终端、全媒体地呈现赛场内外的无限精彩，受到广泛关注和赞誉。

[①] 安传香：《拓展舆论引导新路径 打造网评深度影响力》，《新闻战线》2022年第13期。

二、市场责任

2021年度，新华网加快数字内容建设，发挥主业优势、丰富产品体系、整合营销资源、创新商业模式、打造品牌IP、持续推进线上线下数字展览业务，实现了营业收入的进一步提升。

1. 总资产和营业收入情况

截至2021年12月31日，新华网总资产48.34亿元，同比增长10.51%；2021年度营业收入17.24亿元，同比增长20.28%；营业成本11.97亿元，同比增长36.32%；研发费用0.67亿元，同比下降6.82%；归属于上市公司股东的净利润2.11亿元，同比增长27.63%；基本每股收益0.405,6，同比增长27.63%。

表1 新华网2019—2021主要会计数据

七、近三年主要会计数据和财务指标

(一) 主要会计数据

单位：元 币种：人民币

主要会计数据	2021年	2020年	本期比上年同期增减(%)	2019年
营业收入	1,724,073,704.74	1,433,403,177.47	20.28	1,569,884,958.35
归属于上市公司股东的净利润	210,515,572.71	164,941,398.26	27.63	287,887,614.18
归属于上市公司股东的扣除非经常性损益的净利润	62,133,237.67	69,903,116.73	-11.12	120,486,670.18
经营活动产生的现金流量净额	266,849,405.35	380,864,057.68	-29.94	60,990,263.09
	2021年末	2020年末	本期末比上年同期末增减(%)	2019年末
归属于上市公司股东的净资产	3,156,054,659.86	3,005,039,147.14	5.03	2,963,556,480.83
总资产	4,833,578,524.45	4,373,710,360.83	10.51	4,198,106,499.50

(二) 主要财务指标

主要财务指标	2021年	2020年	本期比上年同期增减(%)	2019年
基本每股收益（元/股）	0.4056	0.3178	27.63	0.5547
稀释每股收益（元/股）	0.4056	0.3178	27.63	0.5547
扣除非经常性损益后的基本每股收益（元/股）	0.1197	0.1347	-11.14	0.2321
加权平均净资产收益率(%)	6.82	5.51	增加1.31个百分点	9.96
扣除非经常性损益后的加权平均净资产收益率(%)	2.01	2.34	减少0.33个百分点	4.17

2022年4月29日，新华网披露本年度第一季度报告。报告期内公司实现营业总收入3.03亿元，归母净利润2,029.26万元。报告期内，基本每股收益0.039,1

元。① 如果以 2021 年的数据为参照，新华网在 2022 年面临较大的盈利压力。

2. 主营业务分产品、分地区情况

2021 年新华网营业收入 17.24 亿元，其中境内收入 17.23 亿元，同比增长 20.39%，毛利率 30.70%，同比减少 8.15%；受疫情影响，部分业务停滞，境外收入 54.36 万元，同比下降 68.77%，毛利率 -381.56%，同比减少 326.91%。

新华网主营业务大致包括以下五大类：①网络广告业务；②信息服务业务；③移动互联网业务；④网络技术服务业务；⑤数字内容业务。其中，网络广告和信息服务业务的营收占总营收的 66%，且毛利率都在 40% 以上。移动互联网和网络技术服务的毛利率都低于 5%。值得注意的是，五大业务的营业成本都比 2020 年度增加不少，且增幅都高于收入的增幅。

表2 新华网主营业务分产品情况

---

① 《新华网：2022 年一季度净利润 2029.26 万元 同比增长 197.77%》，[2022-04-29]，https://www.163.com/dy/article/H64MRRPG0514R9KC.html。

三、社会责任

为了更好地履行社会责任,新华网在2021年升级公益频道,重点打造"公益讲堂""公益主张"等栏目,借助其专业优势和平台更好地传播公益理念、整合社会资源、开展公益活动。

1. 以专业服务社会

(1)助力主流媒体数字化转型和地方发展

增强技术研发实力,全方位赋能内容生产。一方面,新华网运用新华智云的技术和产品,参与全国29个省级融媒体平台建设、帮助400余家县级融媒体中心在新华社客户端、新华网客户端开通订阅号;另一方面,新华网重点加强新华云、溯源中国、新华云展项目建设,助力主流媒体融合发展。

此外,新华网还开通了"媒体+政务"功能,助力政府服务。典型的如与合肥市人民政府合作,将"溯源中国·合肥数字经济总平台"升级为"全国总平台"。2022年,新华网上新城市频道,以AR、VR、XR、无人机、卫星遥感拍摄等科技展现城市新貌、打造城市商务合作平台和信息发布平台,助力城市发展。

(2)建设课程思政与科普教育双平台

新华网推出集资源建设、学习、交流于一体的课程思政示范课程展示指定平台"新华思政",截至2021年底覆盖700多所高校,上线课程思政案例课600多门,推动院校课程思政教学资源共建共享。[1]新华网以"科学+"为核心,形成了具有广泛影响力的"科学+"知识服务平台。自2014年至今,已推出原创科普视频5,000余部,图文万余篇,浏览量近20亿。2021年,新华网实现了科普内容云直播常态化,并成功打造品牌化科普短视频产品,推出《云游地博》《中秋赏月》等系列主题直播和《走进国家重点实验室》《致敬百年航天筑梦人》等系列栏目,取得了良好的传播效果和广泛的社会影响。2022年7月,新华网正式上线科普中国频道,将更多优质科普内容带给公众。

2. 保障从业人员合法权益

保障员工权益。新华网秉承"以奋斗者为本、以奉献者为本"的理念,严格遵守相关法律法规,不断完善福利体系,切实休假休息等各项权利,及时足

---

[1] 《新华网社会责任报告(2021)》,http://quotes.money.163.com/f10/ggmx_603888_8068931.html。

额缴纳"五险一金",持续投保重疾险;通过业已建立的专业化、系统性、前瞻性培训课程体系和多元化的培训机制等帮助员工全面提升、持续成长;着力保障员工的合法权益,为采编人员开展工作创造各种有利条件。

3. 助力乡村振兴

新华网发挥自身优势开展电商直播助农、教育资源帮扶等工作,促进美丽乡村建设,并于2022年2月25日上线"乡村振兴"频道,以全方位助力乡村振兴。2021年,新华网一方面引入电商头部主播开展直播"云助农计划",推出"看得见的改变"大型主题公益活动、推出原创栏目《振兴记录者》系列内容,以自身优势助力乡村振兴。另一方面,新华网采取多元化举措帮助定点帮扶县河北新河、贵州石阡、江西瑞金脱贫攻坚、实现乡村振兴、促进乡村儿童教育工作和身心健康发展。

4. 开展"我为群众办实事"活动

新华网联合入驻"新华号"的百余家党政机关、事业单位、媒体等,推出"我为群众办实事"网络留言征集活动,截至2021年底共收到"办实事"案例1.1万余个,网民留言3万余条,积极有效地帮助群众解决难题。

除了上述内容,新华网也非常注重宣传优秀文化、彰显文化自信,推动社会主义文化传播。如以中国共产党百年奋斗历程为主题的大型原创音乐史诗剧《百年风华》、大型茶文化史诗音乐剧《茶道:一叶乾坤》等。

作为综合信息服务平台,新华网注重全方位履行其央级媒体的诸项社会责任,获得了较高的社会影响力和评价。上述成绩的取得离不开自身的责任管理意识和有效措施。

四、责任管理

为了切实履行媒体责任,新华网一方面建设分级分类、系统性、多样化的培训体系,提高员工的专业素养;另一方面,根据《公司法》《公司章程》等相关法律法规与规章制度的规定加强子公司管理,提高了公司整体运作效率和风险管控能力。此外,新华网还强化网络安全风险管控,推进长效化防控体系建设。

1. 责任战略

加强制度建设,严格内部管理,开展增强"四力"教育实践工作、马克思主义新闻观教育、各种形式的政治意识、专业能力的培训和理论学习、业务研讨等活动，确保全体员工遵守职业规范，全面提升专业素养，坚决抵制"有偿新闻""有偿不闻"不正之风和低俗庸俗媚俗等，注重"暖新闻"和正能量资讯在各终端显著位置持续推送，积极设置讨论话题，引导用户关注。除了强化内部管理，新华网还主动接受社会监督，24小时在线及时处置来自多途径的举报信息。

新华网重要的内容生态基础平台之一，新华号则一方面建立了规范、严格的审核体系以确保内容安全；另一方面则通过扶持优质原创内容、及时处罚低质变质账号等措施确保健康良好的内容生态。

2. 责任治理

新华网认真履行合法经营职责，坚持把社会效益放在首位，深入落实采编经营"两分开"要求，压紧压实责任，筑牢内部"防火墙"，强化内部巡察、审计工作，确保经营工作健康良性发展，推动经营管理规范化水平不断提升。

强化安全意识，通过制度规范与日常管理双管齐下筑牢报道安全风险防范体系。①严格遵守安全刊播制度流程。一方面，规范转发稿件流程，加强原创稿件管理，另一方面严格执行"三审一校""四审一校"等制度，严格落实授权发布新闻、重大突发事件、热点敏感问题等报道规程。②建设多维立体的、常态化的报道安全防控机制。通过定期排查、加强巡检确保常态化的报道安全，此外，新华网还安排有总编室抽查、专项督查、部门自查等立体化的报道安全防控机制。③注重提高采编人员的报道安全意识。新华网定期组织召开全网报道安全管理会议，采用多种培训方式强化采编人员审核把关和防堵差错能力。

上述举措保证了新华网自身的内容安全和风控管理，在提高员工专业素养和职业道德的同时，也为同行树立了良好的榜样，并在管理制度和培训内容、责任管理等方面积累了宝贵的经验。

第三节　新华网执行社会责任存在的问题

根据《2021新华网社会责任报告》中披露的有关责任管理的信息可以看出，

新华网全面履行媒体职责与使命，尤其是在重大主题宣传和舆论引导方面，体现了党媒、党网的责任与担当。笔者仅以公开资料为依据进行分析后认为，新华网在履行社会责任的过程中，在如下几个方面还存在提升的空间。

一、营业成本高，毛利率低

2021年，新华网在内容生产、商业营收等方面都取得了不错的成绩，但从年度财务报告来看，也存在有待改进之处。

1. 营业成本增幅大于营收增幅

2021年新华网营收同比增加20.28%，但营业成本则比2020年增长了36.32%。从财报内容看，网络广告业务、信息服务业务、移动互联网业务、网络技术服务业务、数字内容业务等五大主营业务的成本增幅分别为：33.90%、65.70%、36.46%、8.73%、34%，成本增加的主要原因是人工成本的增加。

2. 销售客户过度集中

据《新华网股份有限公司2021年年度报告》数据，新华网前五名客户销售额2.32亿元，占年度销售总额的13.45%；前五名客户销售额中关联方销售额1.85亿元，占年度销售总额的10.74%。向单个客户的销售比例超过总额的50%，前5名客户中存在新增客户的或严重依赖于少数客户的情形。今后，新华网应该着力拓展客户规模，尤其是加大营销新客户的力度，改变现有的严重依赖少数客户的情形。

二、参与社会公益事业的形式较为单一

新华网坚持正确导向，回应民生关切，传递社会正能量等方面成果显著。但相比于其重要的社会地位，该公司在公益事业方面的活动还有较大的发展空间。

一是在公益活动策划和项目启动等方面，还有更大的作为空间；二是合作对象、可对接的资源较少；三是公益频道的作用未充分发挥。

新华网公益频道设有公益资讯、公益主张、公益行、乡村振兴、企业责任、中国网事·感动时光、巾帼风采等7个栏目，总体感觉偏重宣传，较少开展相应的能吸引网民参与的活动。而新华网商务频道的"公益"栏目，目前只有7

个产品售卖（点击后链接到淘宝或京东的相关页面）和1个"新华公益在线募捐服务平台升级上线"链接，该链接点击进去后仅有三个募捐项目。如果结合新华网的媒体地位和1亿的页面流量而言，其"公益"频道和栏目应有的资源整合功能和公益效果等并未得到充分的展现。

三、国际传播能力有待提高

凭借着高时效性和优秀的新闻专业素养，"全球连线"节目大大提高了新华网报道的海内外媒体采用量。从议程设置的角度来看，采用量的提高不仅提升了新华网的国际议程设置能力，同时避免西方媒体歪曲事实，还进一步从中国视角出发构建了中国形象，但仅仅作为信源被采用是不够的。从已有的海外新闻端与社交媒体账号来看新华网创造了很多"出圈"作品，然而投入和产出并不匹配，均存在发稿量大，日均阅读量、转发量、评论数偏低、互动不足等问题。身处客场的新华网需要继续探索符合国际受众口味，能够保持长期吸引力与新鲜感的中国故事话语体系。

此外，《2021新华网社会责任报告》未专门涉及公司在促进社会、环境及生态、经济可持续发展方面的工作。如果未来新华网能就上述方面的责任履行进行阐述则更为全面。

第四节　新华网媒体社会责任执行力提升

新华网拥有独特的地位，如何充分发挥自身专业优势、整合社会资源，更好地履行社会责任，笔者认为可以从如下几个方面着手。

一、提升国际传播中的话语权

为了进一步提高国际传播能力、提升国际传播中的主动权和话语权，新华网要利用好已有的海外社交媒体平台，增强责任自觉，"讲好中国故事，传播好中国声音，展示真实、立体、全面的中国"，扭转"有理说不出、说了传不开"

的被动局面。面对个别媒体的歪曲报道，及时发声、赢得主动，增强说服力和国际舆论引导力。

二、增强商业营收能力

面对中国互联网市场的激烈竞争，新华网应加速媒体融合发展，强化技术驱动、产品创意、产品思维和创新意识，优化资源配置，探索多元化的盈利模式，为公司长远发展奠定基础。充分发挥"媒体＋科技＋资本"的优势，加快经营体系转型升级。通过开发重点项目、加强与地方政府部门和大型企业等的合作，拓展新客户、策划更多高端的品牌活动。新华网在2021年共获得国家发明专利授权11项，旗下的新华睿思大数据平台矩阵进一步发展，未来应全力增加睿思系列产品的市场份额，在助力同行发展的过程中提高营收能力。

三、扩大社会影响力

过去的一年，新华网制作了不少爆款内容，引发全网关注，但这些内容多属于重大主题报道。建议新华网一方面做好重大主题报道和热点事件报道，另一方面也能策划、制作更多与民生有关的内容，增加舆论监督力度，更好地发挥舆论引导功能。充分发挥权威媒体的平台功能，搭建官民互动的桥梁，切实为群众解决生活中面临的一些难题，与此同时提高自身影响力。

四、发挥平台优势，推动乡村振兴

2021年新华网公布的社会责任报告中，有关乡村振兴的内容重点是围绕其定点的三个扶贫县，这在一定程度上与其媒体定位不符，建议新华网继续充分发挥其平台优势和资源对接优势，更好地全面发挥"乡村振兴"频道的重要作用，面向全国，对接更多的资源，不负所托。新华网的平台优势和资源优势鲜明，今后可以充分发挥这两方面的优势，整合更多资源，推动乡村振兴，更好地履行社会责任。

第十八章 华为公司社会责任研究报告

高海越 刘焕美 伊 佳[①]

华为投资控股有限公司（简称华为公司）成立于1987年，总部位于广东省深圳市龙岗区。2021年，华为公司的总收入为6,368亿元，净利润达到1,137亿元。华为是全球领先的信息与通信技术（ICT）解决方案供应商，专注于ICT领域，坚持稳健经营、持续创新、开放合作，在电信运营商、企业、终端和云计算等领域构筑了端到端的解决方案优势，为运营商客户、企业客户和消费者提供有竞争力的ICT解决方案、产品和服务，并致力于实现未来信息社会、构建更美好的全联接世界。

第一节 华为公司基本情况

华为是一家由员工持有全部股份的民营企业，截至2021年底共有19.7万名员工，其中约10.7万研发员工（占员工总数的54.8%），业务遍及170多个国家和地区，服务全球30多亿人口。华为通过工会实行员工持股计划，参与人数为121,269人，参与人均为公司员工，没有任何政府部门、机构持有华为股份。

华为是全球领先的ICT（信息与通信）基础设施和智能终端提供商，华为的愿景是致力于把数字世界带入每个人、每个家庭、每个组织，构建万物互联的智能世界。我们在通信网络、IT、智能终端、云服务、智能汽车解决方案、

[①] 高海越，华为云北京泛政府总经理；刘焕美，华为云传媒业务部总监；伊佳，华为云中国区市场部行业品牌总监。

数字能源等领域为客户提供有竞争力、安全可信赖的产品、解决方案与服务，与生态伙伴开放合作，持续为客户创造价值，释放个人潜能，丰富家庭生活，激发组织创新。

华为聚焦于信息的分发和交互、传送、处理和存储，以及信息的学习和推理，面向全球消费者、电信运营商和政企客户提供创新的产品、解决方案和服务。把网络安全和隐私保护作为公司最高纲领，坚持投入，开放透明，全面提升软件工程能力与实践，构筑网络韧性，打造可信的高质量产品，保障网络稳定运行和业务的连续性。

华为坚持围绕客户需求持续创新，加大基础研究投入，坚持每年将10%以上的销售收入用于研发，厚积薄发，推动世界进步。历经三十多年的发展，在ICT融合时代，我们丰富的产业组合和系统综合能力，既保证了我们产品协同创新的优势，同时能够更好地针对不同客户群的特点提供差异化的服务。华为不断地为客户和社会创造价值，获得了广泛的认可，在2021年《财富》世界500强排名中我们名列第44位，比去年上升了5位。

面向未来的可持续发展，进一步加大了研发投入，在欧盟"2021全球企业研发投入排行榜"中位列第二名。

未来华为继续加强对联接、计算和云业务领域的战略投入，持续为客户和伙伴创造价值；同时，华为把智能汽车解决方案和数字能源产业也纳入公司未来发展战略中。希望通过持续创新，与客户及伙伴开放合作，推动千行百业数字化转型，让万物互联的智能世界加速到来。

第二节　华为公司执行社会责任现状

2021年，华为进一步巩固了在ICT领域的领先地位，通过创新满足客户不断变化的需求、解决行业痛点；我们坚持科技向善，携手合作伙伴持续探索解决人类社会面临的最紧迫问题的方法。

2019年华为被美国列入"实体清单"，在芯片上被卡了脖子，虽然险境重重，但在纳税方面华为可从来不含糊，平均下来每天为国家纳税约2.48亿，全年 903 亿。并且多年来，华为一直是我国民企纳税的第一名，累计纳税金额早已达到数千亿元。在稳健经营的同时，公司也在全球积极行动、关注社会的可持续发展，履行作为企业员工的责任。

我们在市场建设和品牌建设上耕耘不辍，得到了客户和伙伴的尊重、喜爱和拥护。过去两年对华为来说是历史性的艰难时刻，但华为品牌仍然展现出强大的韧性，在行业内外的影响力日益加大。

在国际品牌咨询机构 Brand Finance 2022 年 1 月最新发布的《2022 年全球品牌价值 500 强》报告中，华为排名第 9 位；在 Interbrand 发布的《2021 年全球最佳品牌百强榜》中，华为连续八年上榜，排名第 85 位，是近年来唯一上榜的中国企业。此外，BrandZ 也肯定了华为品牌的价值，在其《2021 年全球品牌价值 100 强》榜单中我们排名第 50 位。从以下四方面总结华为公司的社会责任履行情况。

一、华为公司的市场责任

过去一年，华为公司经受住了严峻的考验，全体员工努力奋斗，保障了设备的稳定供应和网络安全运行，持续为客户、为社会创造价值，提升经营质量和运作效率。

2021 年公司实现全年销售收入 6,368 亿元人民币，利润、整体经营结果符合预期，ICT 基础设施业务稳健发展，新业务获得了高速增长。其中，运营商业务收入 2,815 亿元，海外收入占比超过了 50%；企业业务收入 1,024 亿元，其中新兴业务收入增长了 30% 以上；终端业务收入 2,434 亿元，"+8"业务得到蓬勃发展，智能穿戴、智慧屏等收入增长超过 30%。

从产业维度看，华为也取得了非常亮眼的成绩。

1. ICT 基础设施

华为与全球运营商、政企客户、伙伴共同构建绿色、极简、智能的 ICT 基础设施平台，助力全行业数字化转型。

华为与全球运营商客户、行业伙伴一起努力，聚焦用户体验与可持续发展，建设最好的 ICT 基础设施，推动全行业数字化转型。

（1）建设最佳体验的 5G 网络

目前，中国已建成全球规模最大的 5G 网络，截至 2021 年底，全国已经建设130万5G基站，5G用户约5亿。伴随着全球5G的高速发展，华为携手运营商，一起打造最佳体验网络。华为承建5G网络用户体验在多家第三方机构测试中排名第一。

华为长期围绕客户价值创新，为通信行业带来革命性产品，帮助全球运营商打造5G时代高质量移动基础设施。在刚刚结束的2022世界移动通信大会（MWC）上，华为FDD Gigaband超宽频多天线系列产品荣获GSMA GLOMO"最佳移动网络基础设施奖"（Best Mobile Network Infrastructure）。GSMA评委评价道："华为FDD Gigaband通过多频合一形态帮助运营商节省CAPEX和OPEX，支持未来数年频谱和技术演进。该产品已全球规模部署，市场潜力巨大，代表了Sub-3GHz面向5G演进的产业方向。"

（2）使能行业数字化

华为提供领先的5G、云网、OTN Premium Leased Line、数据中心、云技术，和运营商、合作伙伴一起，使能各行业加速数字化进程。截至2021年底，华为和运营商、合作伙伴一起，签署了超过3,000个5G行业应用商用合同；华为5G行业解决方案在典型的多个应用场景实现规模复制，如设备远程操控、数据采集、产品质量检测等。

案例："5G进矿山"，助力传统行业提升生产效率。露天矿山环境复杂，网络高质量覆盖困难，5G建网方案需要精确匹配到每个业务场景满足矿山全方位的要求。运营商对露天矿精准进行业务画像，获取典型行业应用，确定技术方案，构建网络原子能力，通过无人机建模和LOD地图重构来实现网络精准规划，专业交付团队部署创新解决方案，实现包括智能微波、可移动基站的高效、准确交付；随着开采持续进行，周期性的不断优化网络，从而确保网络SLA的持续可靠实现，运营商持续获取价值。

在MWC2022上，由中国联通、海南省卫健委和华为联合打造的"5G智慧医疗点亮海南健康岛"项目荣获GSMA"最佳互联人类移动创新奖"（Best Mobile Innovation for the Connected Human），体现了业界对该项目在提高基层医疗能力、普惠优质医疗服务上取得成绩的高度认可；同时，海南5G智慧医疗项目的成功也展现了5G+行业应用的广阔前景。

（3）助力绿色发展

华为将一直秉持绿色理念，通过解决方案的持续创新，助力全球运营商绿色发展。华为已经在100多个国家部署了低碳站点解决方案，包括沙特、希腊、巴基斯坦、瑞士等，截至2021年，累计帮助运营商减少了4,000万吨二氧化碳排放。

在2022世界移动通信大会上（MWC），华为与中国移动合作的Green 5G项目荣获GSMA GLOMO "最佳促进气候行动移动创新奖"，旨在表彰中国移动和华为通过技术创新和产业合作，在显著降低无线网络碳排放的同时，带动整个ICT行业加速低碳发展，为全球气候行动做出的卓越贡献。

2. 智能终端

在坚持高品质的基础上，不断向场景化、生态化发展，为消费者提供极优体验，已有2.2亿+华为设备搭载HarmonyOS操作系统。

经过多年的耕耘，华为全场景终端布局不断完善，终端业务加速向生态化转型。截至2021年12月31日，搭载HarmonyOS操作系统的华为设备数已超过2.2亿；鸿蒙智联（HarmonyOS Connect）已有1,900+生态合作伙伴、鸿蒙智联认证产品种类超过4,500个，2021年新增生态设备发货量突破1亿台。

在软件生态方面，全球集成HMS Core能力的应用已超过18.7万个，全球注册开发者超过540万，华为应用市场全球月活用户超5.8亿，华为移动服务HMS生态已经成为全球第三大移动应用生态。

3. 数字能源

融合数字技术和电力电子技术，大力发展清洁能源与能源数字化，围绕可持续发展与能源创新持续贡献科技力量。

碳中和已成为全球的共识和使命。2021年6月，华为数字能源技术有限公司（以下简称"华为数字能源"）正式成立，将数字能源业务作为独立产业发展。华为数字能源发挥数字技术与电力电子技术这两大领域的优势，将瓦特技术、热技术、储能技术、云与AI技术等技术创新融合，聚焦清洁发电、能源数字化、绿色ICT能源基础设施、交通电动化、综合智慧能源等领域，携手产业伙伴共同为碳中和目标的早日实现贡献力量。

截至2021年12月31日，华为数字能源助力客户实现累计绿色发电4,829亿度，节约用电142亿度，减少二氧化碳排放2.3亿吨，相当于种植了3.2亿棵树（根据北卡罗来纳州立大学等效植数估算）。

4. 华为云

在全球 27 个地理区域提供云服务，发展了 260 万开发者，是全球五朵云之一，也是全球增速最快的一朵云。

华为云明确提出"一切皆服务，共建智能世界云底座"，致力于提供稳定可靠、安全可信、可持续创新的云服务。

2021 年，华为云在互联网 & 云原生、政企双赛道齐头并进，帮助工商银行、国家管网、国家电网、陕西财政、长沙马栏山、梦饷集团、德邦快递、阿根廷 Emergencias、泰国 PTT Digital、新加坡 UCARS、南非 AASA、肯尼亚 Wapi Pay、秘鲁 Scharff 等行业头部客户基于云底座实现深度的、面向未来的数字化转型。

华为云已上线 220+ 个云服务解决方案，覆盖全球 170 多个国家和地区，发展 20,000+ 合作伙伴，汇聚 260 万开发者，云市场上架应用 6,100 多个，实现超过 112% 的云市场交易额增长。同时在中国政务云、金融云基础设施市场份额蝉联 No.1。

根据《Gartner's Market Share: IT Services, Worldwide 2021》报告，华为云 IaaS 已位居中国第二、全球前五，华为云成为全球增速最快的一朵云，并成为客户上云的首选。

2021 年华为云发布了"深耕数字化，一切皆服务"的业务战略，希望"深耕数字化，一切皆服务"的业务战略，能够把华为 30 多年在 ICT 领域积累的所有根技术，以及数字化转型当中的经验和理解变成服务，展现在华为云上，帮助更多的客户和伙伴，不必重复地去造轮子，不必重复地走很多的弯路，能够更好地开展数字化转型的工作。华为云的目标，就是深耕数字化，一切皆服务。包括三个方面：

基础设施即服务，通过统一架构、一致体验的全球基础设施和网络，帮助客户实现一点接入，业务全球可达；

技术即服务，坚持技术创新，持续突破根技术，将领先技术通过云服务的方式提供给客户与伙伴，让创新触手可及；

经验即服务，秉承共创、共享、共赢的理念，将华为多年来与全球各行各业合作和行业数字化转型的经验开放为云上服务，打造行业 aPaaS，让优秀得以复制。

5. 智能汽车解决方案业务

聚焦 ICT 技术，做好增量部件供应商，帮助车企造好车、卖好车，已上市 30+ 款智能化汽车零部件，携手 300+ 生态合作伙伴推动汽车行业加速迈向智能化。

过去一年，华为智能汽车解决方案业务获得快速发展，持续将创新的数字能源、通信、计算和人工智能技术与汽车行业相结合，帮助车企造好车，加速车企向电动化、智能化转型。

通过 HI（Huawei Iniside）和智选模式与客户进行更深入的合作探索，华为坚持不造车。我们与北汽、长安、广汽和小康等多个车企深入合作，助力客户和合作伙伴商业成功。

以高品质产品服务好客户和伙伴，汽车行业的认证周期长、要求高，我们在研发、测试、制造、供应、流程等方面压强式投入，迅速构建起全流程、体系化的能力，已经获得了 30 多个行业证书。与此同时，我们的朋友圈也在快速地壮大，已经与 300 多家伙伴建立了合作关系。

坚定不移地持续加大投资，智能汽车解决方案业务作为华为的长期战略机会点，2020 年研发投入达 10 亿美金，2021 年 15 亿美金，拥有 5,000 人的研发团队，并在苏州建设了全球领先的智能网联汽车试验场，支撑华为不断推出创新、高品质的智能汽车解决方案。

二、聚焦可持续发展战略，创造社会价值

华为秉持"科技致善"的理念，通过 ICT 技术创新促进社会可持续发展。华为结合利益相关方要求和 ISO 26000 等国际标准，建立了可持续发展管理体系，并对标联合国可持续发展目标（UN SDGs），制定了可持续发展四大战略：数字包容、安全可信、绿色环保、和谐生态。

2021 年，华为围绕可持续发展四大战略，取得了以下进展。

1. 数字包容

为了持续推进数字包容，华为发起了 TECH4ALL 倡议，致力于不让任何人在数字世界中掉队。截至 2021 年底，全球已有 400 多所学校、逾 11 万名师生从 TECH4ALL 项目中受益；我们运用数字技术，帮助 25 个国家的 32 个保护地提升自然资源管理和生物多样性保护效率；每月有 440 多万视障用户和 80 多万听障用户使用华为终端无障碍功能，享受科技带来的便利；RuralStar 系列解决方案已为全球 70 多个国家 6,000 万偏远区域人口提供联接。

2. 安全可信

华为已经明确将网络安全和隐私保护作为公司的最高纲领，我们一直保持着良好的安全记录。华为已在全球建立了 7 个网络安全与隐私保护透明中心，分布于英国、加拿大、德国、阿联酋、比利时、意大利和中国。我们真诚地欢迎各利益相关方利用透明中心加强沟通，共同应对网络安全和隐私保护的挑战。我们尊重和保护用户隐私，对数据主体权利保障持续投入和完善，2021 年及时有效地处理超过 20,000 次数据主体请求；2021 年我们共获得 74 张网络安全认证证书，如：5G 基站在行业内率先完成 NESAS/SCAS 2.0 认证评估，HarmonyOS 和 Kirin 芯片获得 CC 高等级认证，智能汽车解决方案 BU 全球率先通过汽车网络安全 ISO/SAE 21434 认证；华为 5,000 多名专业的工程师与客户风雨同舟，时刻坚守岗位，提供 7×24 小时技术支持服务，共同保障了全球 30 多亿人的通信畅通，并对全球 180 多起突发灾害及重大事件进行紧急响应和及时处理。

3. 绿色环保

华为秉持着"让科技与自然共生"的环保理念，在减少碳排放、加大可再生能源使用、促进循环经济方面加强投入。2021 年，我们推动 98% 的 Top100 供应商和高能耗型供应商设定了碳减排目标；我们还加大了可再生能源和清洁能源的使用，华为园区光伏电站全年发电量 1,760 多万度，同时采购了 17.5 亿多度清洁能源电量；为促进循环经济，我们采用绿色包装，新一代 P50 旗舰机系列较 P40 系列，包装塑料含量降低 89%，塑料占比低于 1%。

4. 和谐生态

华为以奋斗者为本，2021 年全球员工保障投入 150 多亿元；作为一个全球化公司，华为坚持"在当地，为当地"的原则，2021 年我们在全球开展了 427 项公益活动，与当地人民守望相助；华为将可持续发展作为采购战略的重要组成部分，对占采购金额 90% 以上的 1,600 多家主力供应商进行风险评级，牵引供应链共同提升可持续发展竞争力。

三、坚持科技致善，积极履行企业社会责任

作为一家科技公司，华为秉持"科技致善"的理念，把可持续发展作为公

司整体战略的一部分。在公司可持续发展委员会的指导下，围绕"数字包容、安全可信、绿色环保、和谐生态"四大战略持续努力，为实现联合国可持续发展目标贡献力量。华为在可持续发展方面取得的进展受到广泛认可。

1. 2021年，全球非盈利环保机构CDP将"应对气候变化行动领导力奖"颁给华为，以表彰华为世界领先的供应商环境管理水平。

2. 雨林联接（RFCx）和华为合作的"自然守卫者项目"，因积极利用创新科技守护自然、制止人类活动引起的毁林、遏制生物多样性丧失等方面的行动和努力，荣获了GSMA 2021全球移动大奖（GLOMO）——联合国可持续发展目标杰出移动贡献奖。

3. 华为与国际NGO组织Close the Gap合作的"肯尼亚DigiTruck项目"荣获国际电信联盟（ITU）"World Summit on the Information Society（WSIS）冠军奖"，表彰该项目以科技助力公平优质教育的优秀实践。

4. 2021年9月，华为凭借全球领先的FusionSolar智能光伏解决方案荣获世界自然基金会（WWF）"碳中和行动者"年度气候创行者奖，在技术的先进性、经济性、成熟度以及生态环境效益、成长潜力和社会效益等指标方面脱颖而出。

四、加强科技创新和研发投入，以世界级平台汇聚全球优秀创新人才

创新是华为公司的生存之本和核心DNA。无论外部环境如何变化，华为始终着眼于长期可持续发展，保持对研发强力投入，为客户、为社会创造更多价值。

华为一直秉持"积极、开放、多元"的人才观，广纳全球英才，华为提供世界级的发展机会与平台，鼓励人才面向不确定性积极探索，基于愿景和世界级难题开展研究与创新。

通过出色的人力资源管理实践，为人才发展提供快速成长的机会以及多元、包容、友好的工作环境，成为优秀人才的首选雇主。

1. 2021年华为公司在研发领域的投入达到1,427亿元，占全年收入的22.4%，处于历史最高位。2012—2021年累积研发投入超过8,456亿元，根据《欧盟2021工业研发投入记分牌》显示，华为研发投入排名全球第二。

同时，华为也是全球最大的专利持有企业之一。截至2021年底，华为在

全球共持有有效授权专利4.5万余族（超过11万件），90%以上专利为发明专利。华为在中国国家知识产权局和欧洲专利局2021年度专利授权量均排名第一，在美国专利商标局2021年度专利授权量位居第五。

2. 在2021福布斯全球最佳雇主的榜单中，华为排名第八，比2020年提升了6位；在榜单的所有中国企业中，华为连续2年位列第一。

3. 2021年，面向高校学生的Universum全球最具吸引力雇主调研结果显示，华为在IT类排名第11、Engineering类排名第27，排名持续提升。

4. 2022年1月20日，华为在欧洲、非洲、巴西等34个国家被Top Employer Institute认证为杰出雇主。

第三节　华为公司执行社会责任存在的问题

一、自2019年华为被美国列入"实体清单"，三年4次连续受制裁，危机困难重重，对履行社会责任带来了一些困难

华为公司高度重视社会责任的履行，始终坚持把客户利益和社会效益放在首位。2019年5月16日华为被美国列入"实体清单"，到现在已经三年时间，在与美国的斗争下，华为2021年实现全球销售收入6,368亿元人民币，2021年华为销售收入大幅下跌，同比下降28.6%。

历经三年4次的美国制裁，华为业务受到很大的影响，尤其是消费者业务，市场份额受影响。华为从"争取活下去"，到"有质量地活下去"。在极端困难的外部环境下，履行社会责任的规划和力度有待进一步提升。

二、全面统筹和执行社会责任的制度措施有待进一步细化

完善的社会责任制度规划，是让企业承担、执行社会责任的制度性保障。华为公司业务遍布全球170多个国家和地区，服务全球30多亿人口。员工遍布海内外，每个国家和地区又有不同的文化差异，全面统筹和规划社会责任执行的制度有待进一步细化完善。

三、吸引全球优秀人才队伍的措施需要进一步加强

新冠肺炎疫情以来,国际环境更趋复杂严峻,加上被美国制裁,对外界优秀人才的加入造成了一定困难。

第四节 华为公司社会责任执行力提升路径与方法

一、进一步推动优秀企业文化建设

企业社会责任,作为企业文化的新内容,重新塑造和创新了企业文化的价值观念,推进了企业文化的相关建设。而企业文化作为企业的一种价值体系,又将企业社会责任建设提升到新的理论高度和较高的文化层次。

坚持以客户为中心的企业核心价值观。华为持续成长,得益于把握战略方向,持续聚焦核心战略;在战略领域进行压强投入,厚积薄发,实现突破;并坚持"以奋斗者为本",构建价值驱动的分配体系。而这背后是30多年来,华为一直坚守的核心价值观:以客户为中心,以奋斗者为本,长期坚持艰苦奋斗,坚持自我批判。

1. 以客户为中心

为客户服务是华为存在的唯一理由。以客户为中心包含三个方面的意思:第一是成就客户,心中始终装着客户,为客户的成功全力以赴;第二是为创造价值而创新,保持开放的心态,基于客户的需求进行创新,持续为客户创造价值;第三是产业链的合作共赢,与合作伙伴共享成长,营造健康和谐的商业环境,实现共赢。

2. 以奋斗者为本

"以客户为中心"和"以奋斗者为本"是辩证的。奋斗体现在为客户创造价值的任何微小活动和劳动中,是为公司持续的成功,也是为自我的价值发挥和不断提升。以奋斗者为本,就是坚持责任结果导向,坚持多劳多得做好做坏不一样,坚持机会和待遇向奋斗者倾斜,包括物质激励和非物质激励。

3. 长期艰苦奋斗

主要表现为四个方面：一是聚焦工作，在本职岗位上扎扎实实作出贡献；二是主动担责，愿意付出超出职责的努力，为客户和公司的成功全力以赴，永不言弃；三是精益求精、追求卓越，敢于自我超越，拥抱挑战，创造机会，变不可能为可能；四是保持危机感，居安思危，为理想、使命和责任长期奋斗，特别是在思想上艰苦奋斗。

4. 坚持自我批判

自我批判的目的是不断改进，不断进步，而不是自我否定。自我批判可以理解为：

①点点滴滴，持续改进，持续超越。逆水行舟，不进则退。企业的生存环境在不断演进，机会与挑战层出不穷，只有坚持自我批判，不断总结，持续改进，"能改进吗，还能再改进吗"，才能避免骄傲自满。

②虚怀若谷，做更好的自己。人无完人，只有坚持自我批判，才能保持谦虚和开放心胸，才能倾听扬弃，不犯同样错误，不断进步。只有坚持自我批判，才能更容易尊重他人和与他人合作，实现客户、公司、团队和个人的共同发展。

③不仅个人需要自我批判，组织也需要自我批判。

二、保持网络稳定是华为首要的社会责任，这一基本原则要时刻谨记保持，不断强化

"华为向社会提供信息网络，这一全球网络需要永远保持稳定"。在向社会提供服务时，整个行业必须专注于确保任何情况下网络的稳定和安全。这是所有网络设备商的终极社会责任，也是华为这些年来所做的。在发生灾难，例如军事冲突、地震、海啸、瘟疫和核污染的情况下，我们需要挑战自我，保持网络安全。

华为利用全球领先的安全技术研究能力，聚集全球安全领域高精尖人才，布局人工智能、大数据、自动化等技术，针对当前遇到的网络安全技术挑战，持续提供一整套覆盖云端、本地、边缘的安全防御架构。

三、继续加强人才引进和培养制度

1. 要进一步完善人才引进政策。出台系统完善、政策优惠、操作性强的人才引进配套文件,明确规范引进工作程序,让引进的人才真正为公司所用,为促进经济转型发展服务。

2. 在人才引进上,可采用"柔性引进"的灵活方式,通过聘请咨询、讲学、技术合作、兼职、短期聘用、承担项目与课题研究等灵活方式引智。

3. 突出人文关怀,打造引才特色品牌,进一步完善员工 。

4. 建立"人才储备库",根据需要,定期制定发布人才储备目录,进行精准储备。同时提高高校毕业生人才储备工资待遇,引进海外优秀人才。

第十九章　澎湃新闻社会责任研究报告

刘永钢[①]

澎湃新闻是国内媒体融合转型的先行者，上线以来始终坚持优质原创内容的核心竞争力，着力推动产品迭代升级，加快建设内容生态矩阵，加速成为具有全球影响力的全媒体内容供应商和全链条内容生态服务商，并向引领型、赋能型、全球型互联网新型主流媒体大步迈进。始终坚持正确的政治方向、舆论导向、价值取向，坚持把社会效益摆在首位，发挥主流新媒体优势，自觉承担使命责任，积极倡导社会主义核心价值观。

第一节　澎湃新闻基本概况

澎湃新闻于2014年7月22日正式上线，是在上海市委、市委宣传部的直接关心下创建、发展起来的全国第一个由传统媒体向新媒体全面转型的产品，也是上海报业集团成立后重点打造的新媒体产品，筹建团队来自《东方早报》。澎湃新闻深化改革是上海推动传统媒体和新兴媒体融合发展的重要探索，是上海市委、市政府推进文化产业改革发展的重大举措。

澎湃新闻延续了从纸媒时代就坚守的初心和情怀，并通过持续的制度创新、传播创新、平台创新、技术创新、运营创新，走出了一条全新的道路。2016年，上海久事（集团）有限公司下属全资子公司上海久事投资管理有限公司、上海精文投资有限公司、上海东浩兰生国际服务贸易（集团）有限公司、百联集团

[①] 刘永钢，澎湃新闻总裁、总编辑。

有限公司、上海仪电（集团）有限公司和锦江国际（集团）有限公司等6家国有独资或全资企业以6.1亿元战略入股澎湃新闻。2017年1月1日，《东方早报》休刊，原有的功能全部转移到澎湃新闻，再领媒体融合之先河，成为传统媒体向新媒体整体转型的标志性案例。2022年8月，澎湃新闻再完成4亿元B轮融资，上海文化产业发展投资基金战略入股成为第二大股东。

截至2022年10月底，澎湃新闻客户端总下载量已达2.11亿，在全网80余个渠道进行分发，形成了强大的矩阵传播网络，每年推出超过2,000个10万+阅读量的爆款推送，微博热点话题总阅读量超过1,000亿。

在国家发改委直属机关国家信息中心发布的《2021中国网络媒体发展报告》中，澎湃新闻在"2021年网络媒体发展排行"榜单上位列第五，成为全国网络媒体第一方阵中仅有的地方网络媒体，在强化主流价值引领、积极打造新型媒体生态等方面得到业界充分肯定。

在中央网信办主办的2021中国正能量"五个一百"网络精品评选中，澎湃新闻《再团圆，更念山河何以无恙》获百篇精品网络正能量文字荣誉，《"建党百年 初心之路"大型全媒体报道和综合传播项目》获百项精品网络正能量专题活动荣誉。

坚持做主流价值观的引领者。这既是主流媒体的必然要求，也是市场竞争中的自我追求。澎湃新闻构筑了独特的"原创内容护城河"，坚持把优质内容、先进技术、专业人才、项目资金向互联网主阵地汇集，来巩固和提升主流原创内容的采编能力，深化和拓展专业报道的公共价值和社会影响。

加速内容生产供给侧改革。媒体融合向纵深拓展，内容建设是根本，澎湃新闻一直坚持内容为王的主旨，持续提升全媒体原创内容生产力。目前，澎湃新闻共包含时事、财经、思想、文体等8大板块的内容，共计90余个栏目，并根据全媒体发展趋势，从部门设置、人员配备、栏目设立、投入力度上强化原创能力，拥有完整的图文、视频、音频和各种类型的新媒体产品的生产和供给能力。日产原创全媒体内容超400条，其中视频超过200条，原创率达到99%，已经成为中文互联网原创新闻最重要的全媒体内容供应商之一。

打造活跃健康的内容生态池。主流媒体除了要做好权威、严肃和深度内容，也要将眼光投向互联网内容生态基础工作，从基本内容供应的角度出发，为全网打造丰富、专业、可信，符合主流价值观的内容生态池。澎湃新闻上线后始终将"平台化"作为自己的重要目标之一，建立起融媒内容聚合开放平台"澎湃号"，持续加大内容开放平台的建设。2021 年，外交部新媒体矩阵账号集体入驻澎湃政务平台，截至 2022 年 10 月底，澎湃号入驻的各类政务号已超 2 万个，入驻的机构 / 个人创作者达到 4,050 个，初步形成了金字塔结构的内容创作者生态，并通过分级分类管理将资源向优质内容和高等级账号倾斜。在此基础上，澎湃新闻正在努力突破原有的内容生产和聚合体系，探索外延式的、矩阵化的扩展，打造自主可控、传播力强的新型网络传播开放平台，在新闻平台的基础上进一步向泛资讯平台、兴趣阅读平台拓展。

打造全链条的内容生态服务商。澎湃新闻一直强调技术和运营双轮驱动，提出赋能内容生态的理念，积极运用 5G、大数据、人工智能等信息技术革命成果，重塑采编流程，打造智能平台终端，提升内容生产力、传播力。从早期的外包服务，到自主研发，直到具备新媒体解决方案完整的技术和管理输出能力，逐步走出了一条可复制、可输出、可推广的媒体行业新技术应用解决方案之路。

澎湃新闻自主研发、运营的"清穹内容风控智能平台"2021 年 6 月获颁"2020 年中国报业深度融合发展创新案例"；2021 年 10 月被中国新闻出版传媒集团评选为"全国新闻出版深度融合发展传媒类创新案例"。Pai 视频平台在 2021 年上线 2.0 版本，在线图片文件近 1 亿张、高清视频超 200 万条。2021 年设立的澎湃互联网传播研究院，在媒体融合、商业传播等领域，拓展内容服务边界，并作为主体运营了 IP SHANGHAI（上海城市形象资源全库）项目；为芜湖市融媒体中心提供全面的战略与运营咨询服务，并同步启动了 IP WUHU（芜湖城市形象资源全库）建设和运营。目前，澎湃新闻正在积极参与各地的融媒体产品开发的技术招标，通过技术和管理输出的模式，参与到全国更多的融媒体建设中。

发力新型全球主流媒体。互联网的开放特性、中国经济地位和影响力的提升、媒体成长的内生规律，都使得中国的新媒体要适应在全球语境下发展与竞争。在创新国际传播方面，澎湃新闻和旗下英文新媒体第六声双品牌发力，进一步加大了人力物力投入。截至 2021 年底，澎湃海外社媒账户覆盖用户 1,500 万人次。第六声 2021 年覆盖用户 1.2 亿人次，截至 2022 年 6 月底在脸书、推特等海外社媒账户活跃粉丝超过 90 万。 2021 年 9 月 7 日，"澎湃明查"微信公号正式上线，是第一个将核查定位瞄准外媒报道中的负面涉华舆论、海内外社交平台上的不实涉华信息的专业媒体品牌。第六声则推出由优质新闻媒体、自媒体、英文写作者入驻的"深度记录中国"的集散地平台"SIXTH TONE ×"，同时，借力已经建立起来的一批"中国日常"内容发布的"专栏—原创—聚合"的生态专栏矩阵，加速成为涉华英文讯息专业内容的供应商。2021年10月，第六声还面向全球写作者启动首届英文非虚构写作大赛，向世界展示丰富立体的中国形象。

第二节 澎湃新闻执行社会责任现状

澎湃新闻始终坚持党媒的管理标准，坚持马克思主义新闻观，在进一步推动媒体融合转型的道路上，"不忘初心、牢记使命"，坚守主流价值观，增强舆论引领的责任担当，充分发挥党网的"定音鼓"作用，凝聚人心共识；不断创新语态和表达，持续输出"现象级"新媒体报道；从时度效着力开展建设性舆论监督，发挥好桥梁和纽带作用。

一、舆论引导与社会监督责任

1. 围绕党和国家的重要战略思想、重大决策部署，推出有质量有传播力的报道

在重大政治活动、重大主题宣传中，澎湃新闻坚持结合深度推进媒体融合发展的战略，精准把握，深度参与。

2021年7月，澎湃新闻成功完成"建党百年 初心之路"大型全媒体报道和综合传播项目，在历时1年的报道和100多天的全国巡展中，组建融合5G技术和交互式H5、视频、纪录片等全媒体报道形式的"流动党史展馆"红色初心大巴车队，走进全国23个省份55个城市，总行程超过25,000公里，共发布文字报道近500篇，视频和直播逾600条，全网累计传播超过百亿。

围绕粤港澳大湾区国家战略，澎湃新闻精心制作大湾区日志、风起大湾区、

"湾"有引力、湾区青年说等系列新媒体报道150余篇，全网传播量超1亿，实现了一次引领式传播。

此外，围绕庆祝建党百年、全国两会、西藏和平解放70周年、神舟十二载人航天工程、"时代精神耀香江"等重大主题宣传，澎湃新闻都发挥新媒体优势，推出一系列有质量有传播力的报道。

2. 从报道角度、报道形式、技术等多角度发力，在重大会议报道上推陈出新

习近平总书记2021年8月主持召开中央财经委员会第十次会议，发表重要讲话。澎湃新闻上线《求解共富》专题，迅速联系专访国内主流的知名学者，连续推出5篇深度专访，及时回应社会关切，正本清源提出建设性意见，阐释在高质量发展中促进共同富裕的重大意义和丰富内涵，读者反响热烈。

在2021年、2022年的全国两会上，澎湃新闻分别推出了"启航新征程""一起向未来"特别报道专题，综合运用图文、评论、短视频、直播、一图读懂、九宫格海报、简版报告等形式，并通过在新浪微博等社会媒体平台的分发和互动话题持续扩大传播力影响力，形成了以亿计次的圈层传播。同时，在报道形式上推陈出新，2021年推出"数说人大工作"系列数据新闻，见证中国民主政治的生动实践，受到广泛好评；2022年推出的"融媒轻骑兵"充分发挥轻装上阵、机动灵敏、战斗力强的特点，在视频报道的丰富度上做足文章，持续带来两会内外的鲜活声音。

3. 聚焦中国经济社会发展成果，主动策划，形成有影响力的IP效应

近年来，澎湃新闻着眼中国经济社会发展成果，连续推出了聚焦交通建设成果的"看中国"系列IP，聚焦基础设施成果的"大国"系列IP，形成重点报道的品牌效应。

例如，2021年3月起澎湃新闻推出"沿着高速看中国"系列报道，集合直播、短视频、数据动画、图文、H5、海报等形式，以全媒体形式呈现中国道路发展速度，系列报道全网点击量超3亿。

下半年，又延续"大国IP"系列，推出"大国小镇"系列纪录片，记录推进乡村振兴、增进民生福祉的奋斗故事，如"航天小镇""棉花小镇"等，相关视频报道在全网传播超7,000万次。

2022年10月，再推出国内首部穿越机视角微纪录片《大国大城》，深刻体现城市"十年之变"。

英文新媒体第六声也着力推出一系列聚焦普通中国人丰富多彩日常生活的短视频，运用海外读者乐于接受的方式提升中国形象亲和力，形成多个百万级覆盖量的"爆款视频"。

4. 公共事件中，在做好报道的基础上，注重发挥媒体社会服务职能

面对各类公共事件，澎湃新闻始终坚持快速反应，充分保障民众的知情权，及时发出主流舆论引导的声音，畅通政府与民众信息沟通的渠道。同时，澎湃新闻也在积极探索媒体在公共事件中的社会服务职能，担当好服务者的角色。

在2022年上海众志成城、共克疫情的特殊时刻，澎湃新闻先后上线"战疫服务平台""助企服务平台""就业服务平台"，构成澎湃新闻战疫服务矩阵，集成权威发布、求助问询、就医指南、医院查询、物资保供、辟谣、心理咨询、药品求助、消费投诉、助力复工复产等十大功能。"三大服务平台"形成"战疫服务平台矩阵"，全天24小时运转，澎湃新闻记者以"钉钉子精神"践行媒体初心，为群众排忧纾困，共收到有效求助10,580余条，由记者直接推动解决以及转报线索5,800余条。在抖音开设的"澎湃战疫服务"话题阅读量超3.8亿，在各主要第三方平台相关话题点击量超14.3亿。

5. 开展建设性社会监督工作

澎湃新闻一直坚守媒体作为社会瞭望者、监督者的责任，并注重以正确的报道方式，通过建设性的舆论监督反映社会问题，缓解社会风险、维护社会稳定。

2021年12月，澎湃新闻刊发的专访《退捕渔民就业仍是长江禁捕政策的重中之重》，聚焦长江禁渔政策施行下渔民的生计现状，相关报道获国家主要领导人的批示，是澎湃新闻长期深耕专业垂直领域、不断强化主流内容供给的成果，也是澎湃新闻始终坚守党媒初心、重视民生关切的体现。

澎湃新闻还从时度效着力开展建设性舆论监督，2021年策划推出"π·15"消费领域深度调查。如刊发《精神药品"黑市"》系列暗访调查，推动警方立案侦办，有效打击非法贩卖精神类药品的违法犯罪行为。刊发《"两弹城"保护沉疴》系列批评性报道，关注四川梓潼"两弹城"被卖与民企后遗址原貌遭破坏一事，最终"两弹城"回归国有，重回保护和发展的正轨。2022年5月以来，澎湃新闻独家连发《考"易学风水师"要花三万多，江苏一教培机构被部委点名警告》等文章，揭露山寨证书横行的社会问题，影响广泛，系列报道有建设性、维护行业健康发展，有力推动了人社部、中央网信办开展的"山寨证书"

网络治理工作，得到肯定。

二、澎湃新闻的市场责任

2021年，澎湃新闻在广告、技术与管理输出、内容风控、版权交易等领域全面发力。其中，广告业务因直接受宏观经济波动影响营收有所缩窄，如澎湃新闻广告业务的重点行业，如互联网和房地产以及汽车、酒店航空旅游等，受到了行业冲击。版权收入和内容生态服务收入则继续保持快速增长，增幅达43%。版权业务在稳定传统版权业务的同时，大力发展全链接内容生态服务业，包括IP创新传播、内容审核与安全管理、政务与增值服务、智库服务等。

2022年8月，澎湃新闻完成4亿元B轮融资，上海文化产业发展投资基金战略入股成为第二大股东。以B轮融资为契机，澎湃新闻将继续努力成长为在全球具有较大影响力的互联网新型主流媒体品牌，并确立了打造成为全球重要的全媒体内容供应商、新型网络交互传播平台、全链条内容生态服务商的战略目标，并制订了长期资本规划。

三、澎湃新闻的社会责任

1.关注和传播公益理念，深度参与多项爱心公益活动

作为一家致力于记录和传播中国社会发展与进步的新媒体平台，澎湃新闻一直对中国公益保持着观察和介入，把参与公益和慈善募捐活动建成长效机制，运用互联网广泛传播文明理念。

澎湃新闻专门开设"公益湃"栏目，记录中国公益慈善事业发展，助力构建专业、科学、理性的社会公益生态，并发起多项公益及慈善募捐活动。比如2022年4月，发起"'疫'起护老——高龄独居老人防疫生活关爱包"募捐行动，为疫情下高龄独居老人送去温暖和关爱；2021年启动"河南洪灾紧急求助平台暨募捐项目"，开通紧急求助信息登记通道，支援抗险救灾，入选"中国新媒体公益2021十大优秀案例"。

2021年，澎湃新闻还主动策划"物产中国"年度扶贫公益项目，历时8个月走进15个贫困县，以新媒体形式助力产业扶贫，获得中国互联网公益峰会"年度推荐公益传播奖"。推出"从这片光亮开始"专题，聚焦脱贫攻坚、教育强

国中的体育力量。

澎湃新闻持续运营公益品牌活动"雪域童年"，连续15年开展公益扶贫支教活动，足迹遍布中西部所有省份，全国报名志愿者人数超过12,000人，惠及学生人数超过8,000人。

这些线上线下公益活动持续、深入地开展，在倡导社会主义核心价值观、传播公益理念的同时，也引导了广大网民积极参与，广泛凝聚起向上向善的社会共识，实现网上网下文明建设互促共进、融合发展。

2. 坚持以人为本，保障员工合法权益，重视人才培养

依法保障员工薪酬福利。澎湃新闻依法与员工签署劳动合同，缴纳社会保险（五险）和住房公积金。每年6至9月，根据国家和上海市有关规定对员工按月发放高温津贴。合理安排员工享受带薪休假和健康体检。

抓好全媒体队伍培训。围绕庆祝建党百年这一宣传报道主线，澎湃新闻结合业务发展趋势和采编报道实际需求，积极开展近20场专题培训，内容涵盖马克思主义新闻观、重大会议和政治新闻报道实务、调查新闻报道构建、新媒体内容创新、法律风险规避等诸多板块。

保障新闻从业人员合法权益。严格按照《新闻记者证管理办法》的相关要求，做好申领、管理、年审等工作。坚决支持和维护记者的正常采编活动权益。公司配备法务专员为员工提供7×24小时法律咨询。充分发挥外聘律所在专业领域的作用，维护记者权益。定期开展专题法律培训，提升员工的法律风险及自我保护意识。

3. 坚持合法经营，坚持抵制有偿新闻、有偿不闻、新闻敲诈等不正之风

澎湃新闻严格遵守相关法律法规，建立健全经营管理制度，保障经营工作合法有序进行。

坚持采编与经营"两分开"原则，严格区分新闻报道与经营活动边界，采编人员不承担经营任务，坚决抵制有偿新闻、有偿不闻、新闻敲诈等不正之风。

严格按《广告法》要求审核广告内容，广告上线流程实行四审制度。2021年以来，澎湃新闻广告活动未出现被相关部门处罚的情况。

4. 重视环境责任，积极运用媒体身份推动生态与环境保护事业

澎湃新闻深谙国家可持续发展和承担企业社会责任间的关系，高度重视企业环境责任，把低碳节能减排、应对气候变化融入日常运营、产品及服务当中，

用技术赋能企业低碳数字化转型，实现节能减排、降本增效。

同时，澎湃新闻还积极运用媒体身份推动生态与环境保护事业，近一年，澎湃新闻联合科研高校、公益机构，先后打造了"绿色金融全球瞰""澎湃生物多样性论坛"等一系列关注生态环境与可持续发展的内容 IP 和活动 IP；联合世界自然基金会发布《长江生命力报告》，推动长江流域生态环境保护，落实长江经济带绿色发展战略，激发不同主体积极参与长江大保护。

四、责任管理

澎湃新闻自 2018 年起，连续 4 年公开发布《媒体社会责任报告》，从政治责任、阵地建设责任、服务责任、人文关怀责任、文化责任、安全责任、道德责任、保障权益责任、合法经营责任等方面，对自身履行社会责任情况进行报告，并在所属网站、客户端等平台发布报告全文，接受社会监督。同时，还制作了形式多样、传播广泛的 H5 多媒体版报告，增强了报告的可读性、生动性，扩大了报告的传播力、影响力。报告发布后，由上海市记协组织新闻道德委员会，对照中宣部、中记协印发的《媒体社会责任报告制度实施办法》开展评议和打分，进一步强化激励约束机制。

在责任战略上，为进一步实践澎湃新闻作为新型互联网主流媒体的传播之责、服务之任，澎湃新闻精心打造的"ESG 频道"已于 2022 年 8 月正式上线，将充分发挥平台属性的角色，联动外部相关权威机构与资源，共同开发 ESG 评级、上市公司环境绩效榜单、CSR 周刊、ESG 观察等前沿性内容。未来，澎湃新闻将与各界资源"项目共建、内容共创"，将社会责任理念和行为全面融入媒体长期发展战略。

在责任治理和责任绩效上，澎湃新闻主要依据媒体社会责任报告制度的要求，来进行企业社会责任管理实施、组织落实与理念创新等，但是，仍需要结合自身的运营特色，进一步完善细化社会责任绩效评价体系。

第三节 澎湃新闻执行社会责任存在的问题

澎湃新闻始终坚持做主流价值观的引领者，倡导将社会效益放在首位，坚持正确导向，强化行业自律，注重内容建设，聚焦群众需求，深化融合发展，搭建开放平台，但是也还有一些方面需要进一步提高。

一、内部社会责任评价体系需要进一步细化完善

对内部各中心的社会责任执行情况均有考核评价，但在细化管理上仍较粗放，需要形成更具针对性和执行力的内部细化考核指标和激励机制。

二、在执行媒体社会监督职能上要进一步优化时度效

在执行媒体社会舆论职能上，有一些积极的有建设性的作用。但仍要进一步把握好时度效，全面落实舆论监督建设性目标导向与正面宣传相统一的内在要求。

三、要充分运用自身的优势特长拓展社会责任协同治理的边界

澎湃新闻坚持主动投身更广阔更深刻的媒体融合，着眼内容新基建，推出澎湃算法、"清穹"内容风控智能平台等产品，积极参与互联网内容生态治理，助力营造清朗网络空间。主流媒体在这一领域更需要深耕，充分运用自身在专业、技术、人才资源上的优势特长，进一步拓展社会责任协同治理的边界，助力加快建立全方位的网络综合治理体系。

第四节 澎湃新闻社会责任执行力提升路径与方法

一、细化完善内部社会责任评价指标体系

要结合媒体执行社会责任的特色，以及上级主管部门的具体要求，结合本

单位内部的分工体系，进一步细化完善内部责任评价指标体系，在内容建设、经营管理、人员培训、员工关爱、内部治理等多个维度，将社会责任的要求进一步拆分，并提出循序渐进的深化强化目标。

二、强调对社会监督职能的科学履行

要牢牢把握党的新闻舆论工作"要抓住时机、把握节奏、讲究策略，从时度效着力，体现时度效要求"的精神，强化内部学习培训、考核机制、审核管理机制，加强与政府部门的合作联动，强调以解决问题为导向的社会监督。

三、通过探索第三方内容安全赋能拓展社会责任协同治理边界

依托澎湃清穹内容风控智能平台系统，澎湃新闻可以为内容生态领域的平台方、生产方、管理方、从业者等，提供以涉政安全为特色、"人工＋智能＋制度"的网络信息内容合规化解决方案，这既是澎湃新闻在打造全链条内容生态服务商的创新实践中，对自有内容审核业务的深度延伸探索，亦是以先进技术引领驱动媒体融合向纵深发展，将媒体公信力、影响力扩展至更宽阔领域，对第三方内容安全赋能的积极探索。

第二十章　快手社会责任研究报告

曾　卓　岳改玲[①]

北京快手科技有限公司（简称：快手，香港联交所股票代码：1024）主营业务包括在线知识共享、线上营销服务、娱乐、电商、网络游戏等。杜威认为，技术最深层次的哲学问题不在于其如何增强社会现实，使我们能做到什么，而是引领社会文化：引导人们重新理解自身和环境，以及我们怎样彼此互动，即人类的认知和社交。[②]快手坚持以科技普惠为原则，致力于成为全球最痴迷于为客户创造价值的公司，帮助人们发现所需、发挥所长，持续提升每个人独特的幸福感，体现作为内容社区及社交平台的社会责任担当。

第一节　快手基本情况

2011 年，宿华和程一笑联合创立北京快手科技有限公司，公司于 2021 年 2 月 5 日以中国"短视频第一股"的身份在香港联交所上市。距今 11 年的发展历程中，快手不断优化、创新产品及服务，收获了数以亿计的平台用户，成为全球领先的内容社区及社交平台。快手 2022 年年报显示，截至 2021 年 12 月底，快手总收入为 810.8 亿元，同比增长 37.9%；平均日活跃用户达 3.08 亿，同比增长 16.2%；平均月活跃用户为 5.44 亿，同比增长 13.1%，市场份额和用

[①] 曾卓，硕士，重庆大学城市科技学院助教，研究方向为网络与新媒体；岳改玲，博士、东北农业大学教授，研究方向为网络与新媒体。

[②] 马燕.社交和认知：短视频文化变迁的两个技术哲学维度[J].传媒，2019（10）：56-58.

户规模稳步增长。①

一、紧抓商业契机，优化发展路径

2011年3月，快手推出动图制作工具"快手GIF"。随着"快手GIF"画质模糊、无声、应用场景有限等短板暴露后，2012年11月，快手率先涉足短视频行业，确定面向大众的营销策略，由工具应用转型建设视频内容社区。转型后的快手倡导"记录世界记录你""拥抱每一种生活"，平台内容以普通人记录工作与生活为主，满足被主流媒体忽视的下沉市场用户平等表达和他人认同需求，激发用户"想看世界"的需求和产生关注、评论、点赞等社交行为，打造以社交关系链为流量载体的平台。②

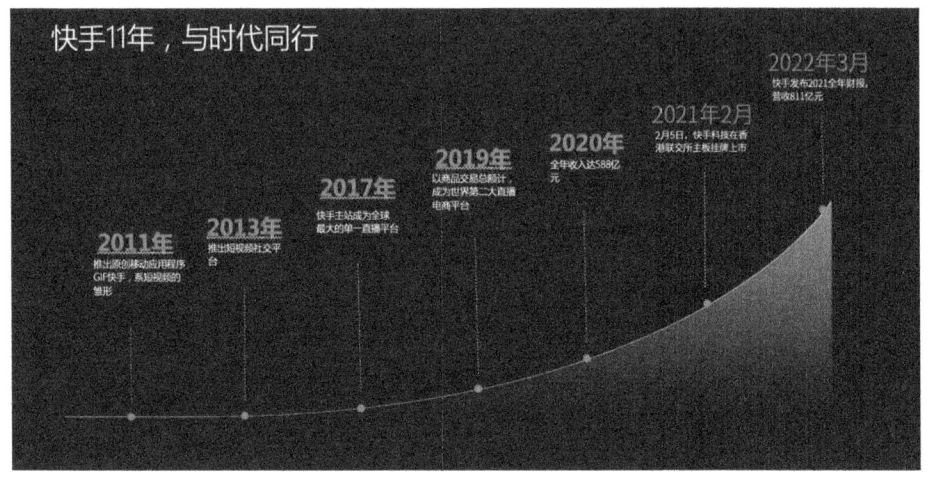

图 1

（图片来源：快手科技《快手科技年度报告》）

在平台定位上，快手最初的品牌slogan为"记录世界，记录你"，2020年改为"在快手，拥抱每一种生活"。"记录"代表快手扮演着内容输出的平台角色，"拥抱"则是快手与用户之间的双向奔赴，是平台方到参与者的升级。2020年，快手确定"痴迷客户、创新务实、最高标准、担当敢为、坦诚清晰"的企业文化，

---

① 快手科技.快手科技年度报告2021[R].北京：快手科技，2021.
② 王烽权，江积海.互联网短视频商业模式如何实现价值创造？——抖音和快手的双案例研究[J].外国经济与管理，2021，43(2)：3-19.

旨在持续提升每个人独特的幸福感，重视并强调为客户创造价值；2021年快手挂牌上市，选择由6名用户敲响开市锣，意在今后发展中继续坚持以用户为本。

在流量分发上，快手坚守简单、普惠、不打扰理念，在初期采用"去中心化"技术，引入"基尼系数"优化算法推荐机制，基于用户社交和兴趣需求分配流量资源与注意力资源，让每一位创作者都能均等获得展示机会。但快手的创作者以普通人为主，较为缺乏创作优质、有趣内容的KOL（关键意见领袖），难以实现基于爆款内容吸引力所带来的快速增长。[1]2019年，快手发布"K3战役"，引入明星、网红打造热点，融合"去中心化+中心化"技术，采取"社交+推荐"内容分发模式，吸引由社交关系决定的私域流量和由推荐算法决定的公域流量，避免头部创作者流量过度集中的同时实现平台流量的增长。[2]2020年年初，快手DAU（日活跃用户数量）突破3亿，点赞量超3,500亿。[3]

在变现方面，快手初期以直播（包括直播打赏、直播带货）收入为主。直播打赏主要为粉丝给主播刷礼物，快手从中抽取50%的收入并替其缴纳所得税。以虚拟礼物打赏所得计算，2017年，快手成为全球最大单一平台。直播带货主要为主播向粉丝推荐商品促成交易，快手从中抽取佣金。以商品交易总额计算，2019年，快手成为全球第二大直播电商平台。[4]随着用户数量的规模化发展，快手的变现手段逐步多样化，根据市场需求建立了"社交至上"型商业模式，打造了强社交关系的商业壁垒，业务触及短剧、广告、电商等多个领域，直播打赏收入占比逐渐降低，其他业务占比呈逆势增长。2021年，快手直播平台收入达310亿元，同比下降6.7%，线上营销服务收入达427亿元，同比增长95.2%，其他服务收入（含电商）达74亿元，同比增长99.9%。[5]

二、打造健康生态，实现稳健发展

快手积极履行平台责任，通过短视频及直播内容生态治理、用户管理、商

---

[1] 王烽权，江积海.互联网短视频商业模式如何实现价值创造？——抖音和快手的双案例研究[J].外国经济与管理，2021, 43(2):3-19.
[2] 王烽权，江积海.互联网短视频商业模式如何实现价值创造？——抖音和快手的双案例研究[J].外国经济与管理，2021, 43(2):3-19.
[3] 快手大数据研究院.2019快手内容报告[R].北京：快手科技，2020.
[4] 快手科技.快手2021年度企业社会责任报告[R].北京：快手科技，2022.
[5] 快手科技.快手科技年度报告2021[R].北京：快手科技，2021.

业化平台生态治理、知识产权保护等举措，营造健康可持续的平台生态，助力快手稳健发展。

在短视频及直播内容生态治理上，快手严格遵守《互联网信息服务管理办法》《网络短视频内容审核标准细则》等国家有关法律法规，并依照国际相关法规制定了《快手社区管理规范》《快手科技责任追究及处罚制度》等规章，细化内容管理、舆情监控、应急处置等规定，落实平台管理责任。

在用户管理上，快手利用官方账号推出一系列防诈视频和图文，联动平台警务、法务用户开展反诈教育，全方位提高用户防骗意识。如在2022年春节期间，快手结合快手反诈骗治理数据发布春节防诈攻略图文信息，总结春节期间网民易遇到的诈骗套路，谨防用户被骗；在2021年"国家反诈中心"App推广期间，快手引入政务账号、反诈主播，发起"当直播PK遇到警察""快手主播化身反诈宣传员"等话题，营造"全民反诈"氛围；在2021年三八妇女节当天，快手与警务大V"大碗警花"联合开展女性防范电信诈骗直播活动，时长近两个小时的直播在线观看量超30万，点赞量超20万。[①] 同时，快手成立反诈团队，建立诈骗打击模型，完善风控检测系统，从诈骗人意图和易受骗行为两个识别维度，对不同人群进行分层治理，2021年快手主动处罚涉嫌诈骗账号367.5万个，主动拦截阻断超94%的诈骗行为发生。[②]

在商业化平台生态治理上，快手持续完善商业化平台审核流程，对客户营业执照等资质信息进行严格审核、对客户开发及广告内容进行合规把控。在商品品控方面，快手对商家设置准入机制，以官方数据源为基础全面核查商家信息，提高准入门槛，并与第三方平台开展合作，对各类商品进行不定期抽检，确保商品质量。同时，针对直播间虚假宣传问题，快手开展"匹诺曹"专项治理行动，采用"老铁陪审团""老铁评评理""匹诺曹治理场景拓展"三大治理方式，结合AI识别技术、人工审核、大众参评、问卷调查等形式，识别及打击主播说谎行为，提升虚假宣传、炒作卖货等方面的治理效率，积极落实平台管理责任，不断优化网络营商环境。2021年4月至11月，快手电商针对虚

---

① 中国新闻网. 快手"反诈团队"连线警方开启反诈第一课[EB/OL]. [2022-07-06]. https://www.chinanews.com.cn/business/2021/03-10/9429152.shtml.

② 中国新闻网. 快手"反诈团队"连线警方开启反诈第一课[EB/OL]. [2022-07-06]. https://www.chinanews.com.cn/business/2021/03-10/9429152.shtml.

假宣传处罚总数超 16 万次，用户举报虚假宣传 10 月较 3 月降低 41%。①

三、践行社会责任，延伸公司价值

快手深入贯彻国家脱贫攻坚、乡村振兴的战略方针，坚持科技普惠，利用自身强社交属性的老铁文化，借助短视频和直播带货模式，开展扶贫抗疫、支援湖北、助农扶农等系列乡村振兴项目，助力三农创作者推广农产品，实现农产品畅销和农村经济规模化发展的双赢，体现快手社交平台社会责任担当。

新冠肺炎疫情爆发以来，快手第一时间响应，率先捐款捐物，积极向全网推发疫情防控宣传视频，主动策划、发起县长代言直播带货活动，降低疫情给全国生产生活带来的影响。2021 年，快手持续推出"我的乡村我的家"视频征集、"天南地北庆丰收"视频征集及农产品特卖专场直播等一系列"三农"活动。快手财报显示，2021 年数十亿个商品订单通过快手平台发往全国，其中农产品订单超 5.6 亿个，获评网络公益助力脱贫攻坚优秀案例。②

在对不同群体的关照上，针对未成年儿童，在技术层面，快手全面优化未成年人保护流程，完善儿童实名认证流程，设置"未成年人退款""未成年人相关举报""空中课堂""护苗在行动"等一系列保护工具，构建未成年人保护体系；在内容把控上，快手成立未成年人内容专项审核团队，建立未成年人审核标准和应急机制，筛除广告、危险行为等内容，精选书法绘画课堂、学科知识讲堂、育儿启蒙等适合未成年人观看的多元内容，为未成年人打造健康有益的线上空间。针对银发老人，快手联合人口福利基金会推出"黄手环行动"，发起"预防阿尔兹海默症""让爱回家""记得我爱你"等话题，引导公众关心关爱老人。截至 2021 年 10 月 8 日，"黄手环行动"话题累计作品数达 1.2 万，总播放量超 1.8 亿。③ 针对退役军人，快手联合军人事务部宣传中心策划组织退役军人专场招聘活动，直播连线展示企业工作场景及配套设施，介绍用工需求、薪资福利，支持在线咨询和投递简历。2022 年 4 月至 6 月，快手"军创英雄汇"退役军人春招行动成功开展 7 场直播，吸引近 2,000 万人关注，接收近

---

① 投资界综合网. 快手电商提交治理新成绩单 虚假宣传严打力度增强 440%[EB/OL]. [2022-07-06]. https://news.pedaily.cn/202111/482013.shtml.
② 快手科技. 快手 2021 年度环境、社会及管治报告[R]. 北京：快手科技，2022.
③ 快手科技. 2021 年度企业社会责任报告[R]. 北京：快手科技，2022.

万份简历。①

此外，快手大力支持防汛救灾和灾民保障工作。2021年7月河南暴雨期间，快手向河南受灾地区捐款5,000万元；山西洪灾期间，快手向山西受灾地区捐款1,000万元。截至2021年底，快手公益项目捐赠总额为7,570万元，投入总时间21,663小时，进入2021中国企业慈善公益500强和2021中国企业抗洪捐赠500强榜单。②

第二节 快手执行社会责任现状

一、舆论引导与社会监督

短视频行业发展至今，用户规模不断扩大。《中国互联网络发展状况统计报告》显示，截至2021年12月，我国短视频用户规模达9.34亿，使用率为90.5%，短视频已融入大众生活。③为了满足人们不断增长的美好生活需要，作为国内大型短视频平台，快手不断调整平台定位，平台内容以泛娱乐转向以泛知识为主，持续引入高价值内容供给，满足用户从娱乐化转向知识化的内容诉求。

1.重大活动和事件中，架构多层次内容体系引导舆论

针对重大活动，快手确立了更快、更丰富、更独家的平台价值取向，努力挖掘活动内涵、放大内容价值。2022北京冬奥会期间，快手作为持权转播商，多措并举保障赛事转播的即时性、互动性，积极探索奥运精神传递的最佳路径。在画面传播上，快手设立前方直播间、100个机位覆盖全场，实时产出内容、精准推送，确保内容的时效性；在内容供给上，快手引入"国家队+明星+体育大咖+快手大V"的嘉宾阵容，打造"赛事转播+UGC+PGC"的内容生态，满足从业者、体育迷等不同层面受众的需求；在平台互动上，快手通过推出奥

---

① 快手科技.2021年度企业社会责任报告[R].北京：快手科技,2022.
② 快手科技.快手2021年度环境、社会及管治报告[R].北京：快手科技,2022.
③ 中国互联网络信息中心.中国互联网络发展状况统计报告[R].北京：中国互联网络信息中心,2022.

运专属贴纸特效和魔法表情、"快手状元·奥运答题季"、体育大咖明星边看边聊等趣味活动，提升用户参与热情，营造"全民共享奥运"的社区氛围；在奥运精神传达上，快手将镜头聚焦在梦想骑行川藏的独腿少年、巾帼不让须眉的篮球少年等6名普通人身上，用他们的视角、宣传片的形式诠释乐观坚持的奥运精神，让奥运精神普世化。截至2021年8月8日，快手平台奥运相关作品总播放量达730亿，奥运赛事点播量超55.9亿，端内互动人次达60.6亿。①

面对突发事件，快手联手官方媒体直击新闻现场、传达现场实况，严厉打击借机蹭热点、博关注的账号，确保舆论导向。2021年河南洪灾、山西暴雨期间，快手与权威媒体记者合作报道现场情况，帮助当地民众确认环境安全，在网站设立专题发布救灾信息，集合社会力量、调动社会资源，帮助灾区人民灾后恢复重建。在新疆棉花事件中，快手敢于行动、勇于发声，与中央电视台联合发起"我为新疆棉花代言"直播带货活动，集结平台用户力量，用行动支持国货品牌，时长近3小时的直播销售额超2,000万元。截至2021年4月7日，快手"新疆棉花"话题相关视频播放量超3亿。②

针对蹭热度、进行商业炒作谋取不正当利益以及传播谣言等行为，快手重拳出击，对违规账号做出行为封禁、账号永久封禁等处罚。在唐山打人事件中，截至2022年6月22日，快手平台共处理违规视频1,442条、评论1,130条、违规账号37个。③

2. 技术向善、赋能行业，助推社会平稳发展。

在疫情前期，快手紧急上线疫情专题，精选权威媒体、政务号发布疫情视频、传递疫情信息、普及防疫知识。官方数据显示，截至2020年1月31日，快手肺炎防治频道点击量达30亿次，快手平台政务号推出的疫情相关视频播放量破250亿。④在中小学和高校因疫情延迟开学期间，快手与教育部门、大学合作，提供平台和技术保障，满足师生线上教育教学需求。2020年2月5日

---

① 中国新闻网. 快手助力全民共享奥运 相关内容总播放量达730亿 [EB/OL]. [2022-07-05]. https://www.chinanews.com.cn/business/2021/08-11/9541083.shtml.

② 腾讯网. 快手联合央视新闻举办新疆棉花带货专场，3小时销售超2000万元 [EB/OL]. [2022-07-05]. https://new.qq.com/rain/a/20210331A033EN00.

③ 澎湃新闻. 抖音、快手公布"唐山打人案"平台处理结果：多账号封禁 [EB/OL]. [2022-07-05]. https://www.thepaper.cn/newsDetail_forward_18539535.

④ 快手大数据研究院.《快手上的共同战"疫"》[R]. 北京：快手科技，2020.

上午 10：00，快手号"清华大学"推出"开学第一课"，清华大学邱勇校长面向全体师生和平台用户谈大学的社会责任，时长近两小时的直播在线观看量超10万，累计获赞量超 65 万。[①] 同时，快手上线"停课不停学""在家学习"专区，与 40 余家教育企业合作推出学前、职教等内容，并额外提供 50 亿流量助力免费优质教育内容传播，助力教育普惠。

此外，快手在体育、医疗、电商等多个领域与行业开展合作，赋能行业发展。如快手引入专业健身教练，创作健身短视频+直播内容，引导全民运动增强体质；联合健康中国、中国政府网、第三方机构开通在线问诊功能，避免线下就诊交叉感染风险；上线农机类课程，对三农电商短视频予以流量倾斜，助力农户提高生产效率、打开销路，实现增收致富。

二、快手的市场责任

快手业绩报告显示，2021 年快手总收入为 810.8 亿元，2020 年为 587.8 亿元，同比增加 37.9%；2021 年毛利为 340.3 亿元，2020 年为 238.1 亿元，同比增加 42.9%；2021 年经营亏损 780.8 亿元，2020 年经营亏损 1,166.35 亿元，同比减少 33.1%。[②]

表 1 快手 2021 营收分布图

营收项目	2021（亿元）	2020（亿元）	同比
线上营销服务	427	219	95.2%
直播	310	332	-6.7%
其他（含电商）	74	37	99.9%

（数据来源：快手科技《快手科技年度报告 2021》）

作为内容社区平台，快手的直播收入在逐渐缩减，同比下降 6.7%（详见表 1）。《快手科技年度报告 2021》披露，直播收入的下降与用户增长带来的内容成本增加有着密切关系。2021 年，快手进行了重大的组织结构调整，由职能制架构转为事业部制架构，将"提质增效"作为公司发展重点之一。通过争

---

① 澎湃新闻. 快手号"清华大学"推出的"开学第一课"，在线观看量超 10 万 [EB/OL]. [2022-07-05]. https://www.thepaper.cn/newsDetail_forward_5781379.
② 快手科技. 快手科技年度报告 2021[R]. 北京：快手科技，2021.

夺国际赛事版权引入优质内容、流量激励主播创作优质内容等措施，快手带动了更大的用户增长。财报显示，2021年快手MAU（月均活跃用户数）达5.44亿，同比增长13.1%，DAU（日均活跃用户数）达3.08亿，同比增长16.5%。[①] 与此同时，带宽费用及服务器托管费、雇员福利开支、支付渠道手续费等成本加大，成本支出达471亿元（直播收入为310亿元），同比增长34.6%，快手直播营收受限。[②]

2021年，快手的线上营销服务收入达427亿元，同比增长95.2%，全年电商交易总额为6,800亿元，同比增长78.4%。[③] 这意味着快手商业化发展过程中，优质内容的提升、用户数量的增加为电商、线上营销等业务板块的稳健增长打下了坚实的基础，创造了更多的经济价值，打破了以往总营收依赖直播业务的格局，朝着更健康、更多元的方向优化发展。

具体而言，在线上营销上，快手平台上的优质内容吸引了更多的用户，强大的用户基数助力品牌商拥有更多的客户源、拓展传统以外的市场；反过来，品牌商数量的增多，可以助力平台和内容创作者通过广告植入、创作定制商品内容等形式获取经济效益，由此带来平台、品牌商、内容创作者三方的共赢，形成良性循环。

在电商业务上，快手尝试建设电商信任模式，助推平台、用户和主播建立情感连接和信任关系，打造私域流量池。具体为：经营者借助快手平台用户基数，以诚信经营和优质内容，与平台用户建立信任和情感连接，打造私域阵地。快手再通过完善商家主页上粉丝营销、服务转化等经营所需的功能配置，开发粉丝互动管理工具，提供"小程序聚合页""同城页"推荐等运营资源，帮助经营者聚拢粉丝、巩固私域阵地、进行商业价值变现，形成多复购、长效经营的交易闭环。快手官方数据显示，在快手有40.93%的用户首单选择在熟悉的主播处，并伴随持续购买的行为，有41.32%的用户主动接收主播推荐，加入经营者粉丝团。[④] 在2021年第三季度中，快手私域创造了70%的电商交易额、80%的直播打赏金额，成为平台经营者的主要收入来源。[⑤]

---

① 快手科技. 快手科技年度报告 2021[R]. 北京：快手科技，2021.
② 快手科技. 快手科技年度报告 2021[R]. 北京：快手科技，2021.
③ 快手科技. 快手科技年度报告 2021[R]. 北京：快手科技，2021.
④ 快手科技. 快手私域经营白皮书 [R]. 北京：快手科技，2021.
⑤ 快手科技. 快手私域经营白皮书 [R]. 北京：快手科技，2021.

三、快手的社会责任

作为与大众密切相关的视频平台,快手在价值层面上重视公平普惠,在战略布局上向社会利益倾斜,在运营方式上承担平台治理责任。2017 年,快手成立企业社会责任部门——快手行动,用快手的产品、技术与社区优势,开展公益实践,赋能每一个个体,支持更多组织发展。自 2018 年以来,快手每年发布《快手年度企业社会责任报告》,公布快手在公益慈善、员工关爱等社会责任领域的价值体系内容,向外界展示"用科技连接善意,创造长期价值,打造最有温度、最值得信任的数字社区"的使命担当。

1. 公益慈善

(1)多元扶持,携手战疫

①开通疫情求助入口,解决用户生活难题。新冠肺炎疫情爆发初期,快手在平台上线疫情求助入口,派专员收集、整理求助者联系方式及诉求信息,在媒体、政府部门、疾控中心等单位协同下,帮助求助者解决药品、食品等物资短缺难题,保障正常生活。截至 2022 年 4 月 8 日,快手共上线 14 个省级求助入口和 1 个市级求助入口。[①]

②科普农业知识,解决农业生产难题。近年来,快手平台聚焦三农一线,凭借科技手段和自身影响力,助推农技传播、助农富农。如"上快手,看春耕"系列三农活动,快手与农业科学院、农业农村厅等多个政务部门联动,邀请三农专家、三农主播、平台用户等多方主体共建,以短视频、直播等形式开展农技知识科普培训,为乡村用户提供技术、技能指导,全面助力乡村振兴。截至 2021 年 12 月,快手三农兴趣用户超 2.4 亿,三农创作者视频日均播放量超 10 亿。[②]

③开启电商扶持计划,降低商家经营成本。疫情期间,快手电商提供 10 亿电商专属流量,对 1 万 + 主播进行流量扶持,与重点商家进行最高 1∶1 比例流量对投。同时,快手增加虚拟商品、本地生活类商品、京东自营商品供给,发起"实在好物节"活动,对疫情重点区域做公益性抗疫直播、福利专场直播的主播提供营销、曝光等资源支持,调整发货及售后政策、延长退货补运费

---

① 澎湃新闻. 从快手看疫情发生下短视频社交平台的作用 [EB/OL]. [2022-07-05]. https://www.sohu.com/a/372080923_260616.

② 快手科技. 2021 快手三农生态报告 [R]. 北京:快手科技,2021.

期限，多措并举减轻商家经营压力。

④启动居家专项活动，为居家抗疫添力量。疫情期间的节假日，多地倡导"非必要不外出"。对此，快手联动头部企业、优质主播发起"居家带头人"专项直播活动，以"云娱乐""云招聘"等多种方式缓解用户居家压力。此外，快手积极响应国家体育总局的"全民健身线上运动会"号召，联合多位体育明星、专业教练、健身达人开启免费私教课，截至 2022 年 5 月 9 日，私教课直播观看人次超 5.7 亿。①

（2）多措并举，助力乡村振兴

①在人才振兴方面，快手积极探索乡村人才发现与培养之路。自 2018 年开始，快手面向国内推出首个关注乡村创业者的互联网企业社会责任项目——"幸福乡村带头人计划"，以科技普惠和平台优势，孵化乡村人才、助力产业振兴和美丽乡村建设。与此同时，快手与人社部在打造劳务品牌上积极开展合作，以讲好劳务故事、提升公众认知度为着力点，进一步培育、壮大劳务品牌，推动乡村人才高质量就业。近 4 年的时间里，快手在全国 30 个省级行政区、90 个县培养了百余位幸福乡村带头人，带动 1,200 个在地就业岗位，创造总价值 5,000 万元，产业发展影响覆盖近千万人。②

②在产业振兴方面，为支持产业振兴，快手建立常态化扶贫机制，推出"福苗计划"，面向全站招募服务商、电商达人、MCN 机构来帮助贫困地区推广好货、美景，助推快手扶贫进入电商规模变现的新阶段。此外，快手还与国家扶贫办等机构合作，"福苗计划"产品源直采于各地立卡建档贫困户，实现精准扶贫。在 2021 年"福苗计划"升级版中，快手与政府联名打造"福苗联名款"产品，以数据赋能、品牌包装、销售扶持等手段，实现农产品"品牌化＋平台化"运作，推动农产品上行。截至 2021 年 6 月，快手乡村"福苗计划"带货直播累计超 720 场，销售额累计超 4.48 亿，助力约 20 万乡村人口实现增收。③

③在文化振兴方面，快手以平台为依托，通过文化交流，把乡村地区的非物质文化遗产推向世界让更多的人看见，从而盘活文化遗产、扩增非遗手艺人

---

① 澎湃新闻. 从快手看疫情发生下短视频社交平台的作用 [EB/OL]. [2022-07-05]. https://www.sohu.com/a/372080923_260616.
② 快手科技. 2021 年度企业社会责任报告 [R]. 北京：快手科技，2022.
③ 宁夏新闻网. 快手"福苗计划"探寻乡村振兴新方向 [EB/OL]. [2022-07-05]. https://www.nxnews.net/cj/xydt/202106/t20210627_7215238.html.

生存与发展空间,实现乡村经济发展和保护传统文化的双赢。2021年春节期间,快手联合河南浚县开展以"华北第一古庙会"为主题的短视频+直播活动,带领观众云游浚县,直播在线观看量超70万,直播点赞量超11万,直播间粉丝量上涨56万。① 2021年4月,快手与中国青年网携手举办"沿着高速看中国·中国人的故事"系列直播活动,通过多个人物视角、内容维度,向平台用户展示大美中国,播放量累计超2.3亿。②

此外,为支持生态振兴,快手通过视频和自媒体,向世界展示我国美丽乡村建设的过程与阶段性成果;为支持组织振兴,快手持续推动"乡村振兴官"项目,以"线上+线下"培训,帮助基层政务人员将短视频+直播作为实现乡村振兴的"新农具"、基层治理的"新工具"。

（3）搭建多元业务体系,扩展就业机会

①在行业层面,直播电商处于短视频就业机会中的核心地位。随着直播电商业态的发展成熟,电商运作模式已由传统的单人作战,演变为涵盖直播策划、选品人员、现场摄像、招商运营、仓储物流等多职业团队呈公司化、集团化运作的方式。2022年《短视频平台促进就业与创造社会价值研究报告》披露,快手电商生态带动的就业机会达923万个,快手内容生态带动的就业机会达540万个。③

②在个人层面,短视频平台催生出"互联网营销师""操盘手""带货达人"等新职业,满足消费者的新需求,在新业态替换旧业态的过程中提升经济效率。针对新职业人才缺乏专业化问题,快手出品操作手册,带动其行业向规范化发展。如2021年12月,快手发布《C.T.C跨越周期——操盘手工作手册》和操盘系统1.0,为操盘手提供方法路径,为合格的操盘手颁发职业资格证,助力操盘手职业化发展。

③在区域层面,快手平台聚集了大量农村地区和中西部欠发达地区的蓝领用户。《短视频平台促进就业与创造社会价值研究报告》显示,目前我国蓝领

---

① 快手科技.2021年度企业社会责任报告[R].北京:快手科技,2022.
② 快手科技.2021年度企业社会责任报告[R].北京:快手科技,2022.
③ 中国人民大学劳动人事学院课题组.短视频平台促进就业与创造社会价值研究报告[R].北京:中国人民大学,2022.

在线求职的转化率仅为5%。[1]为提升蓝领阶层招聘线上转化率,缩小区域数字鸿沟,2022年快手推出"快招工"招聘平台,引入劳务中介主播,搭建求职者与招工企业的沟通桥梁,用短视频和直播方式实地探访,为求职者提供更多就业讯息,提升就业效率。截至2022年2月,快手平台带动就业机会总量为3463万个。[2]

(4) 健全社区治理体系,打造健康社区生态

为建立清朗健康的社区环境,快手与各方携手清理打击平台上的不良内容和违规行为,激发用户共治热情,维护用户权益。2021快手年报显示,在打击刷单刷量方面,2021年快手平台建立了含准入审核、风险感知、实时拦截、作弊处罚、智能巡检的全面治理机制,日均拦截涉嫌刷单账号超8,000个,拦截异常交易近20,000次,为平台和商家节省消耗上百万元;在打击劣质商家方面,2021年快手通过商家直播内容、商品资质、消费者投诉等多维度,累计识别劣质商家300余个,处罚违规直播53万余场;在信息安全保障方面,2021年快手从制度建设、产品优化、能力建设、应急响应等方面构建个人信息保护墙,清断App信息收集和使用情况,切实保障用户信息安全;在权益维护方面,快手投入超5.7亿元组建侵权投诉处理团队,设立隐私权、商标权、著作权等多种维权类别,建立快速维权通道,保护用户权益、降低权利人损失。[3]

2. 员工关爱

(1) 完善福利体系,增强员工幸福感

在薪酬福利上,快手积极了解市场最新薪酬、调整员工薪酬待遇,为入职、在职的员工增授股权激励,建立公平完善的薪酬福利体系。截至2022年5月,快手获得股权激励的员工占比为30%—40%。[4]

在员工的衣食住行方面,快手创建了快保障、快健康等多个福利包。具体为:在快保障上,快手为员工提供医疗保险和重大疾病保障,为女性员工提供生育报销;在快健康上,快手提供健身场地、健身课程、健身器材,定期组织员工

---

[1] 中国人民大学劳动人事学院课题组.短视频平台促进就业与创造社会价值研究报告[R].北京:中国人民大学,2022.

[2] 中国人民大学劳动人事学院课题组.短视频平台促进就业与创造社会价值研究报告[R].北京:中国人民大学,2022.

[3] 快手科技.快手科技年度报告2021[R].北京:快手科技,2021.

[4] 快手科技.快手2021年度环境、社会及管治报告[R].北京:快手科技,2022.

体检，每月进行健康教育，常态化开展关爱脊柱健康、"急救侠"急救培训等活动；在快生活上，快手提供员工食堂、公租房摇号、班车、租房补贴、洗衣服务等便捷服务；在快伙伴上，快手提供节日活动、团建、脱口秀、篮球赛等形式多样的娱乐活动，满足员工对美好生活的需要。

（2）开展多元培训，助力员工成长成才

为提升员工职业素养、助力实现职业规划，快手引入讲师军团、海量课程，搭建线上学习平台，从领导力、专业力、开放力等多方面全方位培养员工。"快手中学"上线科技研发、通用技能、新人必修等课程，资源实现全员覆盖。同时，针对管理层，快手打造了集共性与个性、深度与广度、长期与短期的培养项目，如针对中层管理者的启航项目，为管理者们提供目标设定、绩效评定、员工激励等一系列管理锦囊，帮助提升业务能力和管理能力。针对新职员，快手投入 1,655 万元打造"技术 + 业务 + 技能 + 职业化"的立体能力培养体系，建立涵盖公司业务现状、领域技能等新手必备的"新人 101 文档"，帮助新人快速适应、快速上手。[①]

3. 依法经营

快手自创建以来，严格按照遵守《中华人民共和国公司法》及上市规则等法律法规，不断完善企业管治架构和措施，持续强化自身 ESG 治理能力，将社会责任和可持续发展理念融入企业战略，建立了涵盖战略风险、市场风险、运营风险、法律合规风险及财物风险的风险管理及内部监控系统，合规运营。与此同时，快手恪守诚实可信、廉洁自律的商业道德，坚持反垄断和反不正当竞争，促进公司稳健发展；坚持信息公开、透明，在快手官网持续更新季度、中期、年度业绩报告、每日股票报价等信息，为投资者提供决策依据。

4. 责任管理

2017 年香港联交所生效上市公司须每年披露《公司环境、社会及管治报告》"不遵守就解释"的规定。同年，快手从内部孵化成立企业社会责任部，每年发布《快手社会责任报告》《环境、社会及管治报告》，阐释快手的社会责任理念，公布快手社会责任履行情况。在《2021 年快手社会责任报告》中，快手重点公布了公司文化建设、公司环境保护、社会责任履行等情况，在《2021 年

---

① 快手科技. 快手 2021 年度环境、社会及管治报告 [R]. 北京：快手科技，2022.

快手环境、社会及管治报告》中,快手重点公布了 ESG 管治、平台生态建设、社会贡献等成果。

第四节 快手执行社会责任存在的问题

快手作为全球领先的内容社区与社交平台,肩负着维护我国意识形态安全的重要使命,必须坚持将社会效益放在首位,努力实现社会效益与经济效益的统一。自创建以来,快手坚持与用户站在一起,挖掘每一个人的所长、所需,让每一个人都有展示的机会与平台,这是短视频平台履行社会责任的一种体现,但随着快手市场规模增长过快、用户规模增长过猛,给平台带来强大经济效益的同时,也给平台发展和治理带来了新难度和新问题。

一、直播电商行业竞争激烈,公平与效率难平衡

快手一直坚持流量普惠,在发展初期强调流量"自然法则",平台干预较少。在用户自身的驱动下,流量逐渐向强势的头部主播聚拢,快手平台形成了辛巴818、散打家族、716牌家军、驴家班、丈门、嫂家军等六大头部主播力量。2019年快手全年电商总额为596亿元,辛巴家族占据了近四分之一的市场份额,达133亿元。[①] 在头部主播为快手带来高黏性粉丝群体和强大经济效益的同时,也建立了坚实的私域流量壁垒。头部主播通过"抱团"等形式,抢占流量入口、掌握流量分发权,让其他主播难有出头之日。

2021年,快手开始介入流量分发"解绑"头部力量,扶持中腰部主播,但效果不佳。2022年MCN达人影响力5月月榜数据显示,榜单前三被辛巴家族成员蛋蛋、辛有志、时大漂亮占据。[②] 快手难以实现人人机会均等的背后,是效率与公平的难以平衡。一方面,直播电商行业竞争进入白热化阶段,面对淘宝、

[①] 腾讯网.辛巴"屋漏又逢连阴雨"[EB/OL].[2022-07-19].https://new.qq.com/omn/20210422/20210422A0DR8N00.html.

[②] 短视频数据服务平台.快手短视频榜单[EB/OL].[2022-06-20].https://www.mcndata.cn/rank/kuaishou.

抖音、拼多多、京东等平台的强势入驻和布局，快手需要把握时机依靠成熟的头部主播力量抢占市场；另一方面，快手又需要兼顾公平，避免流量过度集中，通过修改流量分发机制，对头部主播进行流量限制，给予其他主播平台、机会。在市场机遇的时不可待和新生力量还需成长期的矛盾中，快手面临效率与公平难以平衡的问题。

二、社会责任指标体系待完善

快手自创建以来高度重视社会责任的履行，在乡村振兴、疫情防控、未成年人保护等方面做出了突出贡献，但也存在理解不全面、履行不深入、规划不系统，以及缺乏评价标准等问题。

《2021年快手社会责任报告》中，快手重点汇报了对未成年人、女性、特殊群体等人物保护，乡村振兴、疫情防控、环境保护等事件发力的举措。报告内容还处于较为简单的事件罗列，缺乏对公益责任、文教责任、法律责任等各系统的归类和评价标准，亦缺失未来规划。

第五节　快手社会责任执行力提升路径与方法

一、优化服务质量，完善公平普惠的管理制度

针对目前快手效率与公平难平衡的情况，快手需要不断优化供给、服务、内容与技术，改善营商环境和社区环境，提高用户和主播的体验感、满意度，以平台优势建立起用户与平台、主播与平台的强交关系，强化用户、直播对平台的黏性，避免头部主播携粉丝出走对平台造成过大损失。另外，快手还需要对所有主播采用相对公平的管理方法，确保大、小主播都得到公平对待。大、小主播犹如天平的两端，对任意一方的加持都易造成天平的失衡和倾覆。若极力扶持大主播，一则易滋生"拥兵自重"现象，二则易导致小主播无生存发展空间，内容生态不平衡。若大力扶持小主播、限制大主播流量，易造成劣币驱逐良币，头部主播出走。因此，快手需研讨出更加公平、完善的管理制度和平

台规则，平衡效率与公平。

二、构建完善的社会责任指标体系

为更好地履行社会责任，实现高质量发展，快手需建立一套完善的社会责任指标体系，对企业履行情况进行效果评估。具体而言：快手可结合自身实际，借鉴行业先进经验，从内容质量责任、法律责任、道德伦理责任、政治与公共事务报道责任、公益责任、文教责任等方面构建一级指标[1]，再在每个一级指标下细化二级指标内容，从而推动快手积极地履行社会责任，更好地服务于社会和公众。

---

[1] 秦雪冰，童兵.网络媒体的社会责任评估与困境——"移动互联网时代的内容传播与社会责任高峰论坛"会议综述[J].新闻与写作，2017（10）：44-47.